능력주의

MERITOCRACY

마이클 영 지음
유강은 옮김

**2034년, 평등하고 공정하고 정의로운
엘리트 계급의 세습 이야기**

능력주의

이매진

능력주의

2034년, 평등하고 공정하고 정의로운 엘리트 계급의 세습 이야기

초판 1쇄 2020년 4월 6일 **초판 3쇄** 2024년 9월 20일 **지은이** 마이클 영 **옮긴이** 유 강은 **펴낸곳** 이매진 **펴낸이** 정철수 **등록** 2003년 5월 14일 제313-2003-0183호 **주 소** 서울시 은평구 진관3로 15-45, 1018동 201호 **전화** 02-3141-1917 **팩스** 02- 3141-0917 **이메일** imaginepub@naver.com **블로그** blog.naver.com/imaginepub **인스 타그램** @imagine_publish **ISBN** 979-11-5531-115-8 (03330)

- 환경을 생각해 재생 종이로 만들고, 콩기름 잉크로 찍었습니다.
- 값은 뒤표지에 있습니다.
- 이 도서의 국립중앙도서관 출판시도서목록(CIP)은 서지정보유통지원시스템 홈페이지 (http://seoji.nl.go.kr)와 국가자료공동목록시스템(http://www.nl.go.kr/kolisnet)에서 이용 하실 수 있습니다(CIP 제어 번호: CIP2020011741).

일러두기

- 'the Populists'는 '포퓰리스트 그룹'으로 옮겼습니다. 사회주의자나 평등주의자 등 은 소문자로 표시하는 글쓴이가 'the Conservatives(=Conservative Party)'와 'the Populists'는 대문자로 표기하고, 'the Populists'는 레스터 대회를 열어 대의원을 소집 하기도 하는 등 조직의 면모를 갖추고 있기 때문입니다.
- 디스토피아 소설이지만 사회학자가 쓴 논문 형태를 띤 만큼 각주를 그대로 뒀습니 다. 옮긴이 주도 넣고, 단행본이나 논문 등에 원어도 함께 썼습니다.
- 단행본은 한국어 번역본을 밝혔습니다. 이름난 책이나 고전은 한국어 번역본을 따 로 밝히지 않았습니다.

1부. 엘리트의 부상

1장 사회 세력들의 충돌 _ 35

1. 공무원 모델   2. 아름답고 찬란한 세상   3. 가족과 봉건주의   4. 대외 경쟁이라는 자극제   5. 사회주의자 산파들   6. 요약

2장 종합학교의 위협 _ 69

1. 학교 안 제3의 세력   2. 패배한 선동   3. 레스터의 절충형 학교   4. 요약

3장 현대 교육의 기원 _ 95

1. 가장 근본적인 개혁   2. 교사 연봉 인상   3. 기숙형 그래머스쿨   4. 지능 검사의 발달   5. 요약

4장 연공에서 능력으로 _ 129

1. 연장자 계급   2. 학교이기를 멈춘 공장   3. 나이에 맞선 도전   4. 요약

2부. 하층 계급의 쇠퇴

—

발전 계획을 수립하는 데 쏟아붓는 용기와 상상력,

그리고 이 계획을 실행하는 데 투입되는 에너지와

판단력에 따라 우리 교육 체계의 미래가 결정될 뿐

아니라 국가가 나아가는 미래의 방향도 규정된다.

— 《국민의 학교(The Nation's Schools)》, 교육부, 1945년

—

감사의 말

앨프리드 루이스 바카라크, 빈센트 브룸, 대프니 챈들러, 마거릿 콜, 찰스 앤서니 레이븐 크로슬랜드, 도로시 엘름허스트, 진 플라우드, 제프리 고러, 앨버트 헨리 핼시, 어빙 크리스톨, 피터 매리스, 이니드 밀스, 에드워드 실스, 존 해럴드 스미스, 프루던스 스미스, 리처드 헨리 토니, 피터 타운센드, 피터 윌모트, 레너드 울프, 조안 영 등이 베풀어준 소중한 도움과 격려에 감사를 표하고 싶다.

몇 년간 나는 이 책이 절대 출간되지 못할 운명이라고 생각했다. 이 출판사 저 출판사 전전하며 원고를 내밀었지만 번번이 퇴짜를 맞았다. 모두 11개 출판사를 만났다. 그런데 유서 깊고 정평 있는 영국의 문학 전문 출판사 샤토앤윈더스의 임원이 올더스 헉슬리의 《멋진 신세계》를 모델로 삼아 소설로 고쳐 쓰면 기꺼이 출간할 생각이라고 말했다. 주인공인 젊고 매혹적인 애버셋 부인이 나이든 배관공을 만나 사랑에 빠지는 줄거리로 바꿔 소설로 개작했지만 아무 소용이 없었다. 규모가 더 크고 고루한 롱맨스 출판사는 자기들은 원칙적으로 박사 학위 논문은 절대 출간하지 않는다고 이상하면서도 재미있는 변명을 했다. 서기 2034년에 나하고 이름이 같은 인물이 쓴 책이라고 원고에 나와 있는데도, 그 출판사는 박사학위 논문이라고 생각했다. 그때쯤이면 마이클 영 본인은 설령 사회를 관찰한다 하더라도 다른 장소에서 관찰할 테고, 하느님한테 박사 논문이 통과되든 통과되지 못하든 간에 논문의 힘을 빌릴 필요가 없을 텐데 말이다. 천국의 문을 통과한다는 보장은 없겠지만 그 문에서 박사 논문을 발표하는 모습은 좀 이상하지 않겠는가. 그래도 롱맨스 출판사가 보인 반응은 설령 이 책이 세상에 나오더라도 오해를 받게 된다는 점을 보여주는 사전 경고였다.

그래도 우연히 노스웨일스의 한 해변에서 오랜 친구인 월터 뉴라스Walter Neurath를 만난 덕에 이 책은 출간될 수 있었다. 월터와 월터의 부인 에바는 템스앤허드슨이라는 출판사를 차렸는데, 이 출판사는 예술 관련 서적으로 대서양 양쪽에서 명성을 날렸다. 사회학은 출판사의 관심 분야가 아니었지만, 뉴라스는 우정 때문에 내 책을 출간했다. 다행스럽게도 뉴라스가 보인 호의는 천국의 문 이쪽 편에서 보상을 받았다. 1957년 책이 처음 출간된 뒤 곧바로 펭귄 출판사에서 출판권을 이어받아 수십만 부가 팔리고 7개 언어로 번역판까지 나왔다. 가끔 도대체 일본 독자들이 이 책을 어떻게 이해하는지 궁금증이 일기도 했다.

대체 왜 이 책이 인기를 누렸을까? 제목이 한몫을 한 게 분명하다. 내가 만들어낸 말이기는 하지만 나 자신이 능력주의라는 핵심 개념에 관해 몇 가지 궁금증이 있었다. 고전학자인 한 친구는 라틴어 단어와 그리스어 단어를 결합해서 새 단어를 만드는 방식은 표준 어법에 어긋난다고 말했다.* 친구는 이런 조어를 만들면 비웃음을 산다고 충고했다. 결국 책은 많은 비판을 받지만, 제목이 천박한 탓이 아니라 오히려 정반대 이유 때문이라고 말하고 싶다. 20세기는 이 신조어가 비집고 들어갈 여지가 있었다. 권력과 특권을 지닌 사람들은 현대 사회가 '국민이 아니라 현명한 소수의 지배', 곧 '태생에 따른 귀족주의 정치나 부를 바탕으로 한 금권 정치가 아니라 재능에 따른 진정한 능력주의 정치'를 시행한다고 어느 때보다도 더 기꺼이 믿게 됐다. 귀족주의와 능력주의의 관련성은 특히 유리했다. 몇몇 사람들은 자기가 귀족 같은 존재이면서도 능력에 입각해서 권력과 특권을 획득함으로써 귀족을 넘어선다고 한껏 기뻐한다. 귀족주의가 나빠진 이유는 단지 부모에게서 물려받아 권력을 가진 많은 사람들이 권력을 행사하는 데 적합

---

* 'meritocracy'는 라틴어 'meritum'에서 유래한 'merit'와 그리스어 어근 '-kratia'에서 유래한 '-cracy'를 결합한 조어다 — 옮긴이.

하지 않은 때문이었다. 이제 어느 누구도 금수저를 입에 물고 태어나서는 안 되며, 설령 그렇게 태어난다고 해도 금수저 때문에 목이 막힐 게 분명하다.

'지능$^{I.Q.}$+노력^{effort}=능력^{merit}'이라는 명제는 새로울 게 없었고, 다만 그 명제가 정식화된 방식이 신선했다. 산업 혁명 이래, 아니 산업 혁명 이전에도 '재능 있는 사람에게 열린 출세의 길$^{la\ carrière\ ouverte\ aux\ talents}$'*은 (동료 사회학자 존 골드소프**가 미간행 논문에서 다시 한 번 설득력 있게 지적한 대로) 특히 군대를 비롯한 공무 행정 분야에서 필요한 사회 개혁의 주된 목표 중 하나였다. 공직을 획득하는 수단이던 정실주의와 뇌물 수수, 상속은 이제 모두 사라져야 한다. 물론 이런 관행은 아직 없어지지 않았지만, 정실주의와 뇌물 수수, 상속이 조금이라도 영향을 미치게 내버려두는 일은 잘못이라는 믿음은 굳어지고 있다. 이제 개인의 능력이 유일한 잣대가 됐다. 산업이 도래해서 농업을 대신해 경제의 토대로 자리잡게 되자 이런 변화가 일어났다.

---

* 나폴레옹이 했다고 알려진 말로 근대 능력주의를 대표하는 표어로 꼽힌다 — 옮긴이.

** 존 골드소프(John Goldthorpe·1935~)는 영국의 사회학자다. 옥스퍼드 대학교 너필드 칼리지 명예 이사다. 사회계층론, 사회적 이동 등의 연구로 알려져 있으며, 《부유한 노동자(The Affluent Worker)》(1969) 시리즈가 대표작이다 — 옮긴이.

이 책에 담긴 주장은 다음 같다. 만약 토지가 카스트를 창조한다면 기계는 계급을 생산하며, 이제 사람들은 출생에 따라 계급을 부여받지 않고 업적에 따라 할당받을 수 있다. 이런 일이 일어나는 한 사회적 불평등은 정당화될 수 있으며, 최소한 선거에 관련해서는 평등을 받아들인 민주주의 사회에서 너무 노골적인 모순을 피하기 위해서라도 이런 정당화가 거의 언제나 필요하다. 그렇지 않으면 권력을 행사하는 사람들은 자기 회의 때문에 무너지고, 권력 행사의 대상이 되는 사람들은 남들이 위세를 부릴 권리가 있다는 사실을 부정하기 때문에 분개하면서 뒤집어엎으려 한다.

이 신조어와 이 책에서 겉으로 드러나는 주장은 특히 교육에 부여된 구실 때문에 매력을 발휘하게 됐다. 모든 산업 사회에서는 대규모 교육 체계의 성장이 20세기의 가장 의미심장한 현상으로 손꼽힌다. 기초 교육은 보편적인 권리로 간주됐다. 그런데 기초 교육이 끝난 뒤에는 무엇이 있나? 만약 교육 사다리의 일정한 단계에서 선발해야 한다면(언제나 필연적인 일이다), 그 선발은 분명 부모의 지위나 재산이 아니라 아동이나 젊은이의 능력에 따라 진행돼야 한다.

바로 이것이 교육가들이 어느 정도 정교한 검사와 시험 체계의 도움을 받아 자기들이 하고 있다고 즐겨 생각하는 일이며, 실제로 종종 하기도 한다. 교육가들을 움직이는 동기는 '동등한 기회'를 누려야 하는 불우한 가정 출신 아이들을 향한 평등주의적 관심이거나, 아니면 언제 어디서나 무척 제한된 소중한 '능력의 총량'이 감소하는 상황을 피하려는 사회다원주의적 염려다. 그 동기가 무엇이든 간에 결과는 동일하다고 여겨진다. 능력을 평가하는 시험을 거쳐 진학 과정에서 선발된 젊은이들이 학교와 대학에서 계속 업적을 입증해서 그 뒤 일반 사회에서도 출세하게 된다. 실제로, 그리고 윤리적으로 능력주의 교육은 능력주의 사회를 지탱한다.

이런 이유들 때문에 이 신조어와 책 자체가 그 주장에 들어맞는 사람들 사이에서 일정하게 통용되고 있다. 이 사람들은 자기 자신이 새로운 엘리트 집단에 어울리는 성원이라고 믿거나, 적어도 미래의 능력자meritocrat들이 만물의 질서에서 적절한 자리를 차지할 길을 열어준다고 믿는다. 내 친구 대니얼 벨은 이 문제를 정확하게 진단했다. "탈산업 사회는 그 논리상 능력주의 사회다. 지위 차별과 소득 차별은 기술적 숙련과 높은 교육 수준에 근거를 두며, 이런 자격이 없는 사람들은 고위직에 들어갈 기회가 거의 없다."* 이듬해 출간해 지대한 영향력

---

* D. Bell, "The Meritocracy and Equality," *The Public Interest*, 29 November 1972.

을 미친 책에서 벨은, 능력주의 체제에서는 형식적인 자격 요건을 갖추면 이 체제에 들어갈 수 있지만 물질적 혜택을 비롯해 그 밖의 혜택을 정말로 누릴 자격을 얻으려면 체제에 진입한 뒤에도 업적이 필요하다고 주장했다.*

이 책은 언제나 그런 식의 주장을 편다고 여겨졌으며, 심지어 읽지도 않고 책에 관해 논평하거나 거론한(지대한 영향을 미친 책은 언제나 제대로 읽히지 않는 법이다) 대부분의 사람들은 암묵적으로, 또는 심지어 공공연하게 바로 이런 내용이 내가 제시하려 한 주장이 분명하다고 생각했다. 그 사람들은 이 책이 풍자물이며, 사회학 분야 저서이기 때문에 진지한 내용이기는 해도 또한 영국 풍자 문학의 오랜 전통에 속한다는 사실을 일부러 무시하거나 아니면 알아차리지 못했다. 이렇게 전형적인 영국식 저작은 해외에서 좋은 반응을 얻기 힘들다는 현실은 안다. 그렇지만 이 책이 하나의 주장일 뿐 아니라 반론이기도 하다는 점을 보지 못한다면, 책의 요점(또는 최소한 절반의 요점)이 실종되고 만다.

2034년을 살아가는 가상 인물인 마이클 영은 내가 바라는

---

* D. Bell, *The Coming of Post-Industrial Society*, Basic Books, New York, 1973(다니엘 벨 지음, 박형신·김원동 옮김, 《탈산업사회의 도래》, 아카넷, 2006).

내 모습보다 한결 뚱하고 거들먹거리는 사람으로 묘사된다. 이 책에서 나는 언뜻 볼 때 그 저자의 견해를 무척 진지하게 받아들임으로써 조롱하고 있는데, 다시 40여 년이 지나서도 그 저자는 복수를 할 수 없다.* 나는 그 저자를 조금 우스꽝스럽게 그리려 했는데, 또한 정반대 주장의 강점을 보여주려 한 때문이었다. 나는 능력주의가 얼마나 자만에 빠질 수 있는지를 보여주려 했고, 책을 썼다고 간주되는 저자를 포함해서 스스로 능력주의 체제에 속해 있다고 생각하는 사람들의 오만을 드러내려 했다.

그 저자는 약점이 많은 인물이다. 의도한 결과는 아니지만, 그 저자는 또 다른 이야기의 대변자로서 능력주의 사회가 얼마나 슬프고 허약할 수 있는지를 보여준다. 만약 전반적인 문화가 부와 권력을 지닌 자들을 상대로 자기가 가진 모든 것을 마땅히 가질 자격이 있다고 믿게 부추긴다면 스스로 얼마나 오만해지겠으며, 그 자들이 이 모든 게 공동선을 위한 일이라고 확신한다면 얼마나 비정하게 자기들만의 이득을 추구하겠는가? 권력은 부패하게 마련이며, 따라서 좋은 사회의 비밀 중 하

---

* 이 트랜색션 출판사판 서론을 쓴 때가 1994년이므로 2034년까지는 아직도 40년이 남아 있다 — 옮긴이.

나는 언제나 권력을 비판에 열어둬야 한다는 점이다. 좋은 사회는 권력뿐 아니라 반란을 위해서도 동력을 제공해야 한다.

그렇지만 아무리 교육 체계를 통해 거부당하더라도 보통 사람들이 유력자들에 맞서서 자신 있게 자기 주장을 펴지 못한다면, 권력은 절대 겸손해지지 않는다. 만약 보통 사람들이 스스로 열등하다고 생각한다면, 능력으로 볼 때 자기는 선별된 소수만큼 세속적인 재화와 권력을 가질 자격이 부족하다고 생각한다면, 자존감에 손상을 입고 사기가 떨어질 수 있다.

설사 보통 사람들이 고위직에 선발된 사람들에 견줘 타고난 능력이 떨어진다는 사실이 증명될 수 있다고 할지라도, 그렇다고 해서 보통 사람들이 재화와 권력을 받을 자격이 떨어지지는 않는다. '운 좋은 정자 클럽lucky sperm club'의 회원이 된다고 해서 이득을 누릴 도덕적 권리가 생기지는 않는다. 누군가 타고난 것이나 타고나지 못한 것은 그 사람이 스스로 한 일이 아니다.

롤스는 공정한 기회가 '비정한 능력주의 사회'로 이어질 수 있는 위험성을 인정하는 저자들 중의 하나다. 롤스가 말하는 '차등의 원리'는 '최소 수혜자*도 자기가 지니는 가치에 관해

---

* 타고난 운이 좋지 못해 분배에서 가장 적은 몫을 가져가는 사람 — 옮긴이.

자신감을 추구할 수 있게' 보장하는 데 목적이 있다. 교육에 자원을 투입하는 정책은 오로지 또는 반드시 주로 숙련된 생산 능력으로 측정되는 성과를 따를 뿐 아니라 최소 수혜자를 포함한 시민들의 개인적 삶과 사회적 생활을 풍부하게 만드는 자원의 가치에 따라서도 실행돼야 한다.[*]

이 책에서는 또다른 방식의 주장도 강조된다. 서서히 좁아지는 가치 체계가 존재해서 사람들을 가치 등급 질서에 편입시킬 수 있을 때만 능력주의가 온전한 형태로 존재할 수 있다는 주장 말이다. 책의 말미에서는 이런 사회에 정반대되는 개념으로 '계급 없는 사회'가 거론된다. 〈첼시 선언〉에는 이런 구절이 있다.

우리가 사람들을 지능과 교육, 직업과 권력만이 아니라 친절함과 용기, 상상력과 감수성, 공감과 아량에 따라서도 평가한다면, 계급이 존재할 수 없으리라. 어느 누가 아버지로서 훌륭한 자질을 갖춘 경비원보다 과학자가 우월하며, 장미 재배하는 데 비상한 솜씨를 지닌 트럭 운전사보다 상 받는 일에

---

[*] J. Rawls, *A Theory of Justice*, Oxford: Clarendon Press, 1972(존 롤스 지음, 황경식 옮김, 《정의론》, 이학사, 2003, 100~107쪽).

비상한 기술이 있는 공무원이 우월하다고 말할 수 있겠는가?

　　다시 말해, 이 책에서 나는 능력주의 찬성론과 반대론을 둘 다 제시하려 했다. 능력주의는 단순한 문제가 아니며, 이 책에서 단순하게 다루려고 하지도 않았다. 두 관점은 시종일관 대비된다. 가상의 저자에게는 그림자가 있다. 예나 지금이나 어떤 결론을 내릴지는 독자의 몫이며, 다만 바람이 있다면 현대사회의 커다란 쟁점 중 하나를 놓고 결론에 다다르는 과정에서 독자가 소소하나마 재미를 느낄 수 있으면 좋겠다.

교육부를 뼈대만 남기고 파괴한 조치와 티유시^{TUC}* 위원장 암살 시도 사이의 연관성은 무엇이었을까? 비공식적인 교통 파업과, 마찬가지로 비공식적인 가내 하인 파업 사이의 연관성은? 이 모든 질문은 사건 발발 1주년이 다가오는 5월에 포퓰리스트 그룹이 호소한 총파업 때문에 이중으로 시사적인 문제가 된다. 과연 호응이 있을까? 2034년은 프랑스 대혁명의 해인 1789년의 재판이 될까, 아니면 그냥 좌절한 혁명의 해인 1848년에 불과할까? 내가 보건대 이 사안보다 더 시사적이고

---

* 원래는 영국의 노동조합 총연맹인 노동조합회의(Trade Union Congress)의 약자인데, 이 약자의 비밀은 나중에 밝혀진다 — 옮긴이.

더 중요한 주제를 논의하기는 어렵다. 이 문제는 국가를 향한 명백하고 현존하는 위험을 건드린다.

총리는 하원에 출석해 솔직한 보고를 하면서 5월 사태가 터진 책임의 일부를 행정의 실패로 돌렸다. 총리는 스티버니지에 자리한 렌스 마트가 파괴된 사건을 국지적 소요로 간주한다. 렌스의 점원 2000명은 예상하고 다르게 경영진이 주 4일 노동을 거부하자 격분한 게 분명하다. 사우스실즈 원자력 발전소는 소장이 도발만 하지 않았으면 결코 파괴되지 않았으리라. 가내 하인들은 물가 검토$^{Price\ Review}$*가 굼뜬 탓에 파업에 나섰는데, 유럽의 다른 주^{Privince}들에서 벌어지는 비슷한 사태도 그런 증거가 되기에 충분하다. 교육부를 향한 반감은 4월에 국민지능에 관한 상임위원회의 최종 보고서가 발표되는 등 여러 일 때문에 자극받았다. 이 모든 지적을 나는 기꺼이 받아들이지만, 이것이 이야기의 전부는 아니다. 우리는 또한 평상시라면 거의 아무도 주목하지 않고 넘어갈 만한 행정상의 계산 착오가 유독 이번에는 그토록 격렬하고 일사불란한 항의 시위를 유발한 이유를 설명해야 한다. 어떤 일이 벌어진지를 파악하고 앞으로 벌어질 일에 대비하려면 우리는 포퓰리즘

---

* 7장에 설명이 나온다 — 옮긴이.

운동을, 그리고 여성들이 지도부를 차지하고 남성들은 일반 당원에 머무는 이 운동의 기묘한 배합을 평가해야 한다.

여성 진영은 전에 복음주의자들을 낳았는데, 그 집단의 쇠퇴는 대개 등장만큼이나 갑작스럽게 일어났다. 그런데 지금 우리를 괴롭히는 운동의 지도자들은 그렇지 않다. 그 사람들은 힘을 공고히 굳히고 있다. 2032년 크리스마스 직전에 그 사람들이 레스터에서 조직한 대회는 그 운동의 결정적인 순간이었다. 여성 진영이 소집되었다. 익히 알려진 일이었다. 기술자당Technicians' Party 여성 지부들도 올 예정이었다. 반쯤 예상된 일이었다. 예상하지 못한 사태는 당과 여러 조합의 지역 지부에서 여성뿐 아니라 남성 대의원까지 그토록 많은 수가 참석한 일이었다. 지도자들을 아랑곳하지 않고 전국 각지에서, 그리고 특히 잉글랜드 북부와 스코틀랜드에서 모여들었다. 런던과 남부를 향한 이런 반감은 정부 쪽 사회학자들이 지나치게 폄하하는 운동의 불길한 측면이다. 심지어 과학후원자협회Association of Scientific Benefactors*도 대의원을 보냈다. 나중에 포퓰리즘 운동이라는 이름을 얻게 된 서로 어울리지 않는 집단이 레스터에서 기묘한 헌장을 갖춘 채 생겨났다. 기억에 남은 유

* 가공의 단체 — 옮긴이.

일한 시간 동안 엘리트에서 뛰쳐나온 소수 반대파가 지금까지 고립된 채 유순하기만 하던 하층 계급을 상대로 동맹을 맺었다. 두 집단의 결합은 커콜디와 스티버니지, 사우스실즈와 화이트홀에서 국지적인 사건들을 조장했고, 결국 지난 5월의 전국적 위기로 이어졌다.

이 모든 것은 무엇을 의미할까? 오직 미래의 역사학자들만이 알겠지만, 아마 그 학자들도 의견을 모으지 못하리라. 위기는 우리 코앞에 다가왔으며, 매일같이 새로운 뉴스가 들려오기 때문에 누구든지 자기 의견을 내는 데 주저할 수밖에 없다. 아직 아무런 합의가 되지 않았다. 공식 견해는 계급의 구획선을 가로지르는 이런 동맹은 잘못된 만남이며, 지도자들과 일반 성원의 배경이 확연히 다르고, 양자 사이에 공통의 이해가 지극히 박약하기 때문에 이 운동은 지속될 수 없다는 정도였다. 《선데이 사이언티스트Sunday Scientist》*는 무례하면서도 널리 인용되는 구절에서 그 집단의 지도자 몇 명을 '라이언스코너하우스에 앉은 림스키-코르사코프'**에 비유했다. 서머빌 칼

---

* 가공의 신문 — 옮긴이.
** 라이언스코너하우스는 1909년 런던에 문을 연 대형 찻집 체인점으로 일반 대중이 많이 모여들었다. 고급 예술인 클래식 음악가에 어울리지 않는다 — 옮긴이.

리지[*]는 품격을 떨어트리고서도 어떤 심각한 반응도 발견하지 못했는가? 나는 그렇게 생각하지 않는다. 적어도 나는 그 반응에 동의하지 않는다. 일시적인 분노를 넘어서는 동력이 계속 공급되지 않는다면, 포퓰리스트 그룹이 그만한 추진력을 모으거나 5월 사태가 그런 차원에 도달하지 못한다. 내가 볼 때 이런 분노는 역사 속에 깊은 뿌리가 있다.

—

이 글을 쓰는 목적은 5월 봉기로 분출한 불만들의 역사적 원인 몇 가지를 논하는 데 있다. 내가 다루는 주제는 포퓰리스트 그룹이 공공연하게 조직하든 아니든 간에 이 봉기가 역사를 통해 조직된 게 분명하다는 점이다. 한 가지 믿음이 내 내 은연중에 깔려 있다. 혁명이란 없으며, 과거를 변형하면서도 재생산하는 중단 없는 변화가 서서히 누적될 뿐이라는 믿음이다. 지금 내가 생각하는 문제는 어떤 관점에서 보면 지난 세기를 영원의 시대로 만든 무수히 많은 기술 혁신이 아니다. 이런 진부한 문제를 다루기보다는, 비록 지금은 우리 증조부

---

[*] 1879년에 옥스퍼드 대학교에서 처음 설립된 여자 대학 두 곳 중 하나다 — 옮긴이.

들이 이상해 보일지 몰라도 21세기는 신엘리자베스 시대하고 똑같은 베틀로 직조된다는 사실을 보여주려 한다. 이 시기, 내가 맨체스터 그래머스쿨에서 전공한 1914년에서 1963년에 이르는 시기에 관한 참고 문헌들로 이 글을 설명할 작정이다. 대학 준비 과정sixth-form 시절에 우드콕 선생님에게 신세를 진 사실을 인정하고 싶다. 선생님은 이 시기를 연구하면 인류가 지난 세기에 이룩한 진보를 이해하는 데 크게 도움이 된다는 점을 처음 지적했다. 선생님은 또 옛부터 대학들에서 발전한 역사사회학도 처음 소개했다.

내가 연구하는 특별한 시기의 시작점인 1914년에 상층 계급에는 공정한 몫의 천재와 둔재가 있었고, 노동 계급도 마찬가지였다. 아니 다르게 말하자면, 똑똑하고 운 좋은 몇몇 노동 계급 남성들은 사회에서 종속된 상황인데도 언제나 상층으로 올라가기 때문에 열등 계급에도 **거의** 상층 계급 자체만큼이나 높은 비율의 우월한 사람들이 있었다. 지능은 어느 정도 무작위로 분포됐다. 각각의 사회 계급은 능력으로 볼 때 사회 자체의 축소판이었다. 부분은 전체하고 똑같았다. 지난 세기에, 그러니까 1963년 이전에 이미 어지간히 시작된 근본적인 변화는 지능이 계급들 사이에 재분배되고 각 계급의 성격이 바뀌었다는 점이다. 재능 있는 이들은 자기 능력에 부합하는 수준까지 올라갈 기회를 부여받는 한편, 그런 변화에 따라 하층 계급은 능력이 떨어지는 사람들의 몫이 됐다. 이제 부분은 전체하고 똑같지 않다.

사회 진보의 속도는 권력이 지능하고 짝지어지는 정도에 좌우된다. 한 세기 전 영국은 재능 있는 사람들에게도 육체노동의 굴레를 씌우면서 자원을 탕진했으며, 자기 능력을 인정받으려고 시도하는 하층 계급 성원들을 가로막았다. 그렇지만 영국이 위대한 국가로, 그러니까 다른 나라들에 견줘 위대한 국가로 살아남으려면 카스트* 사회가 아니어야 했다. 국제적 경쟁에서 버텨내느라 영국은 인적 재료, 그중에서도 특히 잉글랜드에서도 언제 어디서나 너무 드물다고 말할 수 있는 인재를 최대한 활용해야 했다. 학교와 제조업은 점차 능력에 문호를 개방했다. 각 세대의 똑똑한 아이들에게 지위를 상승할 기회를 부여하려는 조치였다. 지능 지수가 130 이상인 사람의 비율은 끌어올릴 수는 없었지만(오히려 줄어들지 않게 막는 일이 과제였다), 직장에서 자기 능력을 최대한 발휘하라고 요구받는 사람의 비율은 꾸준히 늘어났다. 현대에는 러

---

* 지은이가 말하는 '카스트'는 신분제하고 같은 의미다 — 옮긴이.

더퍼드* 같은 재벌이 10명은 있었고, 존 메이너드 케인스 같은 경제학자는 두 명, 심지어 에드워드 엘가 같은 음악가의 후계자도 있었다. 문명은 둔감한 대중, 곧 일반적 감각을 지닌 남자homme moyen sensuel에게 의존하지 않고, 창조적 소수, 곧 한 번의 손놀림으로 1만 명의 노동을 절감할 수 있는 혁신가, 경이의 눈으로 바라볼 수밖에 없는 총명한 소수, 돌연변이를 생물학적 사실만이 아니라 사회적 사실로 만들기도 한 끊임없이 활동하는 엘리트들에 의존한다. 과학자와 기술자, 예술가와 교사의 대열이 늘어나며, 엘리트들의 교육은 유전적으로 높은 자기들의 운명에 맞게 형성되고, 엘리트들의 권력은 영원히 커지고 있다. 진보는 엘리트들의 승리이며, 현대 세계는 엘리트들의 금자탑이다.

그렇지만 만약 진보에 따르는 희생을 무시한다면, 바로 우리가 인간관계의 영역에서 은밀히 퍼지는 자족감의 희생양이 된다. 자연과학에서 우리가 그토록 개탄하는 자족감에 희생되고 만다. 사회학의 균형 잡힌 시각에서 우리는 성공뿐 아니

---

* 지타 소워비가 1912년에 연극 무대에 올린 《러더퍼드와 아들》의 주인공. 고집쟁이 자본가 러더퍼드를 주인공으로 한 연극은 큰 인기를 끌었고, 1950년대에는 라디오 드라마로 만들어지기도 했다. 20세기 후반에 재발견돼 계속 새로운 작품으로 공연된다 — 옮긴이.

라 실패도 검토해야 한다. 한 명을 선택할 때마다 많은 사람을 버리는 셈이다. 지금까지 우리가 버려진 사람들의 정신 상태를 제대로 평가하지 못했고, 따라서 그런 사람들에게 필요한 조정을 확보하지 못한 사실을 이제 솔직하게 인정하자. 지난해 벌어진 사태가 준 충격 이래 우리에게 자리잡은 위험은 자기에게 고등 교육의 문이 닫혀 있다는 현실을 발견하는 떠들썩한 군중이 자기에게 저주를 내렸다고 느끼는 사회 질서에 등을 돌릴지 모른다는 점이다. 역량이 없으면서도 대중은 이따금 모욕감으로 고통받는 양 행동하지 않을까? 대중은 필연적으로 우리가 대중들을 보는 것처럼 자기 자신을 바라볼까? 우리는 오직 잘 훈련된 상상력과 체계화된 지능에 완전한 자유를 줄 때만 인류가 앞으로 몇 세기 안에 마땅히 누려야 할 성취에 도달하기를 기대할 수 있다는 사실을 안다. 그런데도 현재의 부정의에 불만을 토로하는 이들은 자기들이 실제적인 어떤 문제에 관해 이야기하고 있다고 **생각**한다는 점을 인식하면서, 우리한테는 터무니없는 일이 어떻게 그런 이들에게는 타당해 보이는지를 이해하려 해보자.

MERITOCRACY

1부

엘리트의
부상

1장

사회 세력들의 충돌

1. 공무원 모델

1870년대가 현대의 시초라고 불리는 이유는 파리 코뮌보다는 포스터 씨* 때문이다. 그때 영국에서는 교육이 의무화됐고, 마침내 공무원 사회에서 정실주의가 폐지되고 경쟁을 통한 진입이 규칙이 됐다. 근사한 직종에 진입하고 승진하는 데 능력이 결정적 요소가 되고 재능이 기준이 됐다.** 우리의 많은 선조들은 영국 정부에서 '경쟁 시험으로 뽑은 관리들'에 단호하게 반대한 만큼 이런 변화는 더욱더 훌륭한 업적이었다. 이런 반대를 감안할 때, 1944년에 이르러 케임브리지와 옥스퍼드 출신인 훌륭한 청년들이 이미 관리자 계급에 진출해서 나라의 운명을 이끈 점은 주목할 만하다. 또한 지방 대학을 졸업한 뛰어

---

* 자유당 하원의원 윌리엄 포스터(William Forster·1818~1886)는 5~12세 모든 아동의 교육을 의무화한 1870년 초등교육법의 초안을 작성한 인물이다 — 옮긴이.

** 상설 공무원 조직에 관한 노스코트-트리벨리언 보고서의 필자들은 기특하게도 무엇이 필요한지를 알고 있었다. "다음같이 예상하는 게 당연하다. 그렇게 중요한 직업에는 이 나라의 청년들 중에서 가장 유능하고 야심 있는 이들이 모여들고, 공무원이 된 이들 사이에서는 치열한 경쟁이 벌어지고, 우수한 자격을 갖춘 이들은 순식간에 두드러져 대중적 명성을 누린다. 그렇지만 현실은 전혀 다르다. 실제로 많은 이들이 공무원을 열망하지만, 주로 선호되는 대상은 야심 없는 이들, 게으르거나 무능한 이들이다"(Northcote-Trevelyan Report on the Organization of the Permanent Civil Service, 1854년 2월).

난 청년들이 그만큼 중요한 과학기술 계급에 진출하고, 그래머스쿨*을 졸업한 가치 있는 젊은 남녀가 행정 계급에, 뛰어나지는 않은 젊은이들이 하급 사무직 계급에, 공무원 집단의 중추를 형성하는 많은 남녀가 초등학교(나중에는 현대식 중등학교)를 졸업하고 곧바로 육체노동과 작업 계급에 진출했다. 바로 여기에 지각 있는 조직가라면 모방할 만한 모델이 있었다. 상업과 산업에서 무수히 많이 이 방식을 따라했다. 처음에는 임페리얼케미컬과 유니레버 같은 대기업이, 나중에는 끝없이 늘어나는 공기업이 좋아했다.

다른 점에서는 경탄할 만한 이런 방식에 결함이 있다면, 물론 사회의 나머지 부분, 그리고 특히 교육 분야는 아직 공무원 원리에 따라 운영되지 않았다는 점이다. 교육은 능력 비례하고는 거리가 멀었다. 5급 공무원 정도에 적합할 능력을 가진 아이들 중에 일부는 열다섯 살에 학교를 마치고 우체부가 될 수밖에 없었다. 5급 공무원이 편지를 배달하다니! 거의 믿기

* 영국의 그래머스쿨은 12세기부터 라틴어로 교양 과목을 가르치는 교육 기관이었다. 16~17세기에 부유한 상인이나 명사가 기부금을 내어 설립되는 일이 많았고, 이때부터 상류층을 중심으로 한 중등 교육 기관이 됐다. 현대적 의미의 그래머스쿨은 1944년 교육법에 따라 공립 또는 준공립으로 바뀐 이래 기술학교, 현대식 중등학교하고 나란히 중등 교육의 축을 형성한다. 대학 입학을 목표로 하는 7년제 인문계 중등학교다 — 옮긴이.

어려운 일이다. 능력은 없지만 연줄이 많은 다른 아이들은 어찌어찌 이튼과 베일리얼 칼리지로 진학해서 결국 성년이 되면 외무부 고위 관리가 됐다. 우체부가 외교 문서를 전달하다니! 이 얼마나 비극적인 희극인가! 공무원 조직은 어려운 문제를 두고 씨름하면서 자체 직급 내부에서 승진 기회를 확대하는 식으로 사회 전반의 부정의를 벌충했다. 특히 전시에 공무원 조직은 최종 시험을 통과한 뒤 지친 상태로 재무부에 틀어박혀 일찌감치 무능해진 사람들을 하급 출신 늦깎이로 대체했다. 영리한 하급 서기들은 평시에도 아주 다른 사다리를 타고 올라갈 수 있었다. 그중 몇몇은 행정관이 됐고, 나중에는 일부가 관리자 계급의 하위 대열에 진입했다. 한계가 있다면 전반적인 교육 체계의 결함이었다. 학교가 부여된 직분을 다할 때에만 공무원 인사위원회도 직분을 다할 수 있었다. 5급 공무원이 열다섯 살에 학교를 마쳐야 하고 우체부가 베일리얼로 진학하는 일이 없어지게 된 뒤에야 1870년대에 시작된 대개혁이 마침내 완성될 수 있었다.

이 사례가 지닌 설득력은 아무리 과장해도 지나치지 않다. 100년 전 《제국 요람Imperial Calendar》에 나오는 인명들을 보면 타당한 이유를 들어 공무원이 세계 최고 인재로 유명하다고 미화했다. 현대 사회하고 얼마나 비슷한 비유인가! 오늘날 우리 사회에는 두뇌에 따라 선발되고 공적에 따라 교육받은 엘리트 집단이 있다. 철학과 행정만이 아니라 '2에스', 곧 과학science과 사회학sociology에도 그 근거가 있다. 예전 공무원 조직의 행정 계급도 두뇌로 선발됐고, 직업 교육은 훌쩍 뛰어넘으면서도 나중에 수행해야 하는 업무에는 관계가 있는(로마하고 비슷하지만 중국이라는 다른 거대한 제국의 관료 집단하고는 다른) 교육을 받았다. 오늘날 우리는 민주주의는 단지 염원일 수 있을 뿐이라는 점을 솔직하게 인정하며, 국민이 아니라 현명한 소수의 지배를 유지한다. 태생에 따른 귀족주의 정치aristocracy나 부를 바탕으로 한 금권 정치plutocracy가 아니라 재능에 따른 진정한 능력주의 정치meritocracy*를 시행하는 셈이다. 마찬가지로 예전 공무원 조직은 능숙하고 재치 있게 의회보다 상당히 더 많은 권력을 행사했다. 선발과 훈련에 공을 들인 때문이었다. 오늘날 능력주의 체제를 구성하는 각 성원은 최소한 125점**의 공인 평점을 갖고 있다(2018년 크롤리-제

---

* '기회 균등'이 그렇듯 이 불쾌한 용어의 기원이 무엇인지는 여전히 불분명하다. 지난 세기의 60년대에 노동당에 결부된 소규모 출판물들에서 처음 일반적으로 쓰이다가 훨씬 나중에 널리 통용된 듯하다.

** 뒤에 나오지만 이 점수는 지능 지수를 뜻한다 — 옮긴이.

이 심사 이래 심리학자, 사회학자, 사무차관$^{Permanent Secretary}$*의 최고 직위는 160점 이상의 몫이었다). 타우버의 소급 계산법을 통해 한 세기 전에 행정 계급의 다수가 이미 125점 이상이던 사실이 드러나지 않았던가? 이 점수는 현대 시스템의 기초였다. 오늘날 지능이 대권을 장악하고 전세계 4분의 3에서 이론의 여지 없이 통용된다면, 아마 그 공은 선견지명 있는 영국 공무원 조직의 선구자들에게 어느 정도 돌려야 할 듯하다. 우리 사회가 초기 사회주의자들 못지않게 그 사람들도 기념비처럼 기억해야 한다고 말하면 과장이겠지만, 이 정도 과장은 용인될 만하다.

2. 아름답고 찬란한 세상

공무원 조직 개혁이 단행되기 전까지 사회의 많은 부분에서 정실 인사가 횡행했다. 19세기가 한참 지날 때까지 지배적이던 농업 세계에서 신분은 능력으로 얻을 수 있는 결과가 아니

---

* 내각책임제에서 장관을 보좌해서 행정 각 부의 업무를 처리하는 최고위 공무원. 정권 교체에 상관없이 임기가 보장된다 — 옮긴이.

라 타고나는 요소였다. 계급, 신분, 직업에서 모두 아들은 아버지의 발자국을 충실하게 따랐고, 아버지는 충실하게 할아버지 뒤를 이었다. 사람들은 사내아이한테 커서 뭐가 되고 싶은지를 묻지 않았다. 앞선 조상들처럼 땅에서 일하게 되리라는 운명을 알기 때문이다. 대부분의 사람들에게 직업 선택 같은 기회는 없었다. 그냥 물려받을 뿐이었다. 농촌 사회(와 종교)는 엄연한 가족이었다.

아버지가 꼭대기를 차지한 상태에서 다른 가족 성원들의 지위는 위계에 따라 등급이 매겨졌다. 장남이 차남보다 위였고,* 아들이 딸보다 위였다. 마을도 가족하고 똑같았다. 장원의 영주는 가부장이었고, 그 아래로 적절한 계급에 따라 농촌 인구가 있었다. 자유 토지 소유자는 등본 소유자보다 위였고, 등본 소유자는 농업 노동자보다 위였으며, 농업 노동자는 농장 하인보다 위였다.

---

* 장자 상속제가 일반적으로 확립된 때부터 가족의 문지방을 떠나야만 한 차남들은 성취의 경작자이자 사회 변화의 상인이 됐다. 그렇지만 19세기까지는 인구가 증가는 해도 속도가 느렸고, 아버지가 죽을 때 유산을 물려받을 아들이 한 명 이상 살아 있는 사례는 비교적 드물었다. 내가 특별히 다루는 시기에 나치스는 독일에서 의도적으로 장자 상속제를 재도입했다. 차남들을 땅에서 몰아내 군대와 동유럽의 단명한 식민지들로 보내려는 조치였다.

부자는 성에 살고,

가난뱅이는 문간에 섰으니,

주님이 귀천을 만드시고

신분을 명하셨도다.

아름답고 찬란한 세상.

　왕국도 마을하고 똑같았다. 나라의 아버지가 이끄는 왕가가 왕국 전체의 질서와 신분을 다스렸다. 하늘의 왕국도 지상의 왕국하고 똑같았다. 같은 사람들이 언제나 윗자리를 차지했다. 젊은이의 야심을 부추기기 위해 고안된 규칙이라고 보기는 어려웠다.

　과거를 비추는 거울을 들고 있는 역사가도 질문을 던지는 자기 얼굴의 이미지를 피하기 어려우며, 인간 공학의 논리를 당연시하는 일반인이라면 선조들의 명백한 어리석음을 이해하기가 사실상 불가능하다. 물론 옛 제도에는 폭정과 낭비와 경직됨이 있었다. 그렇지만 그런 요소가 전부는 아니었다. 언젠가 솔즈베리 경은 세습 원리를 논리적으로 옹호할 수 없다고 생각했지만, 그런 이유 때문에 그 원리를 포기하고 싶지는 않다고 말했다. 그토록 자신감 넘치게 말할 수 있던 이유는, 농촌에 뿌리를 둔 사람이 보기에 농업이 가족 사업일 때 상속의 정당한 근거가 거의 자명한 때문이었다.* 농업은 끝없는 고된 노동을 요구했고, 일정한 정신적 분위기가 지배하는 와중에 사람들이 열심히 일하면 형편이 좋아져서 자녀와 손자가 혜택을 보게 되리라는 사실을 알 때 이런 고된 노동이 가장 잘 확보됐다. 일을 소홀히 하면 자녀와 손자가 고생하게 되기 때문이었다. 농업은 땀흘려 일하는 사람들에게 땅에 붙어 살라고 요구했다. 그렇지 않으면 언제나 불안정한 식량 공급이 실패할 수 있기 때문이었다. 이렇게 땅에 붙어 살게 하려면 아이들이 감수성이 가장 예민한 나이에 언젠가 자기가 물려받을 땅의 사소한 특성까지 배우고 사랑하게 만들어야 했다. 농업은 일시적인 이득만 취해서는 안 되고 기름진 토질을 유지하기 위해 계속 양분을 공급해야 했다. 그리고 자기 가족 속에 구현되는 자손의 이익을 간절히 바라는 사람들은 장기적인 관점을 주입받았다. 상속은 노력과 주입된 책임감, 보전된 연속성을 한꺼번에 불러일으켰다.

땅은 카스트를 키우며, 기계는 계급을 만들어낸다. 영국이

---

* 늘 그렇듯 '중간 부류' 사람들 때문에 빛나는 도시에서는 사정이 달랐다. 대니얼 디포의 말을 빌려 말해보겠다. "도시에서는 짐마차꾼과 짐꾼이 도시 관청의 자리를 가득 메우고 사무 보조가 판사의 법복을 입는다."

원시적인 농업에 의존하는 한 옛 제도는 충분히 좋았지만, 산업이 성장하면서 봉건제는 점점 더 효율성을 제약하게 됐다. 토지 자산의 상속은 중요하지 않았다.* 실제로 아버지가 더 많은 재산을 유산으로 남길수록 자녀는 돈 쓰는 일말고는 아무것도 하지 않는 사례가 많았다. 가족이 명예퇴직을 **하게** 되자 권력은 아버지한테서 능력 때문에 선발된 유급 관리자들에게 옮겨갔다. 당연한 결과였다. 재산뿐 아니라 권력과 지위까지 상속받는 자녀의 수가 무엇보다도 중요했다. 얼마나 많은 의사가 의사의 아들이고, 얼마나 많은 변호사가 변호사의 아들인지를 보면 놀랍기만 하다. 온갖 종류의 전문직이 마찬가지였다. 산업과 상업에서 성공한 많은 사람들은 자녀를 전문직으로 진출하는 사회적 사다리로 올려놓는 방식을 선호했다.

사업에서도 일자리 상속이 무척 흔해서 생산성에 아주 심각한 장애로 작용할 정도였다. 당연히 유능한 아버지는 유능

---

* 과거 속에 사는 사회주의자들의 경향을 보여주는 흥미로운 사례는 토지 자산이 중요성을 잃은 지 오랜 뒤에도 토지 보유를 균등화할 필요성을 계속 주장한 일이다. 결국 밝혀진 대로, 다행스럽게도 그 사람들은 농업 사회를 제외하고 어디서도 결코 부의 분배에 동일시되지 않는 권력의 분배에는 훨씬 더 관심이 없었다. 역사사회학을 공부하는 사람에게 펜(가공의 인물로 보인다 — 옮긴이)이 첫째로 가르치는 공리, 곧 '권력이 가는 곳에 나도 간다'는 괜히 첫째가 아니었다.

한 자녀를 낳았다. 물론 지능우생학적 결혼intelligenic marriage이 확산되기 전에는 그 비율이 낮았다. 이런 자녀는 출생뿐 아니라 능력 때문에도 권력을 가질 자격이 두 배였다. 그렇지만 애석하게도 정반대 사례도 얼마나 많았던가. 아들이 아버지에 필적하지 못하고, 다른 종류의 능력을 갖고 태어나며, 사업이 아니라 예술이나 철학을 좋아하고, 부모 곁에 가까이 살면서 활력을 망친 경우 말이다. 그렇다고 하더라도 아들은 아버지의 책상에 앉으며, 또 자기 아들을 위해 그 자리의 온기를 유지했다. 많은 아들이 훈련과 근면으로 최선을 다해 요한 볼프강 폰 괴테가 일러준 가르침을 따랐다.

물려받은 것을 정말로 자기 것으로 만들려면
먼저 자기 능력으로 그것을 받아야 한다.

그렇지만 무슨 소용이 있었을까? 자기기만에는 한계가 있는 법. 인간적 비극은 또한 사회적 낭비이기도 했다. 70년대와 80년대에 이르러 버틀러 법이 발효될 때까지 영국은 산업 국가들 중에서 미묘한 형태를 띤 수많은 정실주의가 생겨난 고향이자 원천이었다.

지성을 갖춘 관찰자라면 거의 누구나 이런 현상이 얼마나 범죄적인지를 알 수 있었다. 지난 세기에 잘못된 시간에 잘못된 자리에 있던 잘못된 아버지의 아들(이나 때로는 딸)이 무수히 많은 위기와 재앙을 야기했다. 농업에 적합한 상속 제도가 왜 그토록 오랫동안 살아남은 걸까? 영국은 정실주의를 뿌리 뽑기 전에 이미 한 세기를 훌쩍 넘도록 산업 국가였다. 땅에 의존하는 시대가 종언을 고한 뒤 카스트에 의존하는 시대가 끝장날 때까지 왜 그토록 넓은 간극이 있었을까?*

그 이유들 중 하나는 아주 분명하다. 이 섬나라는 의심스러운 축복을 누렸다. 침략을 당한 적이 없고, 전쟁에서 완패하지

---

* 이런 낭비를 계산하는 일이 중요하다는 점을 탁월한 선견지명을 보인 한 선구자가 역설했다. 호그벤 교수는 1938년에 말했다. "우리는 직업 채용 과정이 특정한 직업에 맞는 특별한 적성에 얼마나 많이 근거하는지 조사할 수 있다. 그렇다면 정치 산술(political arithmetic)의 문제는 결함 있는 사회 조직 때문에 생겨나는 치유 가능한 낭비와 거기에서 기인하는 사회적 효율의 손실을 평가하는 데 있다"(Lancelot Hogben, *Political Arithmetic*, 1938). 앞서 케네스 린지는 영국 어린이 중 최소한 40퍼센트 정도까지 그렇게 입증된 능력이 겉으로 드러나지 못하고 있다고 추산했다(Kenneth Lindsay, *Social Progress and Educational Waste*, 1924). 그렇지만 말로 교수가 설득력을 지닌 몇몇 가정에 입각해서 영국의 사회적 낭비가 40년대에는 연간 약 3800만 단위에 맞먹었으며, 60년대에 약 3300만 단위로 떨어지고, 90년대에는 약 1800만 단위로, 2020년대에는 520만 단위로 감소했다고 추산할 수 있게 된 때는 훨씬 뒤다. 이런 수치는 더는 축소할 수 없는 최소한이라고 하는데, 전문 용어로는 말로라인(Marlow Line)이라고 한다. 사회의 효율을 그 이상으로 개선할 수 없는 수준을 가리킨다. 그렇지만 지난 세기에 그 모든 일이 벌어진 지금, 더 많은 발전이 여전히 가능할 수 있다고 어느 누가 확실하게 예측할 수 있을까? 이 계산들의 근거도 아직 완전히 만족스럽지는 않다.

도 않았으며, 정치 혁명으로 흔들린 적도 없다. 요컨대 이 나라는 완전히 새롭게 출발한 적이 없다. 서서히 꾸준하게, 곧 안정된 방식으로 쇠퇴하는 나라가 모두 그렇듯이, 1914년 이후 오늘은 어제만큼 찬란하게 빛나지 않았다. 영국은 조상들이 물려준 자본에 의지해 살았고, 그 자본에 의지할수록 점점 더 많이 의지해야 했다. 현재가 어둑할수록 현재에서 벗어나는 데 필요한 변명이 더욱 커졌다.

현대 사회학자인 나는 이런 교의가 이상하다는 사실을 알지만, 너무 많은 사람들이 역사의식은 지나치게 예리한 한편 미래를 설득해 무엇을 낳게 할지에 관해서는 지나치게 둔감한 의식을 갖고 있다고 말하는 사람은 나 혼자만이 아니다. 19세기에는 이렇지 않았지만, 20세기 중반에 이르러 전통이 과대평가됐고, 연속성이 지나치게 숭배됐다. 변화가 생길 때마다 선례가 있어야 했다. 다시 말해 영국은 인구의 80퍼센트가 도시에 한데 모여 산 지 오랜 뒤에도 여전히 농촌적 사고를 지니고 있었다. 완전히 마오 왕조 이전의 중국만큼 대규모로 문화적 지체가 일어난 이상한 사례였다.

조상 숭배는 오래된 주택과 교회, 기막힌 화폐 제도, 기묘한 도량형을 향한 숭배의 형태를 띠었다. 근위병, 연대聯隊, 술집, 오래된 자동차, 크리켓, 무엇보다도 세습 군주제와 조금 모호한 방식으로 군주제를 둘러싼 계급, 곧 귀족 등은 화려한 과거 속에서 혈통을 추적할 수 있었다. 정치인들조차 추밀 고문관들처럼 왕가의 영광을 일부 차용했다. 공무원들은 멋쩍어 하며 여왕 폐하의 정부HMG를 자처했다.* 국가 자체가 위신이 높았다. 정부를 통치하던 귀족 신분의 일부를 끌어당긴 때문이었다. 미국에서는 (귀족이 없는 특성 때문에) 모든 정부는 나쁜 것이라고 오랫동안 여겨진 반면, 영국에서는 사람들이 항상 정부가 더 좋지 못하다고 분개했다. 정부뿐 아니라 나라의 가장 중요한 기관들 모두, 그러니까 대학부터 학술원까지, 메릴번 크리켓클럽Marylebone Cricket Club부터 노동조합회의TUC까지, 상선대에서 포트넘앤메이슨 백화점까지 다들 한때는 왕실의 후원을 받았고, 어떤 산업의 주요 회사든 이사회에 귀족이 포함된 사실을 자랑하지 못하는 사례는 거의 없었다. 귀족 집단은 집단 무의식 속에서 아버지 같은 존재였다. 귀족의 영향

* 영국에서는 일본만큼 충성심이 그렇게 극단으로 치우치지 않았다. 일본의 유명한 시는 지배적인 정서를 표현했다(일본의 국학자이자 시인인 사쿠라 아즈마오(佐久良東雄, 1811~1860)가 쓴 작품 — 옮긴이).

나를 낳아 주신 소중한 어버이 덕분에
천황 폐하를 섬길 수 있네.

력이 워낙 널리 퍼져 있던 탓에 자기 힘으로 성공한 뛰어난 사람들은 때로 자기가 천한 신분을 넘어서서 성공한 점을 자랑스러워하기는커녕 오히려 출신을 부끄러워했다. 감탄의 대상이 된 귀족의 온갖 특징 중에서 가장 널리 모방된 요소는 귀족들이 지니고 있다고 여겨지는 습속, 곧 아예 일 따위를 하지 않는 관행, 또는 돈을 받지 않기 때문에 신성시된 일에만 힘을 쓰는 관행이었다.* 산업에서는 고위 경영진이 이런 게으름뱅이들을 비굴하게 따라했다.

당대의 신문 기사들을 보면, 1975년에도 주요 기업의 경영자들이 (종종 이유를 알지 못한 채) 마치 자기가 '일하지 않아도 충분히 먹고살 만한 젠틀맨'인 양 행세한 사실이 충격적으로 드러난다. 그 사람들은 군대에서는 일반 병사가 아니라 장교였고, 산업에서는 노동자가 아니라 젠틀맨이었다.

의례적인 방식으로 전혀 생계를 벌지 않아도 되는 척했고, 육체노동을 하는 직원들보다 두세 시간 늦게 출근했다. 공장보다는 클럽에 어울릴 법한 양복 차림이었다. 그리고 디지털

---

* 1960년대와 1970년대 잡지들은 관광객들이 롱릿(Longleat)이나 놀(Knole) 같은 대저택의 가이드 노릇을 하는 남녀 귀족에게 깊은 인상을 받는다고 전한다. 감탄을 부르는 동시에 두려움보다는 동정심을 일으키는 소유자들의 매력은 돈 주는 사람이 있으면 싹 사라졌다.

컴퓨터 같은 저속한 물건은 눈을 씻고 찾아도 보이지 않는 응접실처럼 꾸민 사무실을 차지하고 앉아 집에 있는 가구하고 똑같은 칵테일용 찬장에서 음료를 꺼내 마셨다. 사적인 응접실 같은 구조로 설계된 구내식당에서 회사 비용으로 처리되는 식사를 하고, 저녁 늦은 시간에 일을 했다. 늦은 저녁은 돈을 받는 시간이 **아니기** 때문이었다. 취미를 일로 삼는 만큼이나 일을 취미로 삼았다. 운동을 즐긴 그 옛날 대지주들 흉내를 내면서 첫 티샷을 날릴 때에야 비로소 인생을 걸 만한 진지한 업무가 시작됐다.[*]

이런 정교한 허세는 당연히, 그리고 처참하게도 지위 고하를 가리지 않고 모든 아랫사람들이 흉내를 냈다. 파업은 차를 마시려고 뻔질나게 휴식을 취하는 노동자들을 막으려는 경영진을 괴롭혔다. 귀족 시대의 긴 여운이 생산성을 확실하게 물고 늘어졌다.

---

[*] 1971년 총선 이후 새를 향한 애착이 이례적인 차원에 도달한 사태는 운동을 즐긴 대지주와 교구 목사가 남긴 또다른 기묘한 유산이었다. 옛 귀족들은 조심스럽게 사냥한 새를 사육하고, 쌍안경으로 새들의 구애 습성을 연구했으며, 결국에는 연구 대상의 외모까지 닮게 됐다. 오스카 와일드(Oscar Wilde)는 영국인의 얼굴에 관해 말한 적이 있는데("한번 보고 나면 전혀 기억이 나지 않는다"), 이 기묘한 사람들한테는 해당되지 않는 묘사다. 조류학은 전문가의 소일거리를 아마추어의 과학으로 만듦으로써 두 세계를 이었다.

3. 가족과 봉건주의

가족의 뒷받침이 없었더라면 귀족의 영향력은 잉글랜드에서도 틀림없이 그렇게 오래 지속되지 못했다. 봉건주의와 가족은 손을 맞잡는다. 가족은 언제나 상속의 기둥이다. 일반적인 부모(유감스럽게도 인정해야겠지만 오늘날에는 널리 알려져 있다)는 자기 돈을 외부인이나 국가가 아니라 자식에게 물려주고 싶어했다. 자식은 자기의 분신이었고, 아버지는 아들에게 재산을 물려줌으로써 스스로 일종의 불멸성을 얻었다. 유산을 물려주는 아버지는 절대 죽지 않았다. 만약 부모가 어떤 의미에서 자기를 체현한 가족 사업을 갖고 있으면, 자기 피를 이어받은 누군가에게 운영을 맡기기를 훨씬 더 간절히 바랐다. 부모는 재산을 통제함으로써 자식 또한 통제했다. 유언장에서 자식 이름을 빼버리겠다고 을러대는 행동은 농업 사회 영국만큼이나 산업 사회 영국에서도 대단히 효과적인 권력 행사였다. 설령 부모가 재산이 전혀 없더라도 자식은 자기하고 똑같은 직업은 아니지만 약간이나마 더 나은 직업을 찾기를 바랐다. 여러 연구를 통해 이런 충동이 얼마나 위력적이었는지(그리고 지금도 위력적인지), 그리고 자녀의 지위를 향상시키려는 부모의 마음이 얼마나 강한지 드러났다. 쥐뿔만큼도 없으면서 능력이 있다고 상상하는 증상은 숱한 가정에서 확인된 정신병이었다.

수백 년 동안 사회는 두 거대한 원리, 곧 가족에 따른 선발의 원리와 능력에 따른 선발의 원리가 충돌하는 전장이었다. 어느 한 원리가 완벽한 승리를 거둔 적은 없다. 가족의 옹호자들은 아이를 기르기 위해 지금까지 인류에게 기여한 도구를 대신할 어떤 적절한 대체물도 없다고 주장해왔다. 제 아무리 계몽된 곳이라 할지라도 고아원에서 자란 아이들은 잠재력을 역량으로 전환하는 데 필요한 심적 자신감이 부족한 듯 보인다. 만약 모든 사람이 고아원에서 자란다면 물론 모두 동등한 기회를 갖겠지만, 모든 사람이 똑같이 불행해지는 대가를 치르게 된다. 유아가 신체적으로 완전히 발달하려면 같은 부모 아래서 꾸준히 애정을 받는 시간이 필요하다. 이런 방식은 1980년대 말에 실험이 진행된 이래로 일반적으로 받아들여지고 있다. 사랑은 생화학의 수석 보좌관이다.

우리는 가족의 여러 단점을 감내해야 했다. 거의 모든 부모가 자기 자식을 위해 불공정한 이득을 얻으려 한다는 사실을 인정해야 했다. 능력에 따른 선발의 원리를 얼마나 준수하는지에 따라 효율성이 좌우되는 사회는 이런 이기심이 심각한 해를 끼치는 사태가 벌어지지 않게 막는 일을 해야 한다.

가족은 개인의 수호자이고 국가는 집단적 효율성의 수호자인데, 국가가 이 기능을 수행할 수 있는 이유는 시민들 자신이 이해관계에 따라 분열되기 때문이다. 특정한 가족의 성원으로서 시민들은 자기 자식이 모든 특권을 누리기를 바란다. 그렇지만 동시에 다른 누구의 자식이든 특권을 누리는 데는 반대한다. 시민들은 자기 자식만 빼고 다른 모든 아이들에게는 동등한 기회가 주어지기를 원한다. 따라서 일반적 이익을 대표하는 국가는 이런 상황 때문에 야기되는 격렬한 반대에 맞서서 어느 정도 지지를 받을 수 있다. 몇 년 전만 해도 똑똑한 사람들 사이에는 국가가 가족을 단속하는 기능을 대단히 효과적으로 수행했으며 가족이 직업 체계에 부당한 영향을 미치지 못하게 막았다는 견해가 일반적이었다. 그런데 우리는 가족이 하는 저항을 과소평가했다. 가정은 지금도 가장 비옥한 반동의 온상이다.

이 시점에서 내가 하려는 작업은 가족을 둘러싼 불만에 관한 최근의 증거를 검토하는 일이 아니라 역사적 배경을 개괄적으로 살펴보는 일이다. 여기서 나는 지난 몇 세기 동안 다종다양한 변화가 나타난 와중에도 가족은 여전히 봉건 시대하고 크게 다르지 않은 제도로 남아 있으며, 이성보다는 충성에 따라 움직인다는 사실을 강조하려 한다.

4. 대외 경쟁이라는 자극제

역사적 분석을 해보면 가족의 필연성이 진보, 그리고 능력주의의 필요성에 저항한다는 사실을 알 수 있다. 잘 알다시피 귀족과 가족은 타성의 두 원천인데, 이 두 요소는 사회적 진보를 저지하는 데 성공하지 못했다. 이유는 단순하다. 영국은 경쟁하는 세계에서 다른 나라들을 상대로 다퉈야 했다. 국가 간 경쟁이라는 자극제가 없었더라면 영국 사회는 분명히 더 활발해지지 못했다. 공무원 경쟁 선발제도 틀림없이 국가 전체에 영향을 끼치는 전형이 되지 못했다.

지난 세기에 벌어진 전쟁은 국가 간 경쟁의 극치이면서 능력을 배양하는 위대한 속성 재배 온실이기도 했다. 그 시절 사람들은 전쟁에서는 승자가 없다고 말했다. 승자와 패자가 모두 고통받았다. 핵분열이 도래하기 전에 전쟁은 모든 쪽, 특히 패전국에 이익이 됐다. 러시아, 독일, 중국을 보라. 전쟁은 발명을 자극했다. 또한 훨씬 더 중요한 이점을 들자면, 인적 자원을 더욱 잘 활용할 수 있게 자극했다.

1차 대전에서 미 육군은 200만 명을 대상으로 삼아 지능 검사를 시행했는데, 결과는 대성공이었다. 나중에는 사실상 모든 나라의 군대가 병력을 동원할 때마다 지능 검사를 채택했다.* 2차 대전에서 영국 육군은 심리학에 바탕한 선발이 대단히 효율적이라는 사실을 또다시 보여줬다. 그 시절에는 대단한 업적이었다. 전쟁을 계기로 사람들은 국가가 평상시에는 절대 완전히 활용하지 못하는 역량의 공급처를 보유하고 있다는 사실을 깨달았다. 초등학교를 졸업하고 아돌프 히틀러의 전쟁에서 장교가 된 모든 아이들은 교육 개혁의 필요성을 뒷받침하는 논거였다.

혈통이 아니라 능력이 기준이 되자 그런 장교가 많이 배출됐다. 20세기 전반인 1902, 1918, 1944년에 대대적인 변화를 담은 세 가지 교육법이 세 차례에 걸친 전쟁 막바지에 법령집에 수록된 일은 전혀 우연이 아니었고, 공무원 조직과 군대에서 개혁이 단행된 원인이 이전 세기에 크림 반도에서 벌어진

---

* 미 육군이 달성하려 한 목적을 정리한 지령을 보면 이례적인 선견지명의 분위기가 풍긴다. 지능 검사의 목적은 이러했다. "뛰어난 지능으로 진급과 특수 임무에 적합한 인원을 지정해 선발하고, 지적으로 너무 열등해 정규 군사 훈련에 부적합한 인원을 선발해 '발전 대대'(development battalion. 1차 대전 때 신체검사나 지능 검사에서 부적격 판정을 받은 징병 대상자를 추가 심사하려 의무대에 편성한 조직 — 옮긴이)에 추천하며, 장교가 균일한 정신적 능력을 갖추거나 지적 요건에 관한 명확한 기준에 부합하는 조직을 만들 수 있게 하고, 다양한 유형의 군사 업무나 특수 임무에 적합한 장병을 선발하며, 지능이 너무 떨어져서 전혀 활용할 수 없는 인원을 탈락시킨다"(H. J. Eysenck, *Uses and Abuses of Psychology*, 1953에서 재인용).

사태에 힘입은 바가 크다는 사실도 결코 우연이 아니었다.

다른 나라들을 상대로 한 경쟁은 평시에도 선도자였다. 영국인은 자기 노력 없이 얻은 우월함이라는 용어 자체가 모순이 되는 현실을 두려워하게 됐다. 귀족들의 안락한 삶과 상류층만 들어갈 수 있는 애스컷 경마장의 배타성, 영국산업연맹FBI의 무기력한 모습은 영리한 외국인이 만드는 그림자를 더욱 크게 드리웠다. 이런 내부적 계급 제도는 결국 국제적 계급 제도에 따라 바뀌었다. 영국인들은 바뀐 계급에도 마찬가지로 집착했다. 자기 나라가 1류 강국인지, 아니면 (좀 차질이 생겨서) 2류나 3류인지, 아니면 아예 등외인지를 놓고 끝없이 설전을 벌였다. 지난 세기 초에 두려움의 대상은 독일이었다. 중간에는 미국, 그리고 러시아를 상대로 한 경쟁을 훨씬 더 두려워했다. 세기 말에는 중국이 부각됐다.* 각 단계마다 다른 나라의 무장, 다른 나라의 무역, 그리고 점점 더 자주 다른 나라의 과학이라는 위협을 들먹이면서 변화에 맞선 저항을 때려 부쉈다. 언제나 질이 문제였다. 이미 다른 나라들은 더 좋은 원료

* 1990년대에 영국 학교에서 중국어를 제1외국어로 가르치는 데 반대한 싸움은 보수주의를 억제하는 기능을 주된 구실로 삼는 직종에서 보수주의가 지속되는 현상을 보여준 흥미로운 사례다.

를 선택했고, 더 나은 훈련을 통해 그 원료를 가지고 더 나은 비행사, 더 나은 물리학자, 더 나은 행정가, 그리고 무엇보다도 더 나은 응용과학자를 길러냈다. 만약 영국이 똑같이 하지 않으면 전쟁에서든 무역에서든 패배를 자초하는 꼴이었다. 국제수지 위기가 계속 되풀이되는 와중에 무역에서 당한 패배는 거의 전쟁에서 겪은 패배만큼이나 치명적인 위협으로 보였다. 나라가 생존하려면 상대적으로 농촌적 사고에서 자유로운 다른 나라들이 걸어오는 도전에 대처해야 **했다**. 다른 나라들은 더 철저한 사회 혁명의 혜택을 입었고, 섬나라 근성이라는 장애물이 없었다. 영국이 그렇게 오래 생존한 바탕은 오스트레일리아, 뉴질랜드, 남아프리카공화국, 캐나다 등 물려받은 장애가 적은 영연방 국가들에서 계속 수혈을 받은 덕분이었다. 이 나라들은 모국에 다양한 인재를 보냈다. 그러나 이런 상황은 영원히 지속될 수 없었고, 예술 분야가 아니라 과학 분야만 따로 보면 영연방 국가에서 들어오는 공급이 1945년 이후 말라붙기 시작했다.

이 문제에 관련해서는 많은 오래된 경고들이 여전히 가장 감동적이다. 용감한 포스터 씨는 첫 번째 중대한 교육법을 도입하면서 1870년 2월 17일에 이렇게 말했다.

한시도 지체해서는 안 됩니다. 우리 산업의 번영이 초등교육을 신속히 시행하는 데 달려 있습니다. 초등교육을 받지 않은 장인들에게 기술 교육을 하려고 해봤자 아무 소용이 없습니다. 우리 노동자들은 대다수가 말 그대로 무학입니다. 배우지 못한 노동자는 대부분 미숙련 노동자이며, 우리 노동자들을 계속 미숙련 상태로 방치한다면 제아무리 체력이 강하고 정력이 왕성해도 세계 속에서 벌어지는 경쟁에서는 상대가 되지 않을 겁니다. …… 인류 사이에서나 전세계 나라들 사이에서 우리의 지위를 지키려 한다면, 개인의 지적 능력을 향상시키는 식으로 수적 열세를 메워야 합니다.*

거의 한 세기 뒤에 정부에 속한 둘째로 위대한 귀족이 포스터가 한 말을 그대로 되풀이했다.

원스턴 처칠 경은 지난 10년 동안 기계 공학 분야에서 소련의 고등 기술 교육이 수와 질에서 발전한 끝에 우리가 이룩한 수준을 훌쩍 뛰어넘었다고 말했다. 우리가 뒤지지 않고 따라가

---

* Hansard, 17 February 1870. *English Historical Documents* XII(I). Ed Young, G. M., and Handcock, W. D., 914쪽에서 재인용.

기는커녕 세계에서 우리에게 어울리는 자리를 유지하려고만

해도 …… 이 문제는 여왕 폐하의 정부가 당장 관심을 기울여

야 하는 사안이다.*

윈스턴 경이 말한 대로 영국의 고등 교육이 유감스러운 상

태로 전락한 이유는 고등 교육을 받는 기회가 가뜩이나 제한

된 데다가 영 맞지 않는 사람들이 혜택을 누린 탓이었다. 1945

년에 수가 얼마 되지 않는 대학생 중에서 자그마치 절반이 충

분한 지능을 전혀 갖추지 못했다. "현재 인구의 2퍼센트에 못

미치는 사람들이 대학에 간다. 전체 인구의 5퍼센트 정도가 지

능 검사에서 상위 50퍼센트 대학생에 맞먹는 지능을 보여주

는데, 이 학생들은 인구의 1퍼센트에 해당한다."** 그리고 나서

10년이 지난 뒤에도 많은 유능한 노동 계급 자녀들이 여전히

---

* *The Times*, 6 December 1955. 그 무렵 영국은 거의 다른 어떤 주요국보다도 공학을 비롯
한 응용 과학에서 대졸자를 적게 배출하고 있었다. 1년에 2800명, 곧 인구 100만 명당 57명
이었다. 반면 미국은 2만 2000명, 곧 100만 명당 136명, 소련은 6만 명, 곧 100만 명당 280
명이었다. 프랑스는 100만 명당 70명, 서독은 100만 명당 86명, 스위스는 100만 명당 82명
을 배출했다. *Technical Education*, 1956. H.M.S.O. Cmd. 9703을 보라.

** Barlow Report on Scientific Manpower. May 1946. H.M.S.O. Cmd. 6824.

*** Report on university education published for the Committee of Vice-Chancellors and
Principals by the Association of Universities of the British Commonwealth, 1957.

대학에 전혀 들어가지 못했다.*** 그만큼 대학에는 지능이 높은 인재가 적었다! 많은 유능한 사람들이 대학에 아예 가지 못했다! 1945년부터 30년 동안 연간 생산성 증가가 고작 3퍼센트에 그친 사실도 놀랄 일이 전혀 아니다!

교육부가 저 유명한 〈조기 낙오Early Leaving〉 보고서에서 많은 '학문적 역량'이 그래머스쿨에서 배양되는 대신에 단순 육체노동 직종에서 낭비되고 있는 현실을 개탄한 사실도 전혀 놀랄 일이 아니다. 다행스럽게도 세기 후반기에 '세계 속에서 벌어지는 경쟁에서 상대가 되지 않'을 위험이 너무도 현실적이면서도 정력적으로 강조됐으며, 그 결과 다른 모든 것을 생산의 요구에 종속시킬 필요성이 매우 절박하게 된 까닭에 마침내 교육이 결정적으로 개혁되고 가족이 봉건주의의 품안에서 떨어져 나왔다.

아니, 우리는 그렇게 생각했다.

5. 사회주의자 산파들

이제는 유명해진 '진보의 산파들'이 가차없이 노력하지 않았더라면 진보는 사라졌을지도 모르겠다. 사회주의자들은 대규모 조직의 성장세에 속도를 더했으며, 소기업들하고 다르게 이 조직들은 능력에 따른 승진을 장려했다.* 국가석탄위원회는 나름대로 공무원 조직만큼이나 영향력이 있었다. 사회주의자들은 가족의 영향력과 직업 승계에 관련된 사항들 일체를 공격했다. 1920년대와 1930년대 노동당이 펴낸 팸플릿들(많은 문서가 하버드 사회주의 문서Harvard Socialist Documents로 재발간됐다)을 보면, 이렇게 말하면서 언제나 그 무렵 통용되는 성공 기준을 조롱했다. "당신이 무엇을 아는지가 아니라 누구를 아는지가 중요하다." 사회주의자들은 재산 상속을 비난했다. 사회주의자들은 상속세를 상대로 승리를 거뒀으며, 또한 부자 부모를 둔 아이들이 가난한 집 아이들은 받지 못하는 이점을 누려서는 안 된다는 도덕적 확신을 그토록 강력하게 키우기도 했다. 오랜 세월 동안 부모들은 죽기 전에 미리 많은 재산을 주는 식으로 상속세를 교묘하게 회피했다. 사회주의자

---

* 대기업들은 또한 교육 수준이 높은 인력이 필요했다. 이를테면 1930년에 메트로폴리탄-비커스 전기(Metropolitan-Vickers Electrical Company)는 1만 명 정도를 고용했는데, 그중 2000명 가까운 사람이 특정한 형태의 조직화된 교육을 받았다. 1956년 회사는 직원이 2만 5000명이었는데, 그중 1만 6000명이 일정한 조직화된 교육을 받아야 했다. 1982년에 이르면 7만 4000명 중 6만 1000명이 그 시기 명칭으로 고등 2급 기술 검정(Higher National Certificate. 기술과 실무 분야의 고등 교육 국가 검정 — 옮긴이) 수준까지 교육을 받았다. *Times Educational Supplement*, 17 February 1956.

들은 결국 최초의 자본 과세를 통해 상속세를 회피하려는 시도를 저지했다. 그렇지만 이런 성공도 사회주의자들이 거둔 가장 위대한 업적에 견주면 빛이 바랜다. '교육 체계의 점진적이고 근본적인 개선'말이다. 기회 균등을 확대하라는 압력이 계속 이어진 결과 초등학교가 개선되고 중등학교가 무상 교육이 됐으며, 대학에서 주는 장학금이 늘어났다. 1944년 교육법은 연립 정부에서 일한 보수당 장관이 도입했지만, 도입 취지는 노동당의 작품이었다. 교육법이 제정된 뒤 어린이들은 각자의 '연령, 역량, 적성'에 따라 교육을 받았고, 역량이 더 많은 아이들은 더 많은 교육을 받았다.

대체로 1975년 무렵까지 영국 사회주의자들은 (200년 전 프랑스의 생시몽과 추종자들처럼) 오로지 재산, 일자리, 교육의 상속이라는 악폐를 공격하는 데 전념한 사실 때문에 가장 칭찬받을 만했다. 사회주의자들이 반대한 불평등은 유산 상속에서 생겨나는 종류의 불평등이었고, 사회주의자들이 가장 발전시킨 형태의 평등은 기회라는 진정으로 결정적인 장에서 달성됐다. 우리의 현대 페미니스트들이 자기들의 안목으로 보건대 이 남자들은 사회주의자로 간주하지 않는다고 말하는 태도는 아주 훌륭하다. 역사는 언제나 다시 씌어지기 마련이지만, 설득력을 가지려면 다시 쓰기보다는 더 정교하게 쓸 필요가 있다. 사회주의자들은 한 세기도 안 되는 시간 만에 새로운 정신적 분위기를 창조한 남자들이었다.

사회주의자들의 가장 위대한 지적 지도자들은 유산 상속을 향한 비판을 정교화하는 사안보다 더 많은 일을 했다. 모리스 부부, 토니 부부, 콜 부부*는 육체노동과 정신노동이 똑같은 가치를 지닌 개념인 양 '노동의 존엄'에 관해 기묘한 말을 했다. 가장 위대한 페이비언주의자들은 그 사람들을 무색하게 하면서 새로운 사회 질서의 환상을 봤다. 인간 능력의 토대 위에서 낡은 사회 질서의 계획되지 않은 혼돈을 뚫고 생겨나는 질서였다. 공격할 때는 정말 화끈하게 했다. 한줌도 안 되는 페이비언협회가 노동당을 지지하는 생각 없는 대중들에게 활기를 불어넣었다. 미래의 엘리트들도 위대한 사회의 생각 없는 대중에게 그런 영감을 주고 지도하게 될 운명이었다. 《현대의 유토피아The Modern Utopia》에서 허버트 조지 웰스는 플라톤과 아리스토텔레스의 목소리를 그대로 따라하면서 사무라이라는 훌륭한 개념을 착상했다. 사욕이 없는 만큼이나 현명해서 어떤 권력도 부패시키지 못하는 통치자를 가리키는 개

* 각각 유명한 사회주의자인 윌리엄 모리스와 제인 모리스, R. H. 토니와 자넷 토니, G. D. H. 콜과 마거릿 콜 부부를 가리킨다 — 옮긴이.

념이다. 웹 부부는 더 나아가 소련 공산당 지도부의 소명으로 구체화한 사무라이단Order of the Samurai을 발견했다. 웹 부부가 오늘날 명예로운 자리를 차지하고 있는 이유는, 비록 두 사람이 그때나 그 뒤 오랜 세월 동안에나 아주 불필요한 **정치적** 독재 때문에 망쳐지기는 했지만, 소련에서는 헌신적이고 규율 잡힌, 그리고 무엇보다도 교육받은 소수가 주로 능력 때문에 선발되고, 이 소수가 역사에서 확인되듯이 성공적으로 '지도력'을 행사하는 모습을 본 때문이었다. "이런 지도력이 없으면 민주주의는 어떤 형태든 간에 오합지졸일 뿐이다."[*] 버나드 쇼는 특유의 신랄한 어조로 그 목표를 설명했다.

이 무계획적인 오합지졸 민주주의Mobocracy는 민주적 귀족주의democratic aristocracy로 대체돼야 한다. 곧 전체 프롤레타리아의 독재가 아니라 자기에게 주어진 과업을 이해하면서 그 신성한 목표를 향한 질주를 이끌 수 있는 5퍼센트 프롤레타리아의 독재가 돼야 한다.[**]

---

[*]   S. Webb and B. Webb, *Soviet Communism – A New Civilization*. Longmans, 1935.

[**]   *Fabian Essays*. Postscript to 1948 Edition on "Sixty Years of Fabianism."

버나드 쇼는 위대한 책 《만인의 정치 백과사전Everybody's Political What's What?》*에서 이런 호소를 대단히 정교하게 펼치고 있다. 그래서 진지하게 사회사상을 공부하는 이들은 지금도 이 책을 읽는다.

6. 요약

지금까지 우리 시대를 형성한 사회 세력들을 묘사한 이 스케치는 전혀 낯설지 않다. 진보는 언제나 갈등에서 탄생한다는 사실을 굳이 떠올릴 필요가 없을 정도다. 군주, 귀족, 젠트리는 모두 우리 선조들의 과거하고 함께했는데, 너무 오랫동안 존경을 받았다. 그리고 그 결과 언제나 보수적인 영향력을 지닌 가족이 봉건 전통에 기대어 굳게 지탱된 탓에 다른 나라들에서는 효율성 주장이 한층 완전하게 인정된 지 한참 뒤에도 재산과 일자리, 그리고 무엇보다도 위신의 상속이 떠받들어졌다. 이 세력들은 오랜 투쟁을 거치고 나서야 더 우월한 힘에 굴복했다. 지적으로 탁월한 모든 사람들은 평시와 전시에 국

---

* 이를테면 345쪽 이하, 1944를 보라.

가들 사이에 벌어지는 경쟁에서 버텨야 한다는 사실을 뼈저리게 느꼈고, 노동당은 상속하거나 물려줄 자산이 아무것도 없는 사람들의 불만을 대변하면서 모든 정파의 선견지명 있는 지도자들 뒤로 대중을 질서정연하게 끌어모았다.

2장

종합학교의
위협

1. 학교 안 제3의 세력

지난 세기에 인류는 여전히 자연 정복에 몰두했다. 지금 와서 보면 얼마나 허무한 일인가! 인간의 지배(이런 지배는 언제나 환상이다) 때문이 아니라 인간이 **따라야** 하는 법칙을 발견하기 위해서 과학은 자연의 비밀을 꿰뚫어 본다. 최고의 성취는 순종에 있다. 이런 점은 다른 무엇보다도 사회에 관해 가장 정확한 진실이다. 지금까지 유전적 불평등이라는 사실보다 단순하면서도 고통스러운 교훈은 없었다. 진보의 조건은 자연의 질박함에 순종하는 데 있다. 한 사람이 우수한 자질 덕분에 활기를 얻을 때마다 열 사람이 평범한 자질 때문에 활력을 잃으며, 좋은 정부의 목적은 사회 질서에서 평범한 사람들이 더 뛰어난 이들의 자리를 강탈하지 못하게 막는 데 있다. 이런 목적을 실현한 한 가지 방법은 이미 말한 적이 있다. 가족의 힘을 약하게 만들어야 했다. 이제 살펴보려 하는 진보의 또 다른 보완적 방법은 학교의 영향력을 향상시키는 데 있었다.

앞 장에서 나는 노동당이 낡은 세습 제도를 허물어트리는 과정에서 참으로 결정적인 구실을 했다고 마땅히 공로를 돌렸다. 이제 균형을 맞추려면 세기 중반에 노동당이 옷을 갈아입은 사실을 설명해야 한다. 전에 노동당은 하층 카스트가 지닌 역량의 지지를 받으면서 보수당의 상층 카스트 지도부에 맞서 진보를 옹호했다. 그런데 두 당이 편을 바꿨고, 이제 보수당이 새로운 능력주의가 배후에서 힘을 키우는 사이에 (말하자면 바로 최근까지) 진보를 대변하게 됐다. 그 반대편에서는 사회주의자들이 점차 의미를 잃어가는 평등주의를 향한 집착을 완고하게 주장했다. 노동당 전체를 혹평하려는 의도는 아니다. 좌파 종합학교 옹호자들은 노동당 내부 논의에서 한 번도 확고하고 일관되게 다수를 차지하지 못했다. 그렇다고는 해도 상당한 영향력을 발휘했고, 그 사람들이 벌인 캠페인이 용두사미로 끝나기 전까지 교육 개혁(이 장에서 간략하게 이야기할 생각이다)은 완성될 수 없었다.

세기 중반까지 현실적인 사회주의자들은 평등을 능력에 따른 지위 향상하고 동일시했다. 문제는 좌파가 평등의 다른 해석을 강조하는 한편, 인간 능력의 차이를 무시하면서 모든 사람이 재능이 있건 없건 간에 같은 학교를 다니면서 똑같은 기본 교육을 받아야 한다고 주장하면서 시작됐다. 이 문제는 1960년대와 1970년대의 정치 논쟁에서 특히 부각됐다. 나이팅게일 박사는 《종합학교의 사회적 기원》에서 이 운동이 대체로 현대적 부류의 감상적 평등주의에 영감을 받은 점을 보여줬다. 버나드 쇼의 실제적인 현실주의하고는 거리가 먼 이런 평등주의는 오늘날 우리에게 중요한 의미를 지닌다. 극단주의자들은 손에 닿는 대로 온갖 주장을 활용했다. 아동의 미래 발달은 열한 살이라는 어린 나이에 정확하게 평가할 수 없다, 경쟁 시험은 부모와 아동에게 지나치게 큰 부담을 준다, 일단 아이들을 분리된 우리에 집어넣으면 나중에 발달한 아이들이 다른 쪽으로 옮겨가기가 너무 어렵다 등등. 그렇지만 주된 관심사는 교육보다는 사회 쪽에 있었다. 좌파는 영리한 아이를 모자란 아이들에게서 떼어놓으면 계급 분리가 심화된다고 주장했다. 성별, 인종, 종교, 계급(여기까지는 좋았지만 멈추지 않고 계속 나아갔다), **또는** 능력에 관계없이 모든 어린이를 한데 모으자고 제안했다.

오래 계속된 논쟁은 범위에서 보면 결코 순수하게 국내적이지 않았다. 국가들 사이의 경제적 경쟁은 또한 학교들 사이의 경쟁이었다. 이 진실이 자명한 이치가 되자 사람들은 외국의 생산 기법만큼이나 외국의 교육 기법에도 관심을 기울이게 됐다. 특히 사회주의자들이 그러했다. 사회주의자들은 어떤 나라가 가장 생산성이 높은지 과장된 어조로 질문했다. 종합학교가 있는 바로 그 나라들, 오스트레일리아, 뉴질랜드, 스코틀랜드, 스웨덴, 캐나다, 그리고 무엇보다도 러시아와 미국이 생산성 높은 나라들 아닌가? 생산성을 위한 싸움은 공통 학교^{common school} 운동장에서 승리할 수 있다는 교훈이 분명하지 않은가? 바로 여기에 특유의 호소력을 두루 갖춘, 유추에 바탕한 낡고 그릇된 주장이 있었다.

영국 사회주의자들은 대서양 건너편 모델의 힘을 제대로 평가하는 데 더뎠다. 미국에는 사회주의 운동이 전무하기 때문에 이 나라는 사회주의일 수 없다고 생각했다. 그렇지만 결국 미국에 사회주의 운동이 없는 현실은 다른 이유 때문이라는 사실을 알아차렸다. 미국은 본질적으로 이미 사회주의 국가이기 때문이었다. 그러자 영국 사회주의자들은 미국이 지구상에서 계급 없는 사회에 가장 근접한 나라라고 치켜세웠고,* 이런 편견이 팽배한 와중에 당연히 사실을 거꾸로 뒤집었다. 이런 주목할 만한 현상의 책임을 종합 고등학교로 돌려버렸다. 사실상 모든 미국 아이들이 당연히 종합 고등학교에 다녔는데, 언제부터 많은 부유한 학부모들이 사립 학교를 후원하기 시작했다. 사립 학교는 영국에서 줄어드는 동시에 미국에서 늘어났다. 영국 좌파가 미국의 형제들에게 그토록 공감한 이유는 쉽게 알 수 있다. 두 집단은 마음속 깊은 태도가 거의

---

* 이런 변화를 보여주는 첫째 징후로 꼽히는 증거가 찰스 앤서니 레이븐 크로슬랜드(C. A. R. Crosland) 씨가 젊은 시절인 1956년에 쓴 《사회주의의 미래(The Future of Socialism)》다.

똑같았다. 미국 사회의 기풍을 형성한 좌절한 이민자들은 유럽 속물근성의 생색내는 분위기에 반기를 들었다. 영국의 불우한 사회주의자들도 마찬가지였다. 미국인들은 지적 능력을 높이 평가하기는커녕 경멸했다. 지력의 주장이야말로 무엇보다도 큰 상처를 준다고 두려워한 때문이었다. 사회주의자들도 대개 그렇게 생각했다. 미국인들이 구별되는 점은 그런 믿음을 실행에 옮긴 데 있다. 보통 사람의 대륙에서 아이들의 우열을 전혀 구분하지 않는 공통 학교를 세웠다. 이름, 언어, 인종, 종교가 무엇이든 간에, 그리고 재능이 어떻든 간에 모든 아이들은 같은 중등학교에서 동일한 '교육'을 받아야 했다. 사회주의자들이 스스로 인정하려 하지 않은 점은 이런 성공을 거둔 이유였다. 사회주의자들은 나무를 옮겨 심을 수 없는 이유를 이해할 수 없었다. 여러 언어가 뒤섞인 혼돈 상태에서 국민을 구성하려고 애쓰는 미국에서는 공통학교가 필요하지만 어떻게 보면 유럽에는 그런 학교가 필요하지 않다는 사실을 이해할 수 없었다. 쉬지 않고 활동하는 이들이 다음같이 말할 때, 미국인들은 영국보다 훨씬 더 강력한 자기 사회의 내적 필연성에 부응한 셈이었다.

우리는 이런 진리가 자명하다고 생각한다. 모든 사람은 평등

하게 창조됐고, 조물주에게서 몇 가지 양도할 수 없는 권리를
받았으니, 생명, 자유, 행복 추구, 중등학교 졸업장의 권리들
이 바로 그러하다.*

　　그러나 이 사도들에게 활기를 불어넣은, 미국이 자랑하는
종합학교는 올바른 생각을 지닌 사람들의 반대가 옳다는 사
실을 확인해줄 뿐이었다. 미국의 교육은 낮은 수준으로 악명
이 높았다. 같은 연령을 비교하면, 영국 학생이 언제나 더 좋
은 교육을 받았다. 그래머스쿨은 학문적인 면에서 미국의 칼
리지보다 우월했고, 이를테면 맨체스터 대학교와 캔자스 주립
대학교를 비교하는 격이었다! 학교를 교육이 아니라 사회 평
등화를 위한 기관으로 여기는데, 무엇을 기대할 수 있겠는가?
좌파는 미국에 그토록 많은 관심을 기울임으로써 자기들이
내세운 대의에 어떤 기여도 하지 못했다. 미국 모델은 하지 말
아야 할 일을 보여주는 모델이었다.

　　열광자들에게는 마지막으로 불 나팔, 곧 소련이 있었다. 오
랜 세월 동안 정치적 반감이 워낙 강해서 러시아에 어떤 기관
이 존재한다고 말하는 정도만으로도 충분히 비난이 됐다. 그

* W. K. Richmond, *Education in the United States*, 1956에서 인용.

런데 이런 분위기는 1950년대 말에 바뀌기 시작했다. 소련 여행이 허가되자 방문자들이 그 나라에서도 종합학교를 발견할 수 있다고 보고했다.* 더 나아가 미국 종합학교들에서 보이는 결점도 어느 정도는 찾아볼 수 없었다. 소련 학생들은 모두 7세부터 17세까지 같은 중등학교에 다녔고, 선별이나 우열반 분리 같은 제도가 전혀 없었다. 그렇지만 소련에는 좋은 교사들이 있었고, 미국보다 상대적으로 급여도 높았으며, 아이들은 규율이 잡혀 있고, 열심히 공부해야 하며, 불합리할 정도로 많은 과목을 선택할 필요가 없었다. 학습 수준은 다른 합중국 the other United States**보다 상당히 높았다. 1957년 스푸트니크호가 처음 발사되자 미국 정부가 펴낸 한 보고서는 러시아 청소년들이 수학, 물리, 화학을 비롯해 인문학 과목에서도 미국 청소년들보다 기초가 튼튼하다는 사실을 인정했다. 그래도 확실히 더 나은 영국의 그래머스쿨만큼 높지는 않았다. 재능 있

---

* 초기 사례는 1957년 교육교류위원회(Educational Interchange Council)에서 낸 보고서 《소련의 교육(Education in the Soviet Union)》이다. 4쪽을 보라. "교육적으로 정상에 미달하는 제한된 수의 아이들을 예외로 치면, 모든 아이들이 같은 학교에 다닌다. …… 같은 학교 안에서 아이들을 역량에 따라 우열을 나누려는 시도는 일절 금지된다. 가장 둔한 아이도 가장 유능한 아이하고 같은 교실에서 나란히 앉아 공부하며 최선을 다해 보조를 맞춘다."

** 이 책에서 지은이는 소련과 미국을 모두 '합중국'이라고 지칭한다 — 옮긴이.

는 아이와 둔한 아이를 분리하는 방식을 거부한다고 해서 더 훌륭한 영국 학교의 영원한 자랑거리인 대학 준비 과정sixth form* 같은 공부가 없지는 않았다.

좌파 사회주의자들은 마침내 경제적으로 뒤처진 현실을 자각하게 된 영국에서 어떤 깃발을 휘날려야 하는지 알 만큼 영리했다. 사회주의자들은 미국과 러시아의 효율적인 교육을 찬미하면서 중등학교에 책임이 있다고 주장했다. 사실 진실은 정반대였다. 동구와 서구의 두 합중국은 인재를 낭비하면서도 국가 간 경쟁에서 승승장구할 수 있었다. 단지 상대적으로 다른 천연자원이 무척 풍부한 때문이었다. 두 나라는 또한 여러 면에서 서로 비슷하게 학교에서 경쟁이 부재한 상황을 나중에 경쟁을 바짝 압박하는 식으로 메꿨다. 소련의 대학은 어려운 시험을 치른 뒤 최고 학생만을 받아들였고, 따라서 중등학교의 수준이 상향으로 유지되는 부수적인 결과를 낳았다. 미국 사업가들은 성인이 된 뒤에 가장 유능한 인력을 선발하는 식으로 교육 제도의 결함을 메우려고 최선을 다했다. 영국

---

* 7년제 그래머스쿨 중 정규 과정 5년을 마치고 인문계 학생들이 대학 입학 전에 거치는 2년제 교육 과정. 실업계 학생은 5년제 중등학교를 마치고 2년제 직업 교육 과정으로 진학한다 — 옮긴이.

에서는 경쟁이 학교에서 일어났다면 미국에서는 학교를 졸업하고 경쟁이 시작됐다. 그렇지만 1960년대에 자세한 사회 조사를 하자 소련 대학이나 미국 사업가나 애초에 공통 학교 때문에 생겨난 불리한 조건을 극복할 수 없다는 점이 드러났다. 타고난 대가도 어린 시절에 평범한 아이 취급을 받으면서 허비한 시간을 메꿀 수 없었다. 예외적 천재는 예외적 교육이 필요하다. 러시아인과 미국인은 이런 사실을 알 수 없었다. 모든 아이에게 잘하는 과목만이 아니라 못하는 과목도 하도록 강요했다. 그러면서 모든 사람이 어떤 일에는 똑같이 얼간이라는 점을 보여줘(이것보다 더 쉬운 일이 있을까?) 어떤 사람도 모든 일에 천재가 아니라는 현실을 보여주느라(이것보다 위험한 일이 있을까?) 갈 데까지 갔다. 평등의 이름 아래 다수를 위해 소수를 무자비하게 희생시켰다.

논쟁은 사회주의자들이 사실 앞에 입을 다물고 만 1980년대까지 이어졌다. 80년대에 우리의 현대적 관념은 생산성의 최종 시험을 통과했다. 영국을 석유와 석탄에 의존하는 상태에서 해방시킨 원자력 덕분에, 또한 유럽 통합이라는 경제적 이점 덕분에, 그렇지만 무엇보다도 주로 과학적 재능 관리 덕분에 꼬마 영국은 생산성에서 거인들을 앞지르기 시작했다. 1944년 교육법이 효과를 발휘하기 시작했고, 우리 나라는 그 뒤 줄곧 앞서 나가고 있다. 19세기에 산업혁명으로 선두에 선 이래 영국은 20세기에 지식 혁명에서 선두가 됐다. 세계의 공장이 이제 세계의 그래머스쿨이 됐다.

2. 패배한 선동

우리가 볼 때 종합학교의 실패는 설명이 필요 없는 듯하다. 우리는 능력에 무관하게, 사회 전체의 필요에 상관없이 개인을 고려하는 데 근거한 사회를 상상하기 어렵다. 그렇지만 역사 사회학을 공부하는 사람으로서 우리는 언제나 과거의 사건들을 우리가 바라보는 관점이 아니라 당대 사람들이 보던 관점으로 이해하려 노력해야 한다. 우리는 **그 사람들이** 직면한 사회적 상황 속에서 그 사람들 마음속에 들어가 생각하려고 노력해야 한다. 만약 이렇게 한다면 분명 좌파 사회주의자들에게도 가능성이 있었다고 인정하게 된다. 1960년대와 1970년대는 사회주의자들의 역사적 순간이었다. 출생과 부의 세습적 계급 체계는 빠르게 무너지고 있었다. 사람들은 자기의 가치관을 확신하지 못하면서 진보 같은 현상이 과연 존재하는지 의심했고, 확신이 없을 때는 언제나 그렇듯 쉽게 속아 넘어갔다. 사람들은 계급 없는 사회에서는 다시 안전하다고 느낄수 있고, 종합학교야말로 당신을 고향에 데려다주는 배라는 말을 들었다. 만약 이 운동이 미온적인 이상주의 빼고는 아무것도 가진 게 없었다면, 물론 숱한 여름학교에서 아무 해도 끼치지 않고 증발해버리고 말았겠다. 그렇지만 사실 지도자들에게는 추종자들이 있었다. 이 이상주의자들은 불만 세력, 곧 교육 선발 과정에 개재된 판단 때문에 고통받은 사람들의 지지를 받았고, 사람들이 터트린 분노를 몇몇 제한된 불만에 집중할 수 있을 만큼 영리했다. 유치원 우열반, 중등학교 입학시험 eleven plus exam, 그래머스쿨의 학급 정원 축소 등이 주요 표적이었다. 이상주의자들은 자기 자녀가 현대식 중등학교에 추첨 배정되는 학부모들의 지지를 받았다. 자기 자신말고는 모든 사람의 눈에 공정해 보이는 방식이었다. 또한 나중에 실망한 결과를 학교 교육 탓으로 돌리고, 자기들이 놓쳤다고 생각하는 기회를 남들에게서도 빼앗으려 한 좌절한 성인들도 이상주의자들을 지지했다. 이런 지지자들은 잡다하게 뒤섞인 집단이었지만, 지적 이상주의가 룸펜의 좌절하고 맞아떨어질 때는 언제나 그렇듯이 만만찮은 세력이었다. 따라서 우리는 질문의 방향을 뒤집어서 물어봐야 한다. 이런 자산을 갖춘 이 운동은 왜 결국 성공하지 못했을까?

나는 앞 장에서 귀족주의를 수용한 악폐에 관해, 대중의 마음속에 소중히 간직된 귀족의 이미지를 값싸게 흉내낸 그 모든 악폐에 관해 이야기했다. 영국은 미국이나 러시아 같은 규모로 사회 혁명이 일어나지 않고서는 근절되기 어려울 정도로 국민성에 깊이 각인된 카스트 속물근성 때문에 심하게 고통받았다. 만약 이런 속물근성이 우리에게 주어진 저주라면, 아니 실제로 저주였는데, 또한 축복이기도 했다. 이런 거대한 역설은 영국의 사회사를 이해하는 단서가 된다. 섬나라에 사는 우리는 귀족주의의 가치를 폐기한 적이 없다. 귀족주의를 폐기하지 않은 때문이었다. 귀족주의는 지난 여러 세기 동안 너무도 자주 놀라운 회복력을 보여줘서, 귀족주의 장례식에 참석하기를 고대하는 많은 비판론자들을 실망시켰다. 귀족 제도, 군주제, 귀족 집단, 옛날부터 이어진 대학, 명문 사립 학교 public school* 등은 변화하는 사회의 변화하는 요구에 서서히, 그러면서도 더욱더 확실하게 적응했으며, 따라서 여전히 근본적인 의미에서 위계적이었다. 확고한 중추를 형성하는 영국인들은 평등을 절대 믿지 않았다. 몇몇 사람들은 남들보다 뛰어나며, 다만 어떤 점에서 그런지 듣기를 기다릴 뿐이라고 가정했

* 상류층 자제들이 많이 들어가는 기숙형 중등 사립 학교 — 옮긴이.

다. 평등이라고? 이런, 그렇게 되면 이제 더는 우러러볼 사람이 없어질 텐데? 대부분의 영국인은 영국 특유의 유서 깊은 귀족 전통의 요체라 할 수 있는 우수한 통찰력을 신봉했다. 종합학교 캠페인이 실패한 이유는 바로 이 점 때문이었다. 우리가 현대 사회를 갖게 된 이유도 이 점 때문이었다. 미처 알아차리기 어려운 정도로 태생에 따른 귀족은 재능에 따른 귀족으로 변신했다.

모든 것이 시기적절한 교육 개혁에 달려 있었다. 19세기에는 개혁이 너무 오래 지체됐다. 1871년 교육법이 50년 일찍 제정됐더라면, 차티스트 운동은 일어나지 않았겠다. 1902년 교육법이 1851년 세계박람회 때 만들어졌더라면 노동당은 탄생하지 않았겠다. 그러면 키어 하디*는 작위를 받고 중등학교에서 교육위원회로 자리를 옮기고, 아서 헨더슨**은 주교가 돼 교회위원회의 재정을 감독했겠다. 무릇 현명한 통치자는 야당을 물리치는 최선의 방법이 야당 지도자를 자기편으로 끌어들

---

* 하디(James Keir Hardie·1856~1915)는 스코틀랜드 출신의 노동운동가, 정치가다. 10세 때부터 탄광에서 일하며 노동조합 운동을 했고, 1893년에 독립노동당을 창당하고, 1906년에는 노동당을 창당했다 — 옮긴이.

** 헨더슨(Arhtur Henderson·1863~1935)은 글래스고 출신의 노동운동가, 정치가다. 1924년 1차 노동당 내각의 내무 장관, 1929년 2차 노동당 내각의 외무 장관을 지냈다 — 옮긴이.

이기라는 사실을 안다. 영국은 산업 사회에 이 방법을 적용하면 하층 계급의 유능한 자식들을 어린 나이부터 끌어들여 교육시켜야 한다는 사실을 배우는 데 더뎠다. 그렇지만 결국 통치자들은 배웠다. 경쟁하는 세계에서 배우지 않고는 버틸 수 없기 때문이었다. 그리하여 20세기 말에 이르면 노동당 극단주의자들은 치명적으로 약해졌다. 가장 유능한 아이들이 이미 그래머스쿨에 진학한 만큼 그런 아이들의 부모는 기성 교육 제도와 사회 질서에 모두 가장 확고한 이해관계를 갖게 됐다. 그런 부모들은 위계질서에서 자리를 대신 차지한 덕분에 공통학교의 도래를 알리는 전조에 귀를 기울이지 않았다.

부모, 교사, 학생 등 우리 사회의 그래머스쿨식 능력별 교육 전반이 한목소리로 반대한 현실이 종합학교가 실패한 주된 이유였다. 종합학교는 완전히 새로운 종류의 학교라고 여겨지지 않았다. 세부적인 계획에 관한 한 미국식 모델은 다행스럽게도 잊혔다. 종합학교 주창자들은 몇몇 아이들이 다른 아이들보다 더 총명하다는 사실을 충분히 깨달았다. 그렇지만 동시에 그래머스쿨에 맞는 역량을 지닌 아이들이 평등이라는 허구 속에서 열등생들의 수준에 보조를 맞추기를 원했다. 종합학교 주창자들의 계획이 완전히 성공을 거두려면 그래머스쿨을 현대식 중등학교에 결합할 필요가 있었다. 현대식 중등학교에는 아무런 문제가 없었다. 이 학교의 지위는 오직 통합을 거쳐야만 끌어올릴 수 있었다. 그래머스쿨은 상황이 무척 달랐다. 그래머스쿨은 이 변화로 얻을 것은 하나도 없고 거의 모든 것을 잃을 터였다. 이런 엄연한 사실 때문에 노동당 교육위원회에 속한 가장 결연한 이들조차 겁을 먹었는데, 그중 일부는 확실히 단호했다. 그렇지만 그 사람들이 직면한 그래머스쿨 교장들은 노동당의 소망이 비현실적이며 영국이 언제나 그렇듯이 이런 사실만으로도 무엇이든 충분히 비난할 수 있다는 사실을 알고 있었다. 맨체스터 그래머스쿨의 위대한 교장 중 한 명은 일찍이 1951년에 쓴 글에서 이 문제를 마치 요즘 쓴 듯이 간결하게 정리했다. 그 교장이 거론하는 코넌트 교수는 보아하니 그 무렵에 아주 유명한 미국인 교수였다. 그 교장은 미국이 우리 나라 내부의 토론에 끼어드는 모습을 다시 분명히 보여준다.

'일반 교육의 공통된 중핵으로 미래의 목수, 공장 노동자, 주교, 변호사, 의사, 영업부장, 교수, 자동차 정비사 등을 하나의 문화 양식 속에 통합'하라고 요구할 때, 코넌트 교수는 단지 불가능한 목표를 요구하는 셈이다. 공통 문화에 관한 이런 요구는 경험으로 정당화되지 않는 게 분명한, 다수의 교육 가능성educability of the majority에 관한 지나치게 낙관적인 믿음에 의지하거나, 또는 가장 높은 취향과 판단의 기준을 평범한 사람들의 끝없는 요구에 굴복시키려는 의지에 의존한다.[*]

중등학교가 설립될 무렵 미국이 그러했듯이 국가 인구가 빠르게 늘어났더라면 결과는 달랐을지 모르겠다. 그러면 당국은 **신설** 학교는 그래머스쿨 대신 종합학교로 만들어야 한다는 지시를 내릴 수 있었겠다. 그렇지만 인구가 상대적으로 안정된 상황에서는 새로운 그래머스쿨이 많이 지어지지 않았다. 이미 운영 중인 그래머스쿨조차 수용이 가능한 만큼 유능한 학생을 받아들이지 못하고 있는데 더 많은 그래머스쿨을 만드는 일이 무슨 소용이 있었을까? 그런 상황에서 종합학교는 대체로 인구가 빠르게 증가하는 노동당의 거점들, 여러 종류의 학교를 두루 갖출 수 없는 몇몇 농촌 지역, 시설이 좋지 않은 이류 그래머스쿨이 이미 당국이 주는 혜택을 받는 대가로 통폐합된 곳들에 국한돼 세워졌다.

이런 종합학교들이 첫발을 내딛지만, 1960년대에는 물결이 잔잔했다. 퇴행적이라는 역사의 판결을 받을 운명이 분명

---

[*] E. James, *Education for Leadership*, 1951.

했지만, 이 학교들은 일부 사회주의자들의 위협이 경고한 정도만큼 그렇게 위험하지는 않았다. 우리 사회 같은 위계적 체계에서는 모든 기관이 언제나 바로 위의 기관을 본떠서 만들어지는데, 이 상급 기관은 대개 더 오래된 것을 의미한다. 새로운 직업은 오래된 직업을 본보기로 삼고, 현대적 대학은 오래된 대학을, 종합학교는 그래머스쿨을 본보기로 삼는다. 계획가들은 (후세들로서는 다행스럽게도) 그래머스쿨 때문에 자기들에게 쏟아지는 비판의 포화에 깜짝 놀랐고, 그런 비판이 근거가 없다는 사실을 보여주느라 최선을 다했다. 계획가들은 오래된 원리를 새로운 틀에 도입해서 공통 교과가 아니라 축소판 그래머스쿨을 종합학교의 핵심으로 삼았다. 또한 그래머스쿨을 먼저 만들고 나중에 다른 학교를 추가했다. 그래머스쿨 규모의 대학 준비 과정을 두는 방식을 정당화하기 위해서 심지어 학교 전체를 원래 필요한 규모보다 더 크게 만들기로 각오하기도 했다. 초기에 문을 연 종합학교들은 실제로 진정한 학생 도시에 2000명 이상을 수용했다. 머리 좋은 학생들의 이해관계가 우선시됐고, 적어도 무시되지는 않았다. 똑똑한 학생과 우둔한 학생을 같은 학급에 놓아두면 일이 잘못될 게 뻔했다. 가장 더딘 학생의 학습 속도 탓에 똑똑한 학생이 가로막히기 때문이었다. 실제로 종합학교는 염소와 양을 구별하면서 전체 교육 제도가 지닌 한 가지 장점인 능력에 따른 분리를 고수했다. 머리 좋은 학생들은 대부분 엄밀한 의미의 그래머스쿨에서 받는 교육보다 크게 뒤지지 않는 더 높은 수준의 교육을 계속 받았다. 초기에 운영된 종합학교를 직접 목격한 몇몇 사람이 한 증언을 볼 때 이 점만큼은 분명하다. 1950년대의 (페들리 씨 같은 사람이 수행한) 한 조사는 이렇게 언급했다.

1953년 9월 랑게프니에 신설 학교가 문을 열면서 앵글시는 그 섬에 종합 중등학교 설치를 완수했고, 선발 시험을 포기할 수 있었다. 그렇지만 우리가 방문한 두 종합학교의 교장이 처음 취한 조치의 하나는 새로 들어온 학생들을 대상으로 하는 내부 시험이었다. 그리고 이 시험 결과와 초등학교 성적을 토대로 학생들은 역량 순서에 따라 등급이 매겨졌다. 앵글시와 맨 섬이 취한 이런 태도가 이례적이지는 않았다. 내가 런던에서 살펴본 다섯 곳의 '잠정적 종합'학교와 미들섹스와 월솔의 다른 학교들도 모두 새로 입학하는 학생들을 분류하는 데 도움을 받으려고 외부 시험을 활용했다.[*]

---

[*] R. Pedley, *Comprehensive Schools Today*, 1954.

종합학교에도 그래머스쿨식 능력별 교육이 있었지만, 머리 좋은 자녀를 둔 학부모들에게 호의적으로 봐달라고 설득할 수 없었다. 선택권이 있는 상황에서 학부모들은 당연히 전통 없는 모방물 대신에 본연의 그래머스쿨을 선택했다. 결국 야심 있는 학부모들은 언제나 평등주의 개혁가들이 신중하게 내놓은 안을 망쳐놓았다.

3. 레스터의 절충형 학교

신설 학교들이 그 제도를 앞장서 제시한 주창자들의 희망을 충족시키지 못한다는 사실이 분명해지자, 사회주의 운동의 한 분파는 전술을 바꿔서 또다른 요구를 내놓았다. 그 무렵 초등학교는 모든 역량 등급의 학생들을 위한 공통 학교였다. 그렇다면 11세 이하만이 아니라 14~15세까지 모든 학생을 포괄하도록 일종의 초등학교를 확대하지 못할 이유가 뭔가? 미국의 중등학교는 원래 초등학교를 그대로 투영해서 연장한 제도인 만큼 영국도 그런 선례를 따르자. 그러면 모든 학생은 열한 살에 중등학교로 진학하게 되고, 나중에야 그래머스쿨로 가게 될 터였다.

이 제안에는 몇 가지 이점이 있었다.[*] 정치적으로 볼 때 이 안은 훨씬 더 받아들일 만했다. 급진적인 변화를 제안하는 듯하지 않았고, 또한 앞서 말한 대로 잉글랜드에서 어떤 새로운 일이든 하는 최선의 방도는 그 일이 새롭지 않은 양 보이게 만드는 식이기 때문이었다. 새롭게 설립하는 대신에 공통 학교의 학년을 연장하고, 그래머스쿨을 그냥 유지할 수 있었다. 또한 이런 개혁을 하면 그래머스쿨을 위한 학생 선발을 폐지하거나 연기함으로써 기성의 중등학교 입학시험이 학부모와 학생(어쨌든 의무 교육 연한만 채우면 학교를 떠나려는 학생까지 포함)에게 가하는 바람직하지 못한 압박을 피할 수 있었다.

레스터셔 카운티 의회는 실제로 이런 식의 실험을 시도했고,[**] 다른 교육 당국들도 나중에 여러 가지 약간씩 변형된 실험을 채택했다. 그런데 이런 움직임은 왜 큰 성공을 거두지 못했을까? 이번에도 그 이유들은 많은 시사점을 준다. 지난 세기에 단행된 교육 개혁은 위계적 사회에 겹쳐진 탓에 똑똑한 학생이 타고난 하층 계급에서 벗어나 올라가는 데 적합한 상

---

[*] 초기 판본은 크로이던 교육위원회(Croydon Education Committe)에서 제출됐고, 페들리가《종합교육(Comprehensive Education)》(1956)에서 훌륭하게 확장했다.

[**] Stewart C. Mason, *The Leicestershire Experiment*, 1957을 보라.

층 계급으로 진입하게 만들 수 있는지에 따라 운명을 같이했다. 영국 학교에는 또한 미국 학교하고 다르기는 하지만 매우 중요한 사회적 기능이 있었다. 교육의 사다리는 사회의 사다리이기도 했다. 다섯 살에 밑바닥에서 출발한 꾀죄죄하고 예의 없는 아이는 사다리를 한 칸씩 올라갈 때마다 변신해서 꼭대기에 올라가면 더욱 총명할 뿐 아니라 보기 흉하지 않고 세련되며 자신감 있는 소년이 돼야 했다. 아이는 새로운 억양을 익혀야 했는데, 잉글랜드에서 가장 지우기 힘든 계급의 특징이 바로 이것이었다. 굳게 결심한 사람이 아닐 때는 어린 시절에 시작하지 않으면 거의 불가능한 일이었다. 그 사람이 사다리를 다 기어오르면 처음부터 훨씬 높은 수준에서 올라가기 시작한 다른 이들하고 비교될 수 있었다. 사회의 사다리는 너무도 높아서, 달리 말해 상층 계급과 하층 계급의 생활 방식 사이에 놓인 간극이 워낙 넓어서 유망한 아이들은 되도록 이른 나이에 학교를 통로로 삼아 올라가기 시작해야 했다. 그러니 열한 살까지 사회적 동화를 미루는 선택은 아주 좋지 않은 일이었다. 만약 영리한 하층 계급 아이들이 열여섯 살이 될 때까지 같은 나이의 많은 상층 계급 아이들하고 나란히 동기 부여가 강한 그래머스쿨의 분위기에서 움직일 수 없었으면, 그중 일부는 이미 나이가 너무 들어서 자기 출신을 떨쳐버리고 약점을 극복하지 못하게 될 수밖에 없었다. 그렇게 되면 학교는 점진적인 계급 체계에서 본질적인 목표를 달성하는 데 실패하게 되는 셈이었다. 재능 있는 사람들을 위한 사회의 에스컬레이터가 되지 못할 상황이었다.

열다섯 살에 선발하는 방식을 거부하는 둘째 이유는, 교육자들이 충분히 깨달은 대로 성인이 돼 자기 능력에 맞는 최고 수준을 달성하려면 어릴 때부터 영리한 학생을 찾아내야 하기 때문이다. 복잡한 과학과 기술 환경에서는 오직 최고 수준이 돼야만 성장이 가능했다. 대개 서른 살이 되기 전에 최고의 연구를 하는 과학자들은 되도록 어린 시절부터 집중 교육을 받을 필요가 있었다. 그런데 미국인은 중등학교가 유행하기 시작한 이래 거의 그런 교육을 받을 수 없었다.* 벤저민 프랭클린은 예외였다. 16세까지 진지한 공부를 미루고, 그러는 동안 그래머스쿨만큼 훌륭한 교직원을 끌어모을 수 없는 중등학교에서 교육을 받으면, 학생들은 자연이 허락한 정말로 소중한

---

* 1986년까지 특히 미국 대학 체계는 비합리성을 하나 갖고 있었다. 그토록 많은 훌륭한 학생들이 충분한 장학금을 받는 대신 지식을 얻을 목적이 아니라 접시를 닦으려고 일을 해야 했다. 학생들은 대학이라는 제도가 존재하는 표면상의 목적을 위해 '공부(work)'하는 대신 '일(work)'을 하면서 대학을 고학으로 졸업했다. 역경을 헤치고 지옥으로 간 셈이다!(Per ardua ad inferna!)

몇 년을 활용하기 위해 제 시간에 교육을 마치지 못할 수 있었다. 그래머스쿨이야말로 엘리자베스 2세 여왕이 왕위에 오르기 전부터 영국이 순수 과학에서 명성을 떨치게 만든 주역이었다. 콜몬들리 경은 지난 세기를 전체적으로 볼 때 영국이 인구 대비 근본적인 발견의 수효에서 독일의 2.3배, 미국의 4.3배, 소련의 5.1배인 사실을 보여줬다. 사이먼이 없었더라면 과연 우리가 우주선宇宙線[cosmic radiation]을 이해했을까? 버드 스스로 하지 않았더라면 멀리 떨어진 별을 탐사할 수 있었을까? 파이퍼가 없었더라면 남서부 카운티들에 콘크리트를 부어 자동차 전용으로 쓸 수 있었을까? 퍼시가 없었더라면 마하 102의 속도*에서 아이를 안전하게 안을 수 있었을까? 그래머스쿨이 없었더라면 이 모든 위대한 인물들은 가게 주인이나 정비사가 되지 않았을까? 유감스러운 사실은 세기말까지 영국의 과학이 기술에서 달성한 성과에 전혀 미치지 못한 점이었다. 그렇지만 이 기록은 자랑스러운 성과이며, 만약 공통 비교육 common uneducation 상태가 청소년기까지 지속됐더라면 '평범한 사람들의 끊임없는 요구' 때문에 이런 기록을 세울 수 없었다.

---

* 시속 12만 4848킬로미터 — 옮긴이.

4. 요약

학교들이 다음 장에서 설명하는 현대식 제도로 진화할 수 있기 전에 좌파의 위협을 물리쳐야 했다. 역량에 관계없이 모든 아이를 미국과 러시아에서 하듯이 똑같이 가르치고 싶어한 사회주의자들은 한동안 많은 대중적 지지를 받아서 순전히 교육 문제여야 하는 사안을 주요한 정치적 쟁점으로 바꿀 정도였다. 그렇지만 사회주의자들은 실패할 수밖에 없었다. 교육에서 성공을 거두기 위해 사회주의자들은 기성의 위계질서와 가치관을 비롯한 모든 것을 전복하는 사회 혁명이 필요했다. 그렇지만 대중이 잠잠하고 잠재적인 지도자들이 자기만의 출세로 관심을 돌린 상황에서 어떤 희망이 있었을까? 그래머스쿨은 그대로 남았다. 종합학교는 쇠퇴했다. 레스터의 절충적 학교조차 제대로 꽃을 피우지 못했다. 파괴자들은 패퇴하고, 도시는 그대로 남았다.

3장

현대 교육의 기원

1. 가장 근본적인 개혁

일단 노동당 내부에서도 전반적인 여론이 종합학교에 등을 돌리게 되자 가장 근본적인 개혁, 곧 그래머스쿨의 전면적 개선에 집중할 수 있게 됐다. 무엇보다도 개혁을 하려면 상당한 돈, 달리 말해 최고 수준의 학생을 유지하기 위해, 그리고 교사들을 위해서 더 많은 돈이 필요했다.

히틀러에 맞선 전쟁을 거치면서 그래머스쿨의 사회적 구성이 바뀌었다. 완전 고용과 임금 인상 덕분에 사회적 열망이 높아지면서 하층 계급 부모들은 자녀들에게 더 나은 교육을 해 줄 수 있는 능력과 열망이 커졌고, 1944년 교육법*에 따라 중등학교가 무상 교육이 됐다. 그 결과는 획기적이었다. 1930년 대에는 능력 있는 하층 계급 자녀들 중에서 극소수만이 최소한의 기초 교육 이상의 교육을 받을 수 있었다. 그런데 20년 뒤에는 모든 영리한 아이들이 교육의 장에 진입할 수 있었다. 1950년대에 진행된 한 사회학 연구는 이렇게 보고할 수 있었다. "영국 대부분의 지역은 아니지만 많은 지역에서 일정한 수

---

*　교사들이 1870년, 1902년, 1918년, 1944년, 1972년 등 중요한 연도로 역사를 가르치는 경향 때문에 이 연도도 분에 맞지 않게 중요한 의미를 지니게 됐다.

준의 능력을 갖춘 어린이라면 사회적 출신 배경에 상관없이 그래머스쿨에 입학할 수 있는 기회를 갖게 됐다."[*]

그렇지만 하층 계급의 능력 있는 어린이가 그래머스쿨에 입학하는 일과 그 학교에 계속 다니는 일은 별개의 문제였다. 여기서 경제적 성공이 장애물로 작용했다. 많은 학생들이 높은 임금에 유혹돼 부모의 뜻까지 거스르면서 중도에 학교를 그만뒀다. 취업할 수 있는 최저 연령만 되면 학교를 그만두는 학생이 많았다.[**] 경제적 성공 때문에 이런 문제가 생기지는 않았지만, 오래된 문제가 사태를 악화시키는 요인이기는 했다. 시간이 갈수록 아이들은 전에 견줘 육체적으로 빠르게 성숙했다. 생물학적이고 사회적인 의미에서 말하는 아동기가 계속 짧아지고 교육적 의미에서 말하는 아동기는 계속 길어지면서 딜레마가 생겨났다. 이 딜레마는 그래머스쿨 학생들을 성인으로 취급하는 방식을 써서 장기적으로 해결될 뿐이었다.

상층 계급은 자기 자녀들이 고등 교육을 누리는 현실을 당

---

[*] J. E. Floud, A. H. Halsey and F. M. Martin, *Social Class and Educational Opportunity*, 1956.

[**] 1950년대 초에 그래머스쿨 학생들은 대다수가 과정을 끝낼 수 있는데도 그 전에 학교를 그만뒀는데, 그런 학생들은 대부분 육체노동자의 자녀였다. 1954년 교육부가 출간한 〈조기 낙오〉를 보라.

연하게 여겼다. 상층 계급에게는 능력 있는 학생들을 계속 학교에 다니게 하는 일이 문제가 아니라, 열등한 학생들을 상대로 학교를 그만두고 자기의 지적 능력에 적합한 육체노동을 감수하게 만드는 일이 어려운 과제였다. 반면 하층 계급에서는 정반대 상황이 벌어졌다. 기계 앞에서 일하면 벌 수 있는 임금이 높으면 높을수록 육체노동자의 자녀들은 학교 책상을 더욱 지루하게 느꼈다. 사춘기만큼 인생에서 물질적 욕심이 강한 시기는 없다. 그런 상황에서 치유책은 분명했다. 국가는 능력 있는 아이와 그 아이의 부모에게 하층 계급 안에서 특권적인 지위를 부여함으로써 아이가 좋은 머리 때문에 고통받는 일이 없게 해줘야 했다. 첫째 조치는 그래머스쿨 교육 과정을 전부 이수하는 학생들에게 한층 더 많은 수당을 지급하는 정책이었다. 나중에는 이 수당이 지능에 비례해서 올라갔다. 그렇지만 이 정도 조치로 충분하지 않았다. 조사 결과에 따르면 몇몇 무책임한 부모가 수당을 자녀가 아니라 자기를 위해 사용한 사실이 드러난 때문이었다. 결국 교육부 장관도 인정한 명확한 대책은 그래머스쿨 학생들에게 학습 임금learning wage을 직접 지급하는 정책이었다. 처음에는 학습 임금이 일반 산업체에서 일하는 청소년의 평균 소득에 맞먹었다. 그러자 새롭게 결성된 영국그래머스쿨학생연합British Union of Grammar School

Attenders*은 이렇게 동등한 대우 또한 마땅히 부당하다고 공격
했다. 근로 청소년의 지적 능력이 보통 학생이 지닌 능력보다
한참 떨어진다는 주장을 이유로 들었다. 1972년에 정부는 차
등제를 적용해 학습 임금을 산업 노동자 소득보다 60퍼센트
많게 하는 방안을 승인했다. 그 뒤 경제적 이유 때문에 그래머
스쿨을 중도에 그만두는 어린이는 거의 없어졌다. 현대를 사
는 우리는 주급제가 없는 그래머스쿨을 상상하기도 어렵다.

대학은 그래머스쿨보다 훨씬 전부터 학생들에게 장학금
형태로 임금을 지급했지만, 다른 면에서는 시대착오적인 기이
한 특징을 유지했다. 그래머스쿨에서는 가난한 학부모가 불
리했지만 대학에서는 부유한 학부모가 불리했다. 1950년대에
중산층에 속하는 똑똑한 아이들은 장학금을 받을 수 없었다.
부모가 학비를 낼 만큼 충분한 돈을 갖고 있다는 잘못된 판
단 때문이었는데, 결과적으로 놀랍게도 그중 일부는 아예 대
학에 들어가지 못했다. 평등주의가 전성기를 누리던 때에 드
러난 지나친 폐해를 보여주는 대표적 사례다. 중산층 아이들
에게 지급하는 '장학금'이 차단되자 몇몇 명문 사립 학교 출
신 학생들이 옥스퍼드나 케임브리지의 명문 칼리지에 입학하

---

* 지은이가 가상으로 설정한 단체다 — 옮긴이.

는 과정에서 특권을 누리게 됐다. 그리고 20세기 중반에는 킹스 칼리지나 베일리얼 칼리지가 동문 자제에게 일정한 특혜를 부여한다는 소문이 자자했다. 그러니까 구식 학장들은 교육적으로 볼 때 똑똑한 학생과 우둔한 학생을 섞어놓는 방식이 좋다고 선언하면서 이따금 이런 야만적인 관행을 공공연하게 옹호했다. 학장들은 이번에도 역시 현실 감각을 잃은 상태였다. 왜냐하면 현대 세계에서는 하층 계급 내부에서 사회적 정보 업무를 수행하는 경우를 제외하고는 이제 수재와 둔재를 섞어놓을 필요가 없기 때문이었다. 완강하게 저항하는 세력이 사라지자 대학은 국가 정책에 발맞춰 모든 입학생을 고사장에서 적절하게 평가된 능력에 따라 선발했다. 1972년에 이르자 명문 사립 학교 학생들이 브래드퍼드 그래머스쿨을 상대로 공개적으로 경쟁하거나 남아메리카 대학에 들어가는 '그링고gringo* 입학생'이 돼야 했다. 이런 낙인을 기꺼이 받으려고 한 이는 거의 없었다.

---

* 중남미에서 외국인, 특히 영국인과 미국인을 경멸하며 가리키는 말 — 옮긴이.

2. 교사 연봉 인상

교육비 지출에 관한 국가의 태도가 변화한 덕분에 학습 임금이 만들어지고 대학 장학금이 보편화됐다. 이런 태도 변화는 또한 두뇌에 하는 투자가 자산에 하는 투자보다 훨씬 수익성이 좋다는 인식이 높아진 결과였다. 그렇지만 정치인들은 언제나 불가능한 결과를 원했다. 교육으로는 절대 얻을 수 없는 즉각적인 성과를 바랐다. 정치인들은 항상 교육 체계를 밑바닥부터 착실하게 세우는 대신 윗부분만을 땜질했다. 대학에는 기꺼이 돈을 쓰면서도 초등학교에는 지출을 꺼렸다. 그리고 우유 당번이 장차 나라의 지도자가 된다는 사실을 깨달으려 하지 않았다.

공학자 부족 사태에 직면하면 정부는 공과 대학에 더 많은 돈을 쓰라고 유창하게 말했다. 과학자들에 관해서는 과학 교수진에 더 많은 돈을 쓰라고 말했다. 기술자 전반에 관해서는 기술 학교를 더 많이 세우라고 했다. 소용없는 짓이었다. 왜냐하면 정부가 전도유망한 젊은이들을 공학으로 끌어들이면 결국 과학을 전공할 젊은이가 그만큼 부족해지기 때문이었다. 많은 수가 공무원으로 진출하면 산업 인력은 그만큼 줄어들었고, 실험실로 가는 수가 많아지면 교직 진출자가 줄어들었다. 누구든 훈련을 받기만 하면 다른 사람을 대신할 수 있다는 평등주의 원리가 워낙 깊이 뿌리를 내린 탓에 우리 조상들은 한 가지 단순한 사실의 의미를 온전히 이해하는 데 오랜 시간이 걸렸다. 모든 직종은 제한된 지적 인재를 놓고 서로 경쟁한다는 사실 말이다. 20세기 후반이 한참 지나고서야 지성을 가진 사람들은 국가적으로 지식인이 부족하다는 사실을 분명히 알게 됐다. 정부는 자연이 정한 한도 안에서 우수한 공학자, 물리학자, 공무원 등을 동시에 최대한 많이 확보하는 유일한 방법은 세 살짜리 아이들부터 시작하는 길뿐이라는 사실을 알게 됐다. 그 나이부터 어떤 능력도 사라지지 않게 확실히 단속하고, 미래의 물리학자와 심리학자, 엘리트 일반이 지속적으로 최선의 교육을 받을 수 있게 보장하는 수밖에 없었다.

1972년까지 영국은 (그 시대의 징표로서) 영리한 아이들보다 장애인, 부적응자, 비행 학생 등에게 더 많은 비용을 썼는데, 이 학생들은 그다지 중요하지 않았다. 현대식 중등학교도 그다지 중요하지 않았다. 자원 부족에 시달리지 않는 이상적인 세계에서는 불운한 이들에게도 많은 자원을 지출할 수 있다. 그렇지만 그런 이상적 세계는 과거에도 없었고, 지금이나 미래에도 없다. 우선순위를 선택해야 했고, 어떤 결정이 내려

질지는 의심의 여지가 없었다. 초등학교가 가장 중요했는데, 초등학교는 학생들을 재능이 있는 학생과 없는 학생으로 분리하고 있었다. 그리고 무엇보다도 재능이 있는 학생에게 정당한 기회를 제공하는 그래머스쿨이 중요했다. 재능 있는 학생들은 더욱 풍부한 자원을 받아야 했다. 그리고 실제로 그런 자원을 누리기도 했다.

크로슬랜드 경이 국가 생존을 위한 투쟁에서 승패를 좌우하는 주역은 어린이집부터 그래머스쿨까지 쭉 '우등반'에 든 사람들이라는 사실을 확신한 순간부터 돈이 흘러나오기 시작했다. 교육비 지출은 1953년만 해도 국민총생산GNP의 2.7퍼센트였는데,[*] 1963년에는 3.9퍼센트, '경이의 10년'을 지난 1982년에는 6.1퍼센트가 됐다. 늘어난 지출은 대부분 교사들에게 투입됐다. 교사 채용을 늘린 결과였다. 암울하던 지난 세기의 중반만 해도 교사 한 명이 40명이 우글거리는 학급을 맡는 일이 흔했는데, 사정이 그러하니 교사가 조지프 랭커스터[**]가 될

---

[*] 이 초기 수치는 P. J. D. Wiles, *The Nation's Intellectual Investment*, Bull. O. U. Inst. of Stats. August 1956, 279에서 찾았다. 나중의 수치는 《교육 통계(Education Statistics)》의 대중용 보급판에서 가져왔다.

[**] 랭커스터(Joseph Lancaster·1778~1838)는 영국의 공교육 혁신가로, 학생들끼리 서로 가르치는 집단 교육 방법인 조교법을 창시했다 — 옮긴이.

수밖에 없지 않았겠는가!* 그리고 교사 자질 향상에도 재정이 투입됐다. 그때까지 교사 연봉이 산업체 종사자들보다 한참 적어서 1960년대 초반에 어떤 그래머스쿨에는 물리학 교사가 한 명도 없었다. 원자력청이 물리학자를 뽑느라 난리법석이던 때에 말이다! 교육부와 재무부를 이끄는 많은 관리들은 플라톤은 읽었을지 몰라도 미래의 관리인을 가르치는 일을 맡길 수 있는 사람은 현재의 관리인 자기들뿐이라는 사실을 망각한 듯했다. 이류 교사는 이류 엘리트를 길러낼 뿐이다. 따라서 능력주의 사회는 결코 그 교사들의 수준을 넘어설 수 없다. 상황이 개선돼 마침내 교사들은 이상적으로 바라는 극진한 존경을 받게 됐다. 경이의 10년 동안 단행된 현명한 조치 중의 하나는 과학 교사의 연봉을 산업계 과학자들하고 같은 수준으로 끌어올리고 그래머스쿨 교사 전체의 연봉을 과학 교사하고 같은 수준으로 인상한 일이었다. 그리하여 그래머스쿨

---

* '우리는 학급당 학생 수 10명을 원하며, 그 시기를 정말로 알고 싶다'가 그래머스쿨에서 학생-교사 비율을 10 대 1까지 끌어올리자는 캠페인에서 효과적으로 사용된 구호였다. 드레드노트 전함 추가 건조를 요구하는 캠페인에서 나온 '우리는 8척을 원하며 기다리지 않겠다(we want eight, and we won't wait)'는 구호만큼이나 인상적이었다. 또 다른 구호도 있었다. '우리가 원하는 것은 군함(battleship)이 아니라 장학 제도(scholarship)다.' 대규모 해군을 소규모 학급으로 대체한 말이었다.

중등학교 유형에 따른 지능 분포(1989)			
학교 유형	학생의 지능 수준	교사 1인당 학생 수	교사의 지능 수준
지진아 학교	50~80	25	100~105
현대식 중등학교	81~115	20	105~110
그래머스쿨	116~180	10	135~180
기숙형 그래머스쿨	125~180	8	135~180

은 훌륭한 과학자들을 끌어들일 수 있었다. 최상의 교사들을 확보하게 됐다.

이 시스템의 논리는 간단한 표로 살펴볼 수 있다.

3. 기숙형 그래머스쿨

종합학교 운동은 그래머스쿨의 수준을 위협하는 정도 이상이 었다. 종합학교 운동이 성공했더라면 절대적으로 필요한 명문 사립 학교의 개혁은 무한정 연기되고 말 수도 있었다. 재력 있는 부모들은 국립 학교에서는 이류 교육밖에 받을 수 없다는 현실을 아는 탓에 사립 학교 교육의 이점을 돈을 주고라도 누리려 할 게 뻔하기 때문이었다. 결국 기회 균등은 한낱 꿈에 그치게 되고 말았겠다.

1939년부터 1945년까지 사람들은 명문 사립 학교가 사라지게 된다고 거리낌없이 예언했다. 중간 계급이 가난해져서 수업료를 낼 여력이 없게 되리라는 염려가 있었고, 명문 사립 학교를 강력하게 지지하는 이들 중 일부는 국가가 재앙을 막아주기를 기대했다. 그런 사람들은 가난한 학생을 일정 비율로 받아들이려 했을 뿐 아니라 국가가 그 비용을 대야 한다고 주장했다.* 그러나 언제나 그렇듯 미래는 예상대로 도래하지 않았다. 중간 계급은 변함없이 강인했다. 고율의 세금과 높은 물가에도 살아남아 예전처럼 계속 유서 깊은 학교에 자녀를 보냈다. 1950년대 중반, 연소득 1000파운드 이상(현대의 기준으로 보면 가련한 액수다)인 사람들은 20명 중 19명이 자녀를 사립 학교에 보냈다.** 이런 부모들 중에는 공교롭게도 '사회주의자'도 많았다. 1956년 하틀리 쇼크로스Hartley Shawcross 경은 이렇게 말했다. "나는 자녀를 사립 학교에 보낼 경제력이 있으면서도 보내지 않는 노동당원을 한 명도 본 적이 없다. 종종

---

* 플레밍 보고서를 보라(*The Public Schools and the General Education System*, 1944).

** L. R. Klein, K. H. Straw and P. Vandome, "Savings and Finances of the Upper Income Classes", *Bulletin of Oxford Institution of Statistics*, November 1956.

커다란 경제적 희생도 무릅쓰는데, 속물근성 때문에, 또는 계급 구분을 영속화하려는 의도가 아니라 자녀가 최고의 교육을 받게 하려는 속셈 때문이다."

사립 학교 학생들은 국립과 사립 등 모든 종류의 학교를 통틀어 대학 준비 과정의 4분의 1 정도를 차지했다. 이 학생들은 수업료를 더 많이 내기 때문에 전반적으로 국립 학교에 다니는 또래들보다 더 좋은 교육을 받았다. 자서전과 소설들을 바탕으로 판단하면, 명문 사립 학교에 다니는 학생이 소년으로 성장하는 법을 배운 이야기는 어느 정도 진실일 테지만, 만약 그렇다면 적어도 그 학생은 교육받은 소년이어서 배우지 못한 사람보다 복잡한 사회에서 자기 자리를 쉽게 찾게 된다. 명문 사립 학교에서 수준 높은 교육을 실행한다고 해서 나쁠 이유는 없었다. 무조건 환영할 일이었다. 잘못이 있다면 능력이 아니라 다른 기준으로 특혜자를 선정한 방식이다. 부모의 은행 계좌에 따라 특혜자가 선발된 과정이 문제다. 그 사람들은 부끄러운 줄 모르고 교육을 상속받았고, 더불어 마땅히 맡아야 한다고 생각하는 미래의 사회적 지위도 상속받았다.

이런 정실주의를 어떻게 없앨 수 있었을까? 정실주의 폐지는 지난 세기의 노예제 폐지 운동에나 비교할 수 있을 정도로 힘들고 기나긴 과업이었고, 오로지 앞서 종합학교에 쏟아부은 에너지를 더욱 건설적인 이 과업으로 전환해서 활용한 덕분에 성공할 수 있었다. 매년 하는 일이지만, 특히 1958년에 노동당은 성명서를 내어 이렇게 말했다. "노동당은 우리 사회에서 사회적 불평등과 계급 분화를 야기하는 가장 커다란 원천인 사립 학교 문제를 해결하는 일을 더는 주저해서는 안 된다." 그렇지만 노동당은 지도자들 자신이 떳떳하지 못한 사립 학교 출신인데도 주저했다. 사립 학교를 법령에 따라 효과적으로 폐쇄하거나 국유화할 수는 없었다. 부모들이 자녀를 위해 돈을 펑펑 쓰는 행위를 금지하지 않는 한(이런 방법은 사적인 가족에 지나친 간섭을 하게 되기 때문에 정치적으로 실현 가능성이 없었다), 다른 곳에서 일종의 암시장 학교가 생길 수 있었다. 한 이튼 학교를 폐쇄하면 다른 이튼 학교가 설립되는 식이었다. 학부모들을 을러대는 동시에 달랠 필요도 있었다. 1958년에 나온 선언문 〈삶을 위한 학습Learning to Live〉의 다음 같은 언급에는 대단한 분별력과 통찰력이 담겨 있다.

노동당은 현단계에서 명문 사립 학교를 '인수'하거나 '민주화'하려는 계획이 뒤따르는 막대한 공적 자금의 투입을 정당화할 만한 이득이 충분하지 않다고 결론지을 수밖에 없다. 앞으로 공립 학교가 개선되고, 그 결과로 사립 학교의 명성이 줄어들고, 부의 분배와 여론에 상당한 변화가 나타날 때, 이 문제는 다른 형태로 다시 한 번 제기될 수 있다.

최후의 승리는 정교한 협공 작전의 결과였다. 조사 결과 명문 사립 학교에 내는 수업료가 대부분 자산에서 나오는 돈이라는 사실이 밝혀졌다. 상층 계급은 세금이 무서워서 사망하는 동시에 다음 세대에 돈을 상속하는 습속을 대체로 포기했다. 그리하여 조부모가 아직 살아 있을 때 자녀가 아니라 손자에게 특권적 교육 비용으로 재산을 넘기는 관행이 굳어졌다. 상속세는 이런 식으로 3대를 활용하는 폐단을 막는 데 무력했고, 사실상 그런 폐단을 부추긴 탓에 일련의 자산세로 보완해야 했다. 크로슬랜드와 휴즈가 핵심 각료를 맡아 한 팀으로 일한 6대 노동당 정부는 자산세를 대대적으로 신설했으며, 그 뒤 양도소득세 때문에 새로운 자산을 취득하는 행위가 억제됐다. 명문 사립 학교들은 곧바로 압박을 느꼈다. 과세의 효과는 소득 불평등이 점차 커지면서 조금 상쇄되기도 했지만, 취지를 완전히 좌절시키는 정도는 아니었다. 1970년에 이르면 확실히 20년 전에 견줘 명문 사립 학교의 상황이 나빠졌다.

자산세보다 더 중요한 요인은 그래머스쿨 자체의 수준이 꾸준히 향상된 변화다. 앞서 말한 대로 모든 문제는 돈으로 귀결됐다. 명문 사립 학교인 럭비가 윌솔 그래머스쿨보다 더 우수한 이유는 무엇이었을까? 답은 간단했다. 럭비는 학생 1인당 훨씬 더 많은 돈을 쓰기 때문에 교사의 질과 양도 한층 뛰어났다. 윌솔에 투입되는 돈이 늘어나자 학교의 질이 몰라볼 정도로 개선됐다. 자산세의 일정 비율이 그래머스쿨의 실험실과 건물을 새로 짓는 데 책정됐다. 국가가 명문 사립 학교를 대상으로 하는 전체 지출을 계속 제한하고 공립 학교를 대상으로 하는 지출을 꾸준히 늘릴 수 있는 한, 장기적인 승리가 확보됐다. 학부모들은 럭비 대신 윌솔에 몰려들었고, 자기 자녀들이 선택받은 최우수 학생들이 아니라 다른 모든 아이들하고 똑같은 수준에서 경쟁해야 한다는 사실을 깨달았다. 아이가 너무 둔해서 윌솔에 입학하지 못하는 경우에만 럭비의 문을 두드렸다. 학생이 이류가 되니 이제 럭비는 일류 학교의 위신을 유지할 수 없었다. 사립 학교와 그래머스쿨의 명성은 이제 서서히, 그러나 결정적으로 후자 쪽으로 기울어졌다.

사립 학교를 폐지할 필요는 없었다. 최상급의 사립 학교들이 스스로 문을 닫은 때문이었다. 빈틈없는 사립 학교 교장들은 자기 학교에 둔한 아이들이 몰려드는 사태를 걱정했고, 대세가 분명해지고 재무부가 한결 후한 모습을 보이자 '보조금을 받는 기숙형 그래머스쿨' 명단에 포함되는 쪽으로 국가를 상대해 교섭하는 방식으로 문제를 해결했다. 이런 공식 명칭에 육중한 울림이 담긴 점도 작용했다. 이 탐나는 지위를 확보하기 위해 사립 학교는 지자체가 초등학교에서 일반적인 방식으로 선발하는 대부분의 학생을 받아들이는 데 동의해야 했다. 이튼은 1972년에 입학 연령을 11세로 낮춰 왕실 장학생의 80퍼센트를 받아들였고, 1991년에는 100퍼센트까지 늘렸다. 이튼이 선두에 서자 다른 사립 학교들도 그 길을 따라갔다.

최소한 학문적 수준이 통학(비기숙형) 그래머스쿨 정도가 되면 장학관이 인증서를 부여했는데, 이런 인증서를 받지 못한 학교는 보조금을 받는 기숙형 그래머스쿨 명단에 들어갈 수 없었다. 유명한 명문 사립 학교들, 이른바 교장단 회의로 사실상 거의 전부 결합된 학교들은 결국 죄다 명단에 포함돼 이런저런 이유로 기숙학교 교육을 필요로 하는 재능 있는 아이들에게 개방됐다. 이를테면 부모가 없거나, 집이 자주 이사를 다니거나, 일반 그래머스쿨에 통학하기에는 너무 외딴 시골에 사는 아이들이 대상이었다. 대부분의 다른 사립 학교들은 독자 운영을 할 수 있었다. 이 학교들은 일류 인재를 키우지 않기 때문에 국가는 이런 학교의 교실 안에서 어떤 일이 벌어지는지 특별한 관심을 기울이지 않았다. 평범한 아이들이 다니는 현대 학교에 요구되는 현실적인 기능에 관련된 최소한의 위생과 효율성 기준에 맞기만 하면 됐다. 당연한 귀결이지만, 일단 사립 학교가 평범한 아이들이 가는 곳이 되자 사회적 명성이 연기처럼 사라졌고, 사립 학교에 돈을 낭비하려는 부모의 수도 해마다 줄어들었다. 물론 인지학자anthroposophist나 식습관 개혁가, 현대판 아나키스트들은 이런 현실에서 동떨어진 채 자기들의 교육적 토대에 강박적으로 집착했다.

두 유형의 그래머스쿨이 통합되자 교육 내용에 유익한 변화가 많이 나타났다. 통학 학교는 과학에 탄탄하게 집중하는 교육으로 유명했다. 최상의 통학 그래머스쿨은 최소한 한 가지 제한된 분야에 관한 집약적인 지식을 부여하기 위해 전문화를 장려할 뿐 아니라 한층 더 중요한 요소를 학생들에게 심어줬다. 곧 치밀하고 호기심 많고 사색적이며 회의적인 과학적 태도, 인간이 아니라 자연을 향한 겸손, 그리고 삶을 대하는 현대적 태도라 할 수 있는 열정적인 초연함을 가르쳤다. 산업과 기술, 과학의 세계에는 정통하지 못한 사립 학교는 아테네(인문학)에는 지나칠 정도로 관심을 기울이지만 원자(과학)에는 거의 관심을 두지 않았다. 1960년대만 해도 명문 사립 학교의 공통 입학시험에는 여전히 라틴어가 포함됐다! 반면 과학은 전혀 없었다! 영국의 세습적인 사회 계급이 받는 고전 교육은 그 계급의 파멸을 낳은 한 요인이었다. 그 계급 사람들은 고전 교육 때문에 과거, 곧 자기의 역사만이 아니라 로마와 아테네까지 과대평가하게 됐다. 또한 로마의 선례를 따를 수밖에 없던 대영 제국의 쇠퇴를 숙명적으로 받아들이게 됐다. 능력주의가 확산하자 에드워드 기번* 대신 프랜시스 골턴**이 대두됐고, 교사들과 사상이 자유롭게 교류하게 되자 그래머스쿨이 예전 명문 사립 학교를 설득해서 과학 시대에 더욱 완벽하게 적응하게 만들었다. 몇몇 사립 학교는 순식간에 적응하는 법을 배워서 이튼은 실제로 사이클로트론(입자 가속기)을 설치한 최초의 학교가 됐고, 크라이스트호스피탈 학교Chirist's Hospital***는 최초로 한 무리의 학생을 달에 보냈다.

그 성과가 전부 일방적이지는 않았다. 명문 사립 학교는 지도자 교육을 공공연한 목표로 삼았고, 군인과 행정가들이 과학자와 기술자들에게 굴복할 때까지 사립 학교 제국은 막강했다. 그래머스쿨은 통합에 더해 아직 소중한 그 전통의 일부를 공유하면서 한층 더 자신감을 갖고 엘리트를 양성하는 소

---

* 에드워드 기번(Edward Gibbon·1737~1894)은 《로마제국 쇠망사》 등을 쓴 영국의 역사학자다 — 옮긴이.
** 골턴(Francis Galton·1822~1911)은 우생학을 창시한 영국의 유전학자다 — 옮긴이.
*** 1552년 영국 웨스트서식스 주 호셤에서 문을 연 명문 사립 학교. 통학기숙형 남녀 공학이다 — 옮긴이.

명을 추구할 수 있었다. 명문 사립 학교는 좁은 의미의 친족을 향한 충성을 다른 요소로 대체함으로써 아이들을 가족 의존 상태에서 분리시키는 법을 배운 적이 있었다. 그래머스쿨은 하층 문화에 속하는 가정 출신인 학생이 많기 때문에 그런 분리가 더욱더 필요했고, 똑같은 방법을 일부 차용했다. 실제로 목격한 사람들은 기숙사 제도의 완벽한 발달, 실험실에서 정기적으로 치르는 단합 대회, 과학을 비롯한 취미 활동을 하는 주말 클럽과 저녁 클럽 등이 중요한 구실을 했다고 공언한다. 이런 방법들이 적극적으로 활용되자 사춘기 아이들은 이제 여가 시간을 가족들하고 보낼 필요가 없어졌다. 가정은 단순한 숙소로 전락했는데, 아이들에게는 참으로 좋은 일이었다.

4. 지능 검사의 발달

이런 개혁이 성공을 거두려면 선발 방법의 효율성을 지속적으로 높여야 했다. 유능한 인재를 선발할 방법은 마련하지 못한 채 우수한 학교를 만들어놓기만 하면 무슨 의미가 있겠는가! 물론 진보가 언제나 이런 각각의 보완 작업에 보조를 맞춰 진행되지는 않았다. 대체로 우수한 그래머스쿨을 분리해서 확보하는 일이 학생 선발보다 한결 순조롭게 진행됐다. 그렇지만 유능한 인재를 좋은 학교에서 교육시켜야 한다는 인식이 폭넓게 확산될수록 교육심리학자들은 선발 기법을 개선하라는 압력에 더욱 시달렸다. 교육심리학자들은 이런 압력에 부응했다. 궁하면 통한다는 속담이 다시 한 번 입증됐다.

1944년 이후 그래머스쿨에 입학하려는 수요가 크게 늘어나지만, 그런 수요에 상응해서 공급이 확대되지는 않았다. 경쟁이 치열해졌다. 이런 상황에서 승자를 어떻게 뽑아야 했을까? 군대에서 인원 선발 지침으로 지능 검사가 지닌 가치가 전쟁 기간 동안 충분히 입증된 적이 있었고, 따라서 똑같은 방법을 평시의 용도로 활용하는 결론은 자연스러웠다. 특히 지능의 위계를 확인하려는 사고방식으로 똘똘 뭉친 계층화된 사회에서는 당연한 일이었다. 그 결과는 무척 놀라웠다. 교육법이 제정되고 나서 겨우 몇 년 뒤인 1950년에 이르러 영국 어린이들은 대부분 초등학교를 졸업하기 전에 지능 검사를 받았다. 예전 검사 방법도 여전히 사용됐지만, 높은 지능이 엘리트의 관문으로 들어가기 위한 주요한 자격 요건이 됐다. 교육심리학이 교육학에서 중심적인 자리를 차지했고, 그 뒤로 양자는 결코 완전히 분리되지 않았다.

그 뒤 수십 년 동안 사회주의 진영의 반대 때문에 진전이 더뎌진 사실은 맞다. 공통 학교 지지 운동을 벌인 사람들은 지능 검사가 목표로 삼은 수재와 둔재의 구분을 지속적으로 공격했다. 사회주의자의 관점에서 보면, 이런 공격은 무척 일관된 흐름이었다. 정확히 설명할 수는 없어도 어떤 면에서 모든 사람이 서로 동등하다는 전제를 받아들이면, 어린이들의 우열을 구분하는 수단의 효율성을 비난하는 공격이 그 결과를 비난하는 공격하고 마찬가지로 타당한 때문이었다. 한 아이가 사실 다른 아이보다 더 유능하지 않다면 지능 검사는 사기가 **분명**했다. 비판자들은 심리학자들을 조롱했으며, 지능 검사로는 전반적인 지능이라는 추상 개념을 측정할 수 없다고 (아주 정확하게) 선언함으로써 자기들의 주장이 입증됐다고 생각한 듯하다. 그렇지만 비판자들은 이 문제를 한층 더 혼란스러운 언어로 에워쌀 뿐이었다. 이런 혼란은 (17세기에 물리학이 그러했듯이) 형이상학에 푹 빠진 문제를 다루는 새로운 과학 분야에서는 어느 정도는 불가피한 일이었다. 어떻게 인간이 하느님 눈에는 평등하면서도 심리학자 눈에는 불평등할 수 있겠는가?

사회주의자들은 혼란을 더욱 부추겼다. 초기에는 지능이 추상적 개념이 아니라 조작적 개념이라는 사실을 일반인들은 거의 이해할 수 없었다. 심리학자들은 전반적인 지능(사실 그런 지능은 존재하지 않는다)이 아니라 고등 교육을 받는 데 필요한 자질을 평가했다. 만약 이런 자질들을 '지능'으로 지칭한다면, 그 이름은 단지 편의를 위한 명칭일 뿐이었다. 지능 검사에 관한 검사는 경험적 질문의 형태로 진행됐다. '지능 검사는 효과가 있는가?' 그리고 그 답은 대체로 효과가 있다는 쪽이었다. 지능 검사에서 높은 점수를 받은 대부분의 아이들은 또한 그래머스쿨에서도 성적이 좋았다. 사실을 말하자면, 지능 검사(온갖 차이가 있다는 사실을 고려하더라도 바보 검사 idiocy test라고 부를 수도 있었다)에서 받는 높은 점수와 그래머스쿨, 대학, 그리고 더 나아가 인생에서 받는 높은 점수가 상관관계*를 지니는지 알아내는 통계적인 문제였다. 심리학자들과 사회학자들은 지능 검사를 검사하는 방법을 고안하는 데서 조금 지지부진한 상황을 인정해야 한다. 그 사람들은 대개 짙게 깔린 이데올로기의 안개 속에서 여전히 헤매고 있었다.

---

* 지능 검사는 또한 첫째, 언어 능력, 언어 구사력, 수리 능력, 공간 능력, 지각 능력, 기억력, 둘째, 운전 능력, 사고 경향성, 디지털 민첩성, 유추 능력, 기술 적성, 사무 적성, 정서적 성숙, 셋째, 어조 구별, 성적 매력, 미각 민감성, 색맹, 정확성, 지속성, 신경증, 관찰력 등의 기타 검사 점수하고도 상관관계가 있다는 점을 덧붙일 수 있겠다. 요즘에는 각종 검사 결과가 모두 양심적 거부자가 아니라면 평생 동안 갖고 다니는 국민지능(National Intelligence) 카드 한 장에 암호화돼 있다.

그 학자들은 대부분 이런 말로 각성을 촉구한 교장만큼도 선견지명이 없었다. "다양한 목적을 위해 선발된 남녀가 나중에 거둔 성공을 각기 다른 방법으로 역량에 관해 내려진 진단에 관련지어 설명하기 위해서 고안된 연구야말로 가장 장려해야 한다."* 이런 충고가 받아들여지려면 한참이 지나야 했다.

사회주의자들만 고립된 상태에 있지는 않았다. 한동안 사회주의자들은 지능의 신뢰성을 어느 정도 깎아내리는 데 성공했고, 영향력이 최고조에 이른 1950년대와 1960년대에 많은 지방 교육위원회를 겁박해서 지능 검사를 아예 포기하게 만들기도 했다. 그렇지만 이런 성공은 단명할 수밖에 없었다. 새로운 학생들을 뽑을 때마다 당국은 옥석을 가리는 방법을 찾아야 했다. 어떤 식으로 할 수 있었을까? 지능 검사를 포기하면 다시 통상적인 필기시험 결과에 의지해야 했고, 필기시험을 포기하면 교사가 작성한 내신 성적표에 의지해야 했다. 그렇게 되면 문제가 더욱 커졌다. 자녀가 진학에 실패한 학부모의 분노를 견디라고 강요하지 않더라도 교사들은 도의상 해야 할 일이 너무도 많았다. 교사들을 보호해야 했다. '진보적' 당국은 때로 지능 검사를 다시 시행하자는 교사들의 요구에

---

* E. James, *Education for Leadership*, 1951.

직면했다. 설상가상으로 연구 결과 교사가 작성하는 성적표와 일반 시험은 하층 계급 아이들에게 공정하지 못하다는 사실이 결정적으로 밝혀졌다. 교사들은 무의식적으로 자기하고 같은 계급 출신 아이들을 선호했으며, 구식 시험은 교양 있는 가정 출신에 유리했다. 편향이 적은 지능 검사야말로 사회 정의를 실현하는 수단이었고, 가장 광신적인 사회주의자들조차 이런 연구 결과를 완전히 무시할 수 없었다.

덜 해롭기는 해도 마찬가지로 신비주의에 빠져 있던 좀더 온건한 사회주의자들은 선발의 효율성이 여전히 부족해서 많은 유능한 아이들이 계속 선발에서 탈락하게 되리라는 믿음에 도취했다. 그런 사람들은 비효율적인 선발을 공공연하게 지지하면서 몇몇 영리한 아이들이 진학 기회를 얻지 못해도 상관없다고 감히 주장하지 못했다. 그렇지만 실제로 그런 일이 벌어지면 개인적으로 환영했다. 마치 개신교 마을에 정체를 감추고 사는 가톨릭교도 같았다. 능력 중심 사회로 전환하는 과도기에 이런 태도는 일종의 행복한 적응이자 개인적인 평안의 원천이었지만, 진보를 가로막는 장벽이 될 수는 없었다. 눈 가리고 아웅하는 식이었다. 이런 온건한 신비주의자들은 과학의 발달을 막을 수는 없다는 사실을 알아야 했다. 아니 자기들도 알고 있기 때문에 주의해야 했다. 인간 행동을 체계적으로 연구하기 시작해서 일단 성과를 얻으면, 지식은 누적됐고, 검사 기법, 그리고 여기에 더불어 각기 다른 유전자 조합을 가진 사람들을 선별하는 기법이 꾸준히 발달하는 흐름을 어떻게 해도 막을 수 없었다.

언제나 그렇듯 진보는 불균등하게 진행되며, 안정기가 이어지다가 갑자기 도약이 일어난다. 인간은 세기의 도약을 위해 1989년까지 기다려야 했다. 오래전부터 '인공두뇌학자cyberneticist'들은 인간은 스스로 자기 두뇌를 모방할 수 있을 때 두뇌를 가장 잘 이해하게 된다는 사실을 깨달았다. 인간이 기계를 닮아가자 기계가 점점 인간하고 비슷해졌고, 인간을 모방하는 기계가 만들어지자 복화술사는 마침내 자기를 이해하게 됐다. 현대적인 정신 능력 기준은 그해부터 시작되는데, 기계도 인간 두뇌하고 똑같이 '지능' 검사를 받아서 점수를 매길 수 있다는 사실이 발견되자마자 공통된 측정 단위가 가능해진 때문이었다. 버드가 국가생리학연구소에 설치한 파이컴퓨터pi-computer로 아이큐 100을 유지하는 '파멜라Pamela'는 국가적으로 공인된 기준이 됐으며, 시험지에 수록되는 모든 문제는 학교를 비롯한 연구소 등으로 배포하기 전에 먼저 이 컴퓨터에 제출됐다.

1989년 한참 전에도 심리학자들은 해결해야 하는 문제들을 잘 알고 있었다. 또한 인간의 두뇌도 생식 기관만큼이나 개체의 생화학적 질서에서 분리할 수 없다는 사실, 그리고 인간 개인도 폐만큼이나 자기가 속한 물리적 환경과 사회적 환경에서 분리할 수 없다는 사실을 깨달았다. 잠재 지능이 높은 많은 사람들이 심리적 혼란에 따른 불안 때문에 자기 지능을 충분히 활용하지 못했다. 환경이 불리할 때 어떤 이들은 지능이 떨어지는 반면 다른 이들은 오히려 높아졌다. 그리하여 지능 광분자IQ berserker들은 아이큐가 140에서 90을 오락가락했고, 사랑에 빠질 때나 아침 먹기 전에 아이큐가 달라졌다. 기술자당Technicians Party을 이끈 몇몇 지도자들이 이런 질병에 시달렸다. 심리학자들은 실제 지능을 잠재 지능까지 끌어올리는 과제에 몰두했다. 심리 치료의 발전은 교육 선발 과정이 가져온 유익한 부산물이었다.

스펜스 위원회Spens Committee는 1938년에 이렇게 말했다. "어린이의 지적 능력이 도달하게 될 최종 수준을 이른 나이에 어느 정도 정확하게 예측할 수 있다." 지금은 이 말이 사실이지만 그때는 그렇지 않았다. 주요 검사가 11살에 딱 한 번 실시될 때 분노가 치솟은 것도 놀랄 일은 아니다! 그 나이에 한 번 나온 점수로 그래머스쿨 진학 여부가 결정됐다. 이론상으로는 11살에 실패하더라도 나중에 한 번 더 기회가 있었다. 그렇지만 실제로 다음 기회는 거의 없었다. 지능이 늦게 발달하는 사람은 가망이 없었다. 14세에 능력이 꽃을 피우는 소년과 소녀들은 다행스럽게도 현대식 중등학교에서 그래머스쿨로 전학할 수 있었다. 그렇지만 보통은 둔재들 사이에 섞여서 평생을 둔재로 분류됐다. 개인으로서는 잔인할 정도로 불의한 일이었고, 사회로서는 충격적인 낭비였다. 따라서 종합학교는 소규모더라도 학생들이 진로를 쉽게 바꿀 수 있게 하면서 실제로 훌륭한 구실을 했다. 사람들은 어떤 이들은 12세에 지능이 최고조에 다다르고 또 다른 이들은 30세가 돼서야 완전히 무르익는다는 사실을 알았다. 그렇지만 마치 모르는 양 행동했다. 이런 사실이 파악되자 교육자들은 학교 생활의 각 단계마다 지속적으로 지능 평가를 하려 했고, 점차 성공을 거뒀다. 7, 9, 11, 13, 15세에 지능 검사를 했고, 각 단계마다 전에 견줘 점수가 높아진 학생은 열등반에서 빼내서 지능이 비슷한 반으로 옮겨졌다. 그렇지만 학교를 졸업할 때에야 능력이 발달한 사람들은 선발이라는 그물에 아예 걸리지 못했다. 1980년대가 돼서도 25세에 갑자기 재능이 꽃핀 사람들은 그 재능을 제대로 인정받는 데 커다란 어려움을 겪었다.

바로 이런 점 때문에 현대식 성인 교육의 발달이 중요하게 대두됐다. 학교는 평생 지속되게 됐다. 세기말에 이르러 모든 사람이 능력에 따라 평가받을 수 있는 권리가 침해할 수 없는 소중한 인권이 됐다. 아주 기본적인 정의의 문제로, 어른이든 아이든 실제로 지능이 판정되기 전까지는 어리석다고 판단해서는 안 된다는 사실이 마침내 널리 인정됐다. 언제나 기본 가정은 영리하다는 판단이었다. 따라서 연령에 **상관없이 모든** 사람에게 5년마다 성인교육지역센터에서 재검사를 받을 자격이 주어졌고, 자격을 넘어서 장려됐으며, 이 검사를 통해 기대가 실현되면 언제나 정의가 달성된 셈이었다. 본부에 보관된 국가지능검사 카드 사본이 폐기되고 재검사 점수가 기록된 새로운 카드가 발급되기 때문에 고용주(또는 약혼자)가 통상적인 방법으로 상대의 지능과 적성 점수 열람 신청을 해도 이전 점수는 알 도리가 없었다. 법원에서는 또한 명사 인명록에 현재 지능 이외의 어떤 정보도 기록할 의무가 없다고 결정했다. 재검사에서 성공적인 점수를 얻기만 하면 정말로 새 출발을 할 수 있었다.

이런 재검사는 많은 난관을 낳은 원인이 분명하다. 어떤 어린이들은 부모를 위해 지나칠 정도로 야심을 품게 됐고, 재분류를 받기 위해 부모에게 너무 많은 압력을 가했다. 너나 할 것 없이 부모의 돌봄에 관한 책을 탐욕스럽게 읽었다. 몇몇 노동자들은 자기보다 나이 많은 동료가 대학이나 김나지움으로 가게 되면 질투심을 보였다. 그렇지만 선발 방법이 개선 과정을 거치는 긴 과도기에 유리한 점이 불리한 점보다 훨씬 많았다. 물론 검사 방법을 세련되게 다듬은 결과 이제 심리학자들은 발달을 지체시키는 계량 불가능한 요소들을 대부분 감안할 수 있고, 지능뿐 아니라 지능이 결실을 맺는 연령까지 예측할 수 있다. 이런 발전이 과학적 사고를 가진 모든 사람에게 흥미롭기는 하지만, 이 과정을 통해 열린 논의가 기성 질서의 비판자들에게 먹잇감이 된 사실도 인정해야 한다.

5. 요약

이 장에서 우리는 교육 개혁의 위대한 이야기를 다시 한 번 개괄했다. 현대적인 가치관을 갖게 된 정부는 지력 발전에 지출하는 예산이 어떤 지출보다도 생산적이라는 점을 인식하기에 이르렀다. 인색한 지출이 아낌없는 투자로 바뀌면서 교사와 학교 건물이 국민소득의 최우선 지출 대상이 됐다. 그래머 스쿨의 독립성은 유지됐다. 더 좋은 명문 사립 학교는 그래머 스쿨에 통합돼 이종 교배처럼 상호 보완했다. 새로운 체계는 꾸준히 효과적으로 바뀌는 능력 평가 방법에 따라 유지됐다.

1980년대에 이르면 현대식 교육 체계의 토대가 마련됐다.

앞 장에서 설명한 대로, 진보는 사회주의자들이 조직화된 세력으로서 붕괴한 탓에 가능해졌다. 그렇지만 사회주의자들이 표명한 정서까지 무너지지는 않았다. 인간은 모두 아기 때는 기어다니는 사회주의자이며, 일부는 그 틀을 깨고 성장하지 못한다. 그렇지만 어린이집 시절의 질투심에서 결코 벗어나지 못하는 심리적 평등주의자들 중 강경파 집단은 성인 시기의 삶에서 기대가 좌절된 많은 사람들하고 결합할 때 국가에 위험이 될 뿐이다.

1960년대는 그런 때였고, 오늘날도 비슷한 시대다. 그때 사람들이 좌절한 이유는 자기(또는 자기 자녀)가 받을 자격이 있다고 생각하는 우수한 교육을 받지 못한 때문이었다. 오늘날에도 사람들은 같은 이유로 좌절하지만, 학교에서 우열 분리를 하기 때문이 아니라(이제 대부분의 사람들이 여기에 익숙해졌다) 성인교육지역센터가 이미 유용성을 상실한 상태라고 인식되기 때문이다. 능력 있는 일부 기술자들이 성인교육지역센터를 높이 평가하게 됐는데, 이 사람들은 신분은 낮지만 모든 혁명 운동의 핵심이 될 만큼 지적인 이들이다. 지역센터가 문을 닫는다는 조짐만 보여도 불만이 야기되지 않을까? 만약 내 분석이 정확하다면, 나중에 좀더 충분히 설명할 이 새로운

출발이야말로 최근 나타난 사회적 불화의 근원적인 이유의

하나가 맞다.

4장

연공에서
능력으로

1. 연장자 계급

반세기 동안 학교는 개혁의 초점이 됐고, 또한 개혁의 성과는 눈부신 수준이었다. 그렇지만 개혁가들은 언제나 지나치게 외골수였다(아마도 그래야 했다). 개혁가들은 다른 모든 문제를 외면한 채 학교에만 초점을 맞췄고, 그 결과 오랫동안 산업계의 인력 활용 효율이 교육계의 효율에 한참 못 미치는 비참한 상황이 나타났다. 우리 할아버지들은 산업 조직에서 상당한 함의를 지니는 능력에 따른 승진이 어린이들을 능력에 따라 진급시키는 제도만큼이나 필요하다는 점을 충분히 깨닫지 못했다. 학교에서는 재능의 권리를 인정하면서도 사회에서는 인정하지 않는 사회란 반쪽으로 갈라진 가정이나 마찬가지였다. 우리 조상들은 카스트가 폐지되거나 현대식 계급으로 전환된 상황에서 포위해야 하는 또다른 범주의 사람들, 곧 연장자 계급이 여전히 존재한다는 사실을 충분히 이해하지 못했다. 단지 나이가 많다는 이유로 자격 없는 사람을 권력의 지위에 앉히는 관행은 그저 부모가 상층 계급이라는 이유로 자격 없는 사람을 권력의 지위에 앉히는 관행하고 똑같이 낭비에 불과하다는 사실을 제대로 이해하지 못한 탓이다. 열린 사회에서는 소집된 다수 중에서 소수를 선발할 때 능력을 기준으로 삼아야 한다. 연령은 출생만큼이나 합리적 기준으로 적합하지 않다.

인간의 역사에서 연령은 가장 오랫동안 이어진 지배 계급이었다. 귀족주의, 금권주의, 관료주의 등 어떤 체제든 간에 일단 굳어지기만 하면 언제나 노인 정치^{gerontocracy}가 됐고, 민주주의에서도 국민을 위한, 국민에 의한, 국민의 정부란 결국 노인을 위한, 노인에 의한, 젊은이의 정부가 됐다. 산업화 이전 시대에 농장의 독재자는 아들이 어릴 때 어떤 교사하고도 권한을 공유하지 않았고, 아들이 성인이 돼도 지배권을 유지했다. 단지 자녀를 지나칠 정도로 괴롭히면 나중에 리어 왕 같은 운명을 맞이할지 모른다는 두려움 때문에 약간 자제할 뿐이었다. 산업이 생겨난 뒤에도 아버지들은 여전히 다른 남자의 아들보다 자기 아들이 출세하게 만들려고 최선의 노력을 다했다. 다만 자기보다 출세하는 사태는 바라지 않았고, 이런 목적을 추구하는 연장자들의 연대 때문에 모든 아버지는 형제 집단이 됐다. 새로운 엘리트 집단이 확립된 뒤 아버지들은 더는 자기 아들에 관련된 특권을 누리지 못했지만, 그래도 다른 남자의 아들이 아무리 능력이 있더라도 자기보다 우위를 차지하지 못하게 만들려고 최선을 다했다.

요컨대 능력주의는 또다른 노인 정치가 될 위험을 안고 있었다. 이런 위험을 피하지 못했더라면 지성의 혁명은 미완에 그치고 말았다.

교육이 개혁되자 어떤 사람들은 천년 왕국에 들어섰다고 생각했다. 학교와 대학에서 승리를 거둔 이들은 이미 얻은 성공에 만족하려는 경향이 있었다. 그 사람들은 마치 안식처에 들어가는 양 여전히 배타적인 길드 정신에 지배되는 전문직에 발을 들여놓았다. 그리고 전문직 선배들이 만들어놓은 규칙을 받아들였다. 그 사람들은 학교에서 하듯이 착실하게 연령별 단계를 밟아가면 언젠가 자기 차례가 돌아와서 아무도 범접하지 못하는 연장자가 될 수 있다고 스스로 위안했다. 오직 현대 세계의 가차없는 현실만이 사람들을 동면 상태에서 깨우고 학교에서 그렇듯 산업에서도 경쟁이 휘몰아치게 만들었다. 어린이를 위해 최선인 영국의 제도와 성인을 위해 최선인 미국의 제도를 결합하려면 평생 동안 경쟁이 계속돼야 했다.

2. 학교이기를 멈춘 공장

히틀러가 전쟁을 벌인 시기까지, 그리고 그 뒤 몇 년 동안 교육은 현대에 언제나 그러하듯 승진 전망을 결정하는 요인이었다. 의무 교육만 마친 육체노동자는 보통 평생 육체노동자로 일하다가 기껏해야 조장이나 현장 주임까지 올라가거나, 운 좋으면 다른 경로를 따라 노동조합 위원장이 됐다. 그래머스 쿨을 중퇴한 사람은 공정 관리 책임자를 거쳐 공장 감독이 되 거나 급여 담당 직원을 거쳐 회계사가 될 수 있었다. 대부분의 직장에서 학교를 마치는 연령에 따라 일정한 단계에서 사다리에 올라타면 더 높이 승진할 수 있는 다른 사다리로 옮기기가 사실상 불가능했다. 현장 주임은 공장 감독이 되는 사다리로 옮겨 타는 대신에 계속 현장 주임이었고, 회계사는 계속 회계 사일 뿐 이사로 진출하지 못했다. 교육에 따라 산업계에 진출하는 출발점이 정해졌고, 출발점에 따라 종착점이 확정됐다.

학교 교육이 합리화되기만 했다면 이런 구조가 순조롭게 유지될 수 있었다. 그렇지만 교육의 양과 질이 모두 지능에 따라 결정되지 않는 사이에 많은 영리한 아이들이 학교를 너무 일찍 떠나고 많은 우둔한 아이들은 학교를 너무 늦게 떠났다. 지각 있는 소수의 고용주들은 앞에서 설명한 공무원 모델을 따르면서 교육 체계의 불공정성을 시정하는 동시에 자기들도 이익을 얻기 시작했다. 그런 사람들은 영리한 직원들에게 학 교에서 놓친 기회 대신 회사에서 승진할 수 있는 기회를 제공했다. 이런 기회가 가장 완벽하게 주어진 경우에는(우리가 볼 때는 가장 우스꽝스럽지만), 차 타는 심부름꾼이 육체노동자를 거치거나 사환이 사무직을 거쳐서 이사회에 진출할 수 있었다. 1차로 국영화된 산업체들은 적어도 공무원 사회만큼이나 순조롭게 이런 기회를 보장하기 위해 일정한 노력을 기울였다. 이를테면 브리티시레일웨이(영국 국철)에서는 아주 어린 나이에 취직해 밑바닥에서 시작한 사람이라도 사무직 사다리를 거쳐 말단 행정직으로 승진할 수 있었다.* 전력 부문은 한층 더 계몽됐다.

전력 산업 직원들은 공동의 사다리에 올라타 있다고 여겨진다. 기회가 생길 때마다 승진하고, 결원이 발생하는 때는 경험과 능력에 따라 공개 경쟁으로 채워진다.**

말은 좋지만, 교훈보다는 실천이 필요한 법. 이 교훈은 모든 일이 어떤 식으로 진행돼야 하는지를 보여주기 때문이다. 몇몇 고용주는 자사의 승진 제도와 사다리식 구조를 자랑스

* 자세한 설명은 Acton Society Trust, *Training and Promotion in Nationalized Industry*, 1950을 보라.

** *Report of a Committee of Enquiry into the Electricity Supply Industry*, Para. 171. Cmd. 9672, 1956.

러워한 나머지 대졸자를 채용하는 대신 중등학교를 졸업한 아이들을 바로 데려다가 현장에서 훈련시키는 쪽을 선호했다. 유감스럽게도 대학을 다녀본 적이 없는 최고 중역들 사이에서 이런 태도가 팽배했다. 물론 오래전에는 그렇게 '자수성가한 사람들'이 많았다. 학교를 망신시키는 학생이 공장에서는 자랑스러운 존재가 됐다.

오늘날까지 지속되는 둘째 단계가 시작된 때는 보통 1950년대로 여겨진다. 1944년 교육법이 낸 효과가 산업 전반에서 감지되는 데 10년에서 20년이 걸렸다. 맨체스터 그래머스쿨 교장만큼 발 빠르게 교육법의 중요성을 간파한 고용주는 많지 않았다. 에릭 경은 이렇게 말했다.

이제 산업이나 상업에서는 예전처럼 가장 높은 관리 책임을 맡는 지위까지 올라설 수 있는 자질을 갖춘 15세나 16세 소년을 채용할 수 없게 된다.*

시간이 충분히 흐르자 우둔하기 짝이 없는 이들을 제외하고는 모든 고용주가 이런 교훈을 깨닫게 됐다. 학기가 끝날 때

---

* E. James, *Education for Leadership*, 1951.

마다 그런 증거가 나타났다. 현대식 중등학교 학생들에게 산업의 사다리를 기어오를 수 있는 기회가 주어지더라도 그중에서 그런 능력을 지닌 학생은 점점 줄어든다는 엄연한 사실이 드러났다. 앞선 세대라면 열다섯 살부터 산업계에 진출할 '유망한 소년'들이 계속 그래머스쿨에 다녔고, 가장 영리한 학생들은 대학으로 진학했다. 이제 교육만이 중요하고 유일한 사다리이기 때문에 산업계 수장들도 교육이라는 사다리에 적응해야 했다. 그래머스쿨 졸업생 중에서 일부를 끌어들이며 대학 출신을 양념처럼 받아들일 수 있었다. 그렇지 않으면 사업이 망할 판이었다. 외부자, 특히 교육 수준이 높은 외부자를 받아들이면 노동조합의 반감을 살 게 뻔했지만, 고위 경영진을 유지하려면 고등 교육 출신인 간부 후보생을 채용해야 했다. 조합원의 이익을 지키려는 노동조합 지도자들은 노동을 거쳐 '어려운 길을 헤치고' 올라선 사람이 순전히 학문 교육만 받은 사람보다 본질적으로 우수하다고 주장했다. 그렇지만 이런 주장은 교육이 나중에 크게 존경을 받기 전에나 통하는 이야기였다. 이런 견해는 터무니없는 소리였다. 그래머스쿨만큼 어려운 과정을 헤치고 올라가는 길은 없기 때문이었다.

인재 부족이 무엇보다 심각한 문제라는 인식이 확산되는 와중에 기업 중역들 사이의 경쟁에 불이 붙었다. 어느 보고서에 따르면 1944년이 지나고 겨우 몇 년 만에 다음 같은 사태가 벌어졌다.

대학 2학년인 젊은이가 이미 졸업하는 동시에 750파운드를 받는 자리를 주겠다는 대기업의 제안을 받았고, 다른 대기업은 전무 이사가 점심을 대접하는 등 그 학생에게 끈질기게 구애를 했다.[*]

그 뒤에 벌어진 사태에 견주면 이런 일은 아무것도 아니었다. 결국 미래를 내다보는 모든 회사가 인재 스카우트 팀을 구성해서 대학과 그래머스쿨을 샅샅이 뒤졌고, 대부분의 과학 교사와 강사는 유망한 학생들에 관한 정보를 정기적으로 제공하면 사례를 하겠다는 제안을 받았다. 신문마다 학생들을 유인하려는 고용주가 낸 광고가 가득찼고, 대학 잡지는 광고 수익 덕분에 점점 성장했다. 많은 업종별 협회가 주장한 대로 이런 열띤 경쟁은 때로 불공정했고, 오남용으로 이어지기도 했다. 몇몇 영리한 그래머스쿨 학생들은 후한 인턴십 제안을 받고서 대학 준비 과정을 포기하기도 했고, 또 몇몇은 곧바로

---

[*]   Acton Society Trust, *Training and Promotion in Nationalized Industry*, 1950.

높은 연봉을 줄 뿐 아니라 나중에 회사 비용으로 대학 교육을 받게 해준다고 그럴듯하게 약속하는 채용 담당자들의 말에 대학 입학을 포기하기도 했다. 사례금과 연구비 보조금은 과학 교사 연봉을 보충하는 최선의 방법은 아니었다.

전국학생연합National Union of Students과 영국그래머스쿨학생연합은 회원들을 보호해야 했고, 1969년에 교육부와 영국산업연맹은 '고등교육 산물 활용에서 공정한 관행을 세우기 위한 규약Code of Fair Practice for Utilizing the Products of Higher Education'을 만들었다. 이런 노력이 필요하기는 했지만 실제로는 효과가 거의 없어서 지적 자원의 할당을 정부가 통제할 필요성이 절박하게 대두됐다. 정부 통제가 제도화되자 지적 자원을 할당하는 과정에서 전반적인 우선순위가 강제됐다. 효과적인 지력 관리 계획은 고용주들이 낭비적인 과열 경쟁을 벌이는 사태를 막기 위해 필요할 뿐 아니라 경제 전반을 통제하는 전략적인 권한을 정부에 부여하기도 한다.

3. 나이에 맞선 도전

산업계는 경영진 후보 선발 기능을 교사들에게 넘겨야만 생존을 보장받을 수 있다고 판단하자 깨끗하게 양보했다. 그때부터 19세나 23세에 산업과 상업, 전문직의 상층부에 들어가는 사람들은 대부분 해당 연령 집단에서 최고 인재였다. 경영진 후보들은 학교에서 치러지는 경쟁 선발을 통해 능력에 따라 뽑혔다. 그렇지만 이런 과도기에 자유 경쟁은 그 정도가 끝이었다. 신입 사원이 공장이나 사무실에 들어오기만 하면 그 순간부터 다른 모든 사람들을 상대로 승진 체계에서 능력을 겨룰 기회를 갖지 못했다. 몇 년 동안 업무를 배우고 나서도 자기보다 훨씬 나이가 많은 사람들을 상대로 공개적인 경쟁을 할 수 없었다. **젊은**junior 사원인 동안에는 헨리 포드나 너필드 경* 같은 능력이 있다고 할지라도 기껏해야 **하급**junior 간부에 만족해야 했다. 대부분의 중요한 직업에서 여전히 연공에 따라 승진이 진행된 탓에 특별히 운이 좋은 경우를 제외하면 최상의 교육을 받은 사람이라도 50세나 60세가 되기 전에 사다리 꼭대기에 올라서는 일은 기대할 수 없었다. 가장 최근인 셋째 단계의 이야기는 연공 원리가 점차 능력 원리에 굴복하고 산업이 학교를 본받는 과정을 보여준다.

---

* 너필드 경(Sir William Morris Nuffield·1877~1963)은 1910년 자동차 회사 모리스를 창립한 사업가이자 박애주의자다 — 옮긴이.

특히 영국에서 나이든 사람들이 그 시절에 얼마나 확고한 기득권 집단이었는지 실감하기란 쉽지 않다. 한때는 연령에 따른 지위가 세습 지위에 연결됐지만, 연령 지위를 불신하기는 어려웠다. 19세기 중반에는 세습 제도를 공공연하게 옹호하는 목소리를 거의 들을 수 없었다. 친족 관계도 이제 더는 남자에게 능력을 부여한다고 여겨지지 않았다. 그렇지만 연령 문제는 달랐다. 나이든 사람의 권리는 워낙 많은 사람들이 당연시하기 때문에 공개적으로 환호할 필요조차 없었다. 나이는 나이 자체만으로 존중을 받았으며, 말로는 능력에 따른 승진을 옹호하면서 행동으로는 연령에 따른 승진을 옹호하는 태도는 모순이었지만, 이런 딜레마의 존재를 인정할 필요도 없었다. 사람들은 순전히 연륜의 산물로 여겨지는 '경험'의 가치를 엄청나게 과대평가함으로써 이런 딜레마가 제대로 제기되기도 전에 해결해버렸다. 경험에는 신비로운 측면이 있었다. "아, 그래요. 그렇지만 그 사람이 경험은 더 많잖아요." 사람들이 이렇게 말하면, 그 말에 더는 토를 달 수 없었다. 사회가 자라나는 바탕이 된 귀족을 향한 존경이 그러하듯이 나이를 향한 존경도 사회의 규칙이 됐다.

연장자 우선주의. 학교만큼 연장자 우선주의의 영향력이 큰 곳은 없다. 학교는 자기들하고 근본적으로 대립되는 연장자 우선주의의 원리를 지지함으로써 학교 제도에 부여된 진보적 구실을 약화시켰다. 규율부원은 예전 명문 사립 학교를 상징하는 가장 뚜렷한 특징의 하나였다. 이 규율부원들은 하급생들을 일상적으로 규제하는 상급생들로, 몇몇 하급생을 '심부름꾼'으로 뽑아서 하인처럼 부렸다. 규율의 유지는 주로 규율부원의 책임이었고, 규율부원은 마음에 들지 않는 하급생을 때려서 복종시킬 수 있는 권한이 있었다. 유감스러운 일이지만, 규율부 제도는 그래머스쿨에도 도입됐다. 그리하여 하급생이 항상 상급생에게 갖는 관심은 경외심으로 바뀌었고, 이런 경외심은 종종 평생 지속됐다. 상급생은 자기에게 위협이 되지 않는 한 하급생이 권한을 가질 수 있게 허용함으로써 자기의 권력이 나중에도 도전받는 일이 없도록 확실히 해뒀다. 규율부 폐지는 '진보적인' 남녀 공학에서 시작돼 나중에는 전통적인 학교들까지 확산된 중요한 개혁이었다.

개별적으로는 미미하지만 한데 결합돼 새로운 정신을 창조한 그 미묘한 변화들을 일일이 추적하기에는 지면이 부족하다. 내가 할 수 있는 일은 결국 노인 정치가 감당하기에는 너무도 강하던 몇몇 대항 세력을 정확히 설명하는 정도뿐이다. 각 대항 세력을 간략하게 살펴보자.

1. 젊은이들에게서 나온 압력. 젊은이들이 스스로 자신감을 키우지 않는 한 어떤 확고한 진보도 달성될 수 없었다. 젊은이들이 연장자의 지배를 받아들이는 한 권력의 분배에 변화가 일어날 희망은 없었다. 마치 하층 계급이 세습 제도에서 상층 계급의 우위를 인정하는 동안은 변화의 희망이 전혀 없었듯이. 먼저 상속권의 정당성에 의문을 제기한 행동하고 마찬가지로 연장자가 권력을 가질 권리에 관해서도 같은 이유로 격렬하게 의문을 제기해야 했다. 다른 나라를 상대로 경쟁하는 발전 중인 산업 국가에는 이제 2류 지도자가 필요 없다는 단순한 이유 때문에 상속권은 비난받았다. 경제의 요구가 사회를 개조한 격이다. 이런 캠페인은 한 번의 승리로 끝나지 않고 연장자 집단에게 화살이 돌아갔다. 새로운 세대의 성원들이 연장자들에 반기를 들었다. 혈기왕성한 젊은이들은 미래의 이익을 위해 나이의 편을 드는 대신 나이의 권리에 반대했다. 몇몇은 기성 질서의 파괴를 부르짖었고, 몇몇은 건설적으로 자기들의 진전을 가로막는 장애물을 치우려 노력했다. 가장 반항적인 이들은 노인들 스스로 인생이 끝나기 전에 권력을 내놓아야 할 때 사회가 가장 빠르게 진보할 수 있다는 사실을 본능적으로 알았다. 모든 사회 혁명의 본질은 한 세대에서 다음 세대로 조기에 권한을 이양하는 변화이기 때문이다. 그리

고 누구보다 현명한 이들은 가장 확실한 진보란 기성 질서에 맞서 무기를 드는 식이 아니라 생쥐처럼 서서히 토대를 갉아서 허물어트리는 방식으로 일어난다는 사실을 알았다. 최선의 방책은 연장자 계급 전체를 비판하기보다는 개별 연장자들의 가치를 경험적인 방식으로 비판하는 방식이었다.

젊은이들은 사적 관행에 반대하는 데서도 그만큼 성공을 거뒀다. 자기들을 뒷받침하는 공적 문화의 자원이 있기 때문이었다. 젊은이들은 재능을 근거로 보면 대체로 자기가 받는 정도보다 더 많은 승진 자격이 있다고 선언했다. 그 말은 옳았다. 급변하는 사회일수록 젊은이가 늙은이보다 더 유리하다. 늙은이가 배운 내용을 잊어버리거나 두 번 세 번 거듭 배우는 쪽보다는 젊은이가 처음 배우는 편이 더 쉽다. 설상가상으로 늙은이는 젊은 시절을 그리는 향수 때문에 배우려고 시도조차 하지 않는다. 학교가 사회보다 훨씬 빠르게 발전할 때는 더더욱 그렇다. 어린이들은 (특히 교사들도 젊을 때) 자기 시대의 요구에 맞춰 다른 것을 배울 뿐 아니라 기준이 더 높아지고 교육 기법이 향상된 덕분에 더 많은 것을 배우기도 한다. 오늘날 물리학을 배우는 학생을 섀그가 태어나기도 전인 1980년대에 대학을 다닌 늙은이에 비교해보라. 천지가 개벽한 정도라서 같은 과목을 배운다고 보기도 어렵다. 타고난 능력이 같다고 하면, 그러니까 어느 쪽이 연구소, 이를테면 우생학연구소 본부 같은 곳에서 중요한 자리를 맡아야 하는지는 의문의 여지가 없다. 좀 전에 '타고난 능력이 같다고 하면'이라고 했는데, 물론 이 말 자체도 타당해 보이지 않는다. 고등 교육의 내용이 향상되고 있으며, 고등 교육의 혜택을 받는 학생을 선발하는 방법 또한 최소한 그만큼 빠르게 개선되고 있기 때문이다. 엘리트 집단을 10년 단위 연령으로 나눠 보면, 최근까지 각 연령 집단은 앞선 집단에 견줘 타고난 역량이 더 좋았다. 2000년도 대학 졸업생은 1990년도 졸업생보다 더 재능이 있을 뿐 아니라 교육도 잘 받았고, 2010년도 졸업생은 2000년도 졸업생보다 더 나았다. 2020년도 졸업생이 2010년도 졸업생보다 아주 조금 우월할 뿐이라는 사실이 드러난 일은 현재 벌어지는 혼란을 야기한 충격적인 요인의 하나다.

2. **나이든 사람들의 지지**. 젊은이와 늙은이를 구분하는 어떤 명확한 선은 없었다. 구분선은 언제나 흐릿했다. 몇몇 느긋한 젊은이들은 또래들을 상대로 경쟁하려는 의욕이 없이 조용한 삶을 살기 위해 연령 계층화를 기꺼이 받아들였다. 다른 한편, 몇몇 나이든 사람들은 '자기 연령 집단의 배신자'였다. 연공제를 준수하는 관행은 나이든 사람 대부분의 이익에 부합하기

는 해도 전체의 이익에 꼭 들어맞지는 않았다.

거의 모든 비육체 직종은 연령에 따라 등급이 매겨졌다. 이를테면 은행원은 말단에서 시작해서 몇 년마다 연봉과 직급이 오르고, 결국 과장이나 지점장까지 올라갔다. 그렇지만 40세에 실직을 하면, 그러니까 자기 잘못이 아니라 혹시나 사무자동화* 때문에 일자리를 잃으면 어떻게 해야 했을까? 노동당이 처음으로 국민연금법을 제정한 뒤에는 최소한 자기 연금을 받을 수는 있었다. 그렇지만 지위는 유지할 수 없었다. 다른 은행이나 아예 다른 직장에 취직하려 했으면, 승진 서열 중어디에 들어가게 됐을까? 다시 처음부터 시작하면 20년 동안받은 모든 인상분을 상실하게 된다. 40세인 다른 사람들하고똑같은 직급에 들어가면 35세인 다른 기성 직원이 탐내는 자리를 차지하게 된다. 이런 상황은 승진 문턱에 있는 모든 젊은이가 반대하면서 배제됐다. 나이든 사람들은 자기를 보호하기위해 연공제를 고집한 탓에 젊은이들이 느리기는 해도 꾸준히승진할 미래를 기대하면서 바로 그 연공제 원리를 내세울 때고개를 돌릴 수 없었다. 그 결과로 나이든 사람들은 한 직장에

* 폭넓은 지배력을 지닌 대기업은 더 큰 안정성을 제공할 수 있었는데, 바로 이 점 때문에 많은 젊은이들이 대기업으로 끌리고 경제에서 상대적으로 대규모 단위가 성장했다.

계속 남아 있는 경우에만 안정을 누렸다. 중년 직원들은 해고를 당할지 모른다는 공포 때문에 만사에 신중할 수밖에 없었고, 그런 이유 탓에 많은 회사가 침체에 빠졌다. 나이든 이들은 '40세는 너무 늙었다'는 외침에 겁에 질렸는데, 워낙 훌륭한 인재라서 나이가 장벽이 되지 않는 이들을 제외하고는 모든 사람이 이 격언을 두려워했다.

일단 승진 사다리에서 자리를 잃고 나면 어떤 직업을 갖든 간에 직급 강등을 받아들여야 하던 중년들은 이따금 자기처럼 지위가 낮은 젊은 동료들만큼이나 능력에 따른 승진에 민감했다. 젊은이들에게는 유용한 동맹 관계였다. 더 힘이 강한 또 다른 동맹 세력은 은퇴자들이었다. 고정된 시기에 조기에 은퇴하는 현상은 연공제가 낳은 결과였다. 일반적인 은퇴 연령은 한때 65세였다. 사장이 아무리 유능하고 계속 일을 하고 싶어하더라도 그런 바람을 가로막는 압력이 대단했다. 사장이 몇 년 뒤로 은퇴를 미루면 그 밑에 있는 승진 과정 전체가 멈춰 서기 때문이었다. 60세의 부사장은 승진을 위해 2년을 더 기다려야 했고, 55세의 전무, 50세의 상무, 그리고 죽 내려가서 이제 막 대학을 졸업한 30세 청년 사원도 마찬가지였다. '노인네'가 일을 그만두고 정원 가꾸기나 시작하기를 모두 기다리고 있었다. 사장 자리에 오르기를 기다리느라 진이 빠지지 않기만을 기대했다. 따라서 모든 연령 계급은 게임의 규칙이 지켜지도록 보장하기 위해 최상층부에 대항해서 단결했다. 능력주의가 완전히 확립되기 전에는 사회 안정을 위해 세습 질서의 대체물로서 연령 계층화가 필요하기도 했다. 그렇지만 그 대가가 무척 컸다. 매년 수십만 명의 나이든 사람들이 승진 제도의 경직성 때문에 은퇴를 강요당하고 자존감까지 박탈당했다. 그중 일부는 고용주에게 부담이 되기보다는 오히려 커다란 자산인데도 어쩔 수 없이 밀려났다. 오직 능력을 바탕으로 그 자리를 차지한 사람일 뿐이라고 생각하는 이들은 당연히 젊은이들을 편들었다. 능력주의로 규칙이 바뀐다면, 젊은 이들은 더욱 빨리 승진을 하게 되리라고 기대한 때문이었다.

수명을 끝까지 사는 나이든 사람의 수가 늘어나고 수명 자체도 길어지자 능력을 무시한 결과가 점점 심각한 문제가 됐다. 나이든 사람들은 노동과 지능의 거대한 저장고일 뿐 아니라 집단의 규모도 커졌다. 결국 영국은 시대에 걸맞게 은퇴 규정을 바꾼 다른 산업 사회들의 사례를 따를 수밖에 없었다. 그렇지만 은퇴 연령을 70세로 늦출 때 정치적 파급력이 워낙 크기 때문에 80세로 늦출 때까지 20년을 기다려야 했고, 또한 고정된 은퇴 연령을 아예 폐지하는 동안 다시 20년을 기다려야 했다. 은퇴 연령을 높이자 새로운 원리가 빠르게 확산됐다.

대기 줄에서 기다리던 모든 사람의 승진 전망이 갑자기 어두워지면서 연공제의 호소력이 사라진 때문이었다. 이제 사람들은 능력을 더욱 신뢰하게 됐다. 은퇴가 연기된 나이든 사람들은 대개 계속 지도자로 남아 있을 수 없었다. 오늘날 55세 이상인 사람 중에서 능력주의 체제의 정규 구성원은 거의 없다. 나이든 사람들은 (앞선 세대의 육체노동자처럼) 학교를 갓 졸업한 신입 사원에 견줘 볼 때 상대적으로나 절대적으로나 역량이 감소한 탓에 지위 강등을 받아들여야 했다. 전무로 일하던 사람은 자기 회사가 아니라면 다른 회사에서 사무실 수리공으로 변신해야 했고, 교수는 도서관 조수가 돼야 했다. 판사가 택시 운전사로 전업하고, 주교가 보좌 사제로 다시 일을 시작하고, 출판사 사장이 작가로 나서는 사례가 있었다. 나이든 사람은 신뢰를 중요시하는 직업에서 돋보인다. 은퇴자가 재취업을 하는 일이 많아지자 권위와 연령이 분리된다는 점에서 큰 성과가 있었다. 이런 변화가 없었더라면, 젊은이들은 자기하고 같은 사회 계급에 속한 나이든 이들에게 지시를 내리는 데 불편을 느끼게 된다. 재취업한 사람은 자기보다 젊은 상관에게 분한 감정을 거의 나타내지 않았고, 일을 할 수 있다는 사실 자체에 감지덕지한 덕에 젊은 상관은 금세 소심함을 떨쳐버렸고, 또한 능력에 걸맞게 자신 있게 지시를 내렸다.

3. 능력 평가의 향상. 심적 분위기에 변화를 가져온 가장 큰 요인은 아마 능력이 점점 측정 가능하게 된 사실일 듯하다. 예전에는 실제로 관련성이 없더라도 연공서열이 객관적 기준으로서 확실한 우위를 누린 반면 능력은 실제로 관련성이 있어도 여전히 주관적인 요소에 머물렀다. 사실 오랫동안 '능력'은 정실주의의 허울 좋은 가면에 지나지 않았다. 기업 창업자들은 친척과 친구들의 승진을 보장하면서 마치 능력에 따라 정당하게 승진시키는 양 자기 자신과 남들의 눈을 속였다. 그렇지만 자기 자신은 속일 수 있어도 남들은 그렇게 쉽게 속아 넘어가지 않았다. 특히 노동조합은 설립자 자신이 심판관과 심리학자 노릇을 할 때 '능력'에 따른 선발이 함정투성이라는 것을 너무도 잘 알았고, 외부인이 승진 대열에 끼어들면 공정하지 않은 뭔가가 작용한 듯하다고 정당하게 의심할 수 있었다. 따라서 노동조합은 적어도 비열한 정실주의보다는 나은 연공제를 지지했다. 세상은 이런 특정한 공정성 개념에 따라 정의가 승리하는지 아니면 패배하는지를 볼 수 있었다. 어떤 사다리든 간에 30세인 사람이 40세인 사람보다 높은 지위에 있으면 (또는 10년 경력자가 20년 경력자보다 우대를 받으면) 누구든지 정의가 실현되고 있지 않다고 생각할 수 있었다.

이런 악순환, 곧 능력의 모호한 성격 때문에 능력에 반대하는 악순환이 깨진 때는 학교에서 사용하는 선발 방법이 경제 분야에서도 변형돼 활용되기 시작한 무렵이었다. 지능 검사와 적성 검사는 객관적이었고, 이전에 사용된 형태의 시험보다 신뢰성이 월등하게 높았다. 지금까지 살펴본 대로 첫째 단계는 검사에서 받은 성적 수준에 따라 (검사 결과에 상관관계가 있는 교육 수준까지 함께 고려해서) 산업계에 들어가는 수준을 결정하는 과정이었다. 일단 사람들이 마음의 준비가 되자 지능 검사의 영향력이 확대돼 점수에 따라 선발뿐 아니라 승진까지 좌우되는 데는 오랜 시간이 걸리지 않았다. 우선 고용주들은 지원자를 사내 검사실로 보내야 했다. 그렇지만 그때는 노사 관계에서 의심이 워낙 큰 탓에 고용주가 책임지고 진행한다는 이유만으로 검사의 공평성이 불신을 받았다. 정부가 산업계에 제공하는 공공 서비스의 하나로 성인교육지역센터와 지역 문화센터 연결망을 마련하는 한편, 신랄한 논쟁이 오래 이어진 끝에 고용주들이 학교뿐 아니라 이 센터들에서도 지능 검사 결과를 받을 수 있게 하자 분위기가 한결 부드러워졌다. 오늘날 고용주들은 지역 센터에서 5년마다 진행되는 지능 검사 재평가에 직원들만큼이나 면밀한 관심을 보이며, 많은 고용주가 공장 표창일마다 감사의 뜻을 전한다.

그러나 지역 센터가 하지 못하는 일이 한 가지 있었다. 지역

센터는 직원이 업무 과정에 투입하는 노력으로 표현되는 인성은 측정하지 못했다. 지능과 노력이 합쳐져서 능력이 된다(지능+노력=능력). 게으른 천재는 천재가 아니다. 바로 여기서 고용주들은 진보의 대의에 나름대로 기여했다. 프레더릭 테일러Frederick Winslow Taylor와 길브레스 부부,* 베도**가 개척한 '과학적 관리scientific management'는 현대적인 시간–동작 연구로 이어졌고, 이 연구는 다시 노력의 측정으로 연결됐다. 작업 측정 기술은 점점 과학이 되고 있으며, 그 결과로 점점 더 정확하게 임금을 산정하면서 임금과 노력을 관련지을 수 있게 됐다. 이 문제는 다음 장에서 다시 논의할 생각이다. 로스킬 박사***는 작업 연구의 원리가 정신 과정에 적용될 수 있는 방식을 보여줘 커다란 공헌을 했다. 그 뒤 고용주는 지역 센터에서 작성된 지능 검사 점수뿐 아니라 로스킬 도표까지 갖게 됐고, 만약 그런데도 잘못된 선택을 하면 고용주도 재검사를 받을 때라는 의

---

* 원문은 'Galbraiths'이지만, 테일러가 한 작업 시간 연구를 바탕으로 삼아 동작 연구를 창안한 미국의 능률 기사 프랭크 길브레스(Frank Gilbreth·1868~1924)와 동작 연구에 응용심리학을 적용한 심리학자 겸 산업 기사 릴리언 몰러 길브레스(1878~1972) 부부의 오기로 보인다 — 옮긴이.

** 베도(Charles Bedaux·1886~1944)는 과학적 관리에서 작업량 측정을 개발하고 실행해 부를 축적한 미국의 경영 컨설턴트다 — 옮긴이.

*** 로스킬 박사(Dr. Roskill)는 가공의 인물로 보인다 — 옮긴이.

미였다. 노동조합이 경영진의 점수를 볼 수 있는 권리는 신규 검사가 필요하면 싫든 좋든 간에 반드시 검사가 시행된다는 점을 보증하는 장치의 하나다.

4. 요약

이런 단계에 따라 산업에서 낡은 경직성이 제거됐다. 지적인 여론 전반이 섬나라 영국에 거주하는 사람들뿐 아니라 인류 전체를 위해서도 효율성을 **높여야 한다**고 인식하게 되자 젊은이들의 주장을 무시할 수 없었다. 따라서 무엇보다도 먼저 젊은이들에게 기회를 줘야만 했다. 전쟁이 일어날 때마다 이런 사실이 여실히 드러났다. 젊은이들은 '고급 장교'와 '정치인'들이 시대에 뒤처졌다고 비난하면서 서투른 고급 장교와 정치인들이 적을 코앞까지 끌어들일 테기 때문에 그런 사태를 막기 위해 앞으로 나아갔다. 국제 경쟁은 평화로울 때에도 유효했다. 하위 연령 집단이나 열등한 사회 계급 속에 묶여 있던 타고난 능력은 언제나 강력한 동맹자를 하나 발견했다. 영리한 외국인이 바로 그 동맹자였다.

언제나 그렇듯, 변화는 또한 저항을 낳았다. 과거에 벌어진 저항은 젊은이들의 항의였다. 기성세대가 강요하는 인습과 제한에 반기를 들면서 젊은이들은 마침내 새로운 세계를 만들었다. 젊은이가 지도자가 되면 늙은이는 지도를 받지만, 나이든 사람들이 모두 열등한 지위를 순순히 받아들이지는 않았다. 이따금 젊은이에게 추월당하고 일터에서 낙담한 나이든 사람은 자기 후계자가 아니라 자기 자신에게 모멸감을 느끼게 만든 사회 질서에 비난의 화살을 돌린다. 100년 전 젊은이처럼 호기롭게 반란을 벌이지는 않지만(이국풍의 달라붙는 바지, 치렁치렁한 코트, 몇몇 노인들이 과시하는 턱수염은 약간 애처롭다), 똑같은 원천에서 나오는 동일한 종류의 불만을 품고 있다. 개혁가들이 지지를 받는 요소를 먼 곳에서 찾을 필요는 없다. 사회학의 관점에서 판단할 때, 집회에 참석한 노인들하고 연단에 선 발랄한 젊은 여자들이 그렇게 사이가 나쁜 듯 보이지는 않기 때문이다.

—

이제 이 책의 전반부가 마무리됐는데, 기회를 균등하게 만들기 위한 수단들에 관한 간략한 설명도 끝났다. 한 세기에 걸쳐 일어난 진보를 겨우 몇 페이지로 압축해야 하는 통에 이 지적 르네상스에서 개인들에 관한 부분을 공정하게 다루지 못한 한계는 잘 안다. 지나치게 엄격한 사회학적 분석을 하다 보면, 마치 아침에 출발한 로켓이 달에 도착하는 일처럼 필연적으로 역사가 현재의 결론으로 이어졌다고 말할 수 있다. 그렇지만 그렇게 본다면 대단히 잘못된 시각이다. 역사에서 기계적으로 진행되는 일은 하나도 없다. 어리석음을 격파한 주역은 사회학이 아니라 고귀한 양심과 높은 지능을 결합한 영웅들이다. 시드니와 비어트리스 웹 부부, 버나드 쇼를 생각해보라. 현대의 보수당은 여전히 싸움을 계속하고 있다. 포스터, 피셔, 램지 맥도널드,* 버틀러, 와이어트, 크로슬랜드, 헤일섬, 테일러, 도브슨, 클로슨 등을 생각해보라.** 그 사람들이 추구한 대의는 우리의 대의였다. 포퓰리스트 그룹이 최근에 종교를 버리면서 한 일이 있다면, 이 위대한 남녀들의 후손이라고 주장할 권리를 앗아간 사건이다. 기술자당은 위대함을 상징하는 외투를 보수당에 넘겨줬다.

지난 세기의 위대한 정치 이론가들은 오래된 가치를 새로

---

* 맥도널드(Ramsay Macdonald·1866~1937)는 영국 최초로 노동당 출신 총리가 된 정치인이다. 1924년과 1929~1931년에 총리로 재임했다 — 옮긴이.

** 성만 밝힌 사람은 모두 가공의 인물로 보인다 — 옮긴이.

운 상황에 비춰 재해석함으로써, 이를테면 1944년 이후의 교육 제도를 평등이라는 이름으로 환영함으로써 당대의 정신적 풍토를 바꿨다. 이론가들은 특유의 경험적인 방식으로 상식적인 경쟁의 세계에서 우리 나라가 직면한 상식적인 곤경에 호소했다. 이 이론가들을 지지한 집단은 행정가들이었다. 행정가들은 심리학자들을 불러내어 대중의 공격에 맞서서 이론가들을 보호했다. 그리고 그래머스쿨을 엘리트 훈련장으로 만들었다. 행정가들은 재무부를 맹공격해서 경제에 관한 새로운 견해를 받아들이게 만들었다. 교육 분야 지출이 결국 국민 생산을 늘리는 동시에 국가의 과세 역량을 높이는 유일한 방법이라는 견해였다. 또한 행정가들은 갖가지 방편을 활용하면서 명문 사립 학교의 고약한 반계몽주의를 극복했으며, 마침내 다른 종류의 그래머스쿨을 파트너로 삼아 통합을 진척시켰다. 행정가들은 나이든 이들을 왕좌에서 끌어내리고 젊은 이들을 산업의 군주로 만들었다. 모두 칭찬할 만한 이들이다.

—

그렇지만 나는 유명 인사들을 기리기보다는 동료 지식인들에게 경고를 하려고 이 책을 쓴다. 서두에서 그렇게 말했고, 이제 다시 말하건대, 우리가 만약 반대편을 경멸한다면 우리 자신이 우리 학문을 할 자격이 없다는 사실을 보여주는 셈이 된다. 반대편에 선 개개인의 면면을 보면 특별히 뛰어난 사람이 거의 없다는 데는 나도 동의한다. 그렇지만 하나의 대중으로서 그 사람들은 만만치 않으며, 대중의 전진하는 움직임에 따라 **우리가** 창조한 사회가 **그 사람들의** 힘을 나날이 새롭게 하기 때문에 더더욱 그러하다. 나중에 이 문제를 좀더 명확히 밝혀볼 생각이다. 현대 영국에서 하층 계급은 누구인가? 우리는 두 가지 주요한 집단을 구별할 수 있다.

(1) 다수인 2세대 하층 계급. 이 집단은 교육의 사다리를 통해 신분이 상승한 영리한 어린이를 제외한 하층 계급 부모의 모든 자녀로 구성된다.

(2) 소수인 1세대 하층 계급. 이 집단은 상층 계급 부모의 우둔한 자녀들이다. 학교에서 발견돼 열등한 역량에 맞는 사회 계급으로 강등된 이들이다.

이 책 2부에서 수적으로 압도적으로 많은 첫째 집단을 다시 다룰 예정이다. 2부에서는 사회에서 전반적으로 갖는 지위에 비춰 볼 때, 프롤레타리아로 태어난 이 사람들 중에서 일부라도 불만을 품게 되리라고 예상할 수 있는 이유를 보여주는 어려운 과제를 시도하려 하기 때문이다. 지금 당장은 내가 이 야기하는 논점을 최대한 효과적으로 제시하기 위해 둘째 집 단, 곧 영리한 부모 밑에서 태어난 우둔한 사람들이 느끼는 분 한 감정에 관심을 기울이는 비교적 쉬운 과제를 수행하는 데 그치려 한다.

과거를 꼼꼼하게 추적하는 연구(요크 대학교*는 이런 연 구를 수행한 끝에 받아 마땅한 명성을 누리고 있다) 덕분에 1980년대 이전에는 '하향 이동'이 흔한 일이 아니라는 사실 이 적어도 상당히 개연성이 있어 보이게 됐다. 둔한 아이를 가 진 상층 계급 부모는 이런 단점을 감추기 위해 갖은 노력을 다 했다. 그런 부모는 자녀가 의지가 없으면 자기들이 광적일 정 도로 결단력을 발휘해 아이의 부족한 의지를 메웠다. 이를테 면 부모는 자녀의 능력으로는 결코 들어갈 수 없는 사립 학교 의 책상을 돈으로 샀다. 부모는 자녀에게 자극을 주기 위해 다

---

* 요크 대학교는 1963년에 개교한 만큼 이 서술은 지은이가 꾸며낸 내용이다. 2차 대전 이 후 공립 대학을 늘리는 흐름 속에 1960년대에 요크 대학교를 비롯한 8개 대학이 개교하거 나 종합 대학으로 승격했다. 이 대학들은 옥스퍼드나 케임브리지 같은 유서 깊은 '붉은 벽 돌' 대학하고 구별하느라 '판유리 대학(plate glass university)' 또는 '신대학(new university)' 으로 불렸다 — 옮긴이.

른 부자들보다 훨씬 많은 돈을 책과 여행에 쏟아부었다. 그리고 으레 그러하듯 가정과 학교가 힘을 합쳐 압력을 가해서 겉으로는 크게 둔해 보이지 않는 사람을 만들어내면, 부모는 사랑하는 아이를 법조계나 주식 중개업처럼 비교적 힘들지 않은 전문직의 안락한 귀퉁이로 천천히 밀어넣었다. 이런 반사회적 부모들은 오래된 전문직을, 그리고 또한 이런저런 이유로 규모는 작아도 사실상의 독점을 누리는 가족 기업을 계속 장악할 수 있었다. 오래된 상층 계급이 거의 **모든** 자녀에게 일자리를 찾아준 한편, 특히 과학기술 분야에서 새롭게 생겨나는 전문직 일자리는 대부분 하층 계급 출신 수습생에게 돌아갔다. 오래된 상층 계급은 절대적인 의미에서는 거의 약화되지 않았고, 경제에서 화이트칼라 일자리의 비중이 빠르게 커지는 시기에 상대적으로 지배권을 잃는 데 그쳤다.

1980년대부터 상황이 빠르게 바뀌기 시작했다. 결정적인 혁신은 산업에서, 그리고 마침내 전문직에서도 능력을 인정하게 된 변화라고 생각한다. 둔한 아이가 영리한 아이 행세를 하는 일이 점점 어려워졌다. 선발위원회를 통과하기가 갈수록 어려워졌고, 간신히 통과하더라도 인사과의 업무 역량이 크게 강화되면서 점점 더 어려워지는 기업 업무를 수행할 능력이 부족하다는 현실을 들키는 일이 잦았다. 명문 사립 학교가 개혁된 뒤, 둔한 아이는 또한 막대한 비용을 들여서 과외 교사를 고용하지 않는 한 일류 교육을 받을 기회가 없었다. 멍청한 아이들은 여전히 이류 사립 학교에 들어갈 수 있었지만(부모 재력이 충분하기만 하면 지금도 들어갈 수 있다), 이류 교육을 하는 학교가 무슨 소용이 있었을까?

빠져나갈 구멍이 막히자 사람들이 짜증을 냈지만, 성인교육지역센터가 잘 드러나지 않은 분야에서 훌륭한 작업을 이어가 문제를 해결했다. 위원들은 많은 부모를 설득했다. 머리 나쁜 자녀를 정말 사랑한다면 아이큐가 90인 아이를 110인 양 자기 자신과 다른 사람들에게 거짓말을 해서 자녀들의 삶을 혼란스럽게 만들면 안 된다고 말했다. 나는 부모의 의무라는 현대적 통념이 어디에서나 통용된다고 주장하지는 않지만, 또한 나이든 세대를 지나치게 걱정할 필요는 없다고 주장할 생각이다. 미운 오리 새끼 같은 머리 나쁜 자식들만 한가득 있는 머리 좋은 부모는 극소수다. 젊은 세대일수록 제대로 대응하지 못했다. 무슨 말인가 하면, 잇따른 시험에서 차마 눈뜨고 볼 수 없는 점수를 받고 나면 이제 아이들은 자기를 속일 수 없었다. 이 아이들은 가장 존경받는 가정에서 자랐고, 갓난아이 때부터 지역 사회가 부모에게 보여주는 존경을 함께 누린다. 아이들은 또한 자기 수준에 맞는 육체노동 직종에 들어가면 다시는 누리지 못할 생활 수준에 익숙해진 상태다. 으리으리한 텔레비전 장식장이 거실 한가운데에 자리하고 맞춤형 음식과 벽난로를 갖춘 집에서 자란 이 불쌍한 아이는 난방 장치는 있지만 벽난로는 없고, 텔레비전 장식장 대신 3차원 녹음기가 있고, 맞춤형 음식 대신 인스턴트식품을 먹어야 하는 일반 임대 주택의 삶에 적응하기 어려울지 모른다. 어쩌면 이 아이는 여생 동안 과거를 회고하며 살 수도 있다. 과학적인 채용 선발은 많은 성과를 낳았지만, 과거를 그리는 향수 때문에 생기는 우울감을 전부 해결하지는 못했다. 물론 이런 일이 생기지 않을지도 모른다. 사실을 말하자면, 우리는 계급적으로 몰락한 이 사람이 얼마나 분한 감정을 느낄지 확실히 알 수 없다. 머리가 나쁘기 때문에 조리 있게 말하지 못하며, 조리 있게 말하지 못하기 때문에 자기 감정을 명쾌하게 설명하지 못한다. 이런 사람들을 전문으로 연구하는 몇몇 심리학자들은 그런 이들이 고통을 받기는 하지만 지적 한계 때문에 사실을 제대로 말하지 못한다는 이론을 내놓고 있다. 아주 그럴듯한 이론이다. 확실히 하향 이동한 사람들은 피해자를 자처하면서 사회를 향해 조직적인 공격을 가하지 못하고 있다. 50년 동안 그중 일부가 자기들 스스로 제공할 수 없는 지도부를 찾으려고 부글부글 끓어오른 게 아닐까?

MERITOCRACY

2부

하층
계급의
쇠퇴

5장

노동자의
지위

1. 평등의 황금기

이 책 전반부에서는 현대의 엘리트들이 어떤 수단을 거쳐 확립됐고 그 결과가 얼마나 화려한지를 살펴봤다. 이제는 뛰어난 개인만이 빛을 발하지는 않는다. 세계는 사상 처음으로 뛰어난 계급이라는 장관을 목도하고 있다. 전체 국민의 5퍼센트인 이 계급은 5퍼센트가 무엇을 의미하는지를 안다. 모든 성원은 자기 분야에서 믿음직스러운 전문가다. 우리의 지식은 점점 빠른 속도로 발전하면서 세대를 이어 누적되고 있다. 겨우 100년 사이에 우리는 플라톤과 에라스무스, 버나드 쇼의 이상을 단번에 실현하는 순간을 코앞에 두고 있다. 그렇지만 만약 사회학이 어떤 가르침을 준다면, 어느 사회도 완벽한 안정을 유지하지는 못한다는 사실이다. 긴장과 갈등은 언제나 존재한다. 이 책 전반부에서 나는 능력주의가 부상하면서 나타난 몇 가지 긴장, 곧 가족과 공동체, 교육 구조의 상이한 부분, 젊은이와 나이든 사람, 몰락한 상층 계급과 다른 프롤레타리아트 성원 사이의 긴장을 언급했다. 이제 후반부에서는 같은 관점에서 진보가 하층 계급에게, 그리고 앞서 말한 대로, 특히 하층 계급에서 태어난 이들에게 가져온 결과를 검토하려고 한다.

여기서 나는 역사적인 분석 방법을 구사하면서 다시 한 번 100년 전과 현재를 비교해볼 생각이다. 테일러는 이 시기를 평등의 황금기라고 부른 적이 있다.[*] 그 시기에 일종의 평등주의가 번성한 이유는 권력을 정당화하는 두 가지 모순되는 원리, 그러니까 친족의 원리와 능력의 원리가 지배권을 놓고 다투는 와중에 거의 모든 사람이 내심으로는 두 원리를 모두 신봉한 때문이었다. 모든 사람이 자기 아들 뒤를 밀어주고 아버지를 존경하는 인생이 당연하다고 생각했으며, 능력을 찾아내고 업적을 존중하는 방식이 지당한 처사라고 여겼다. 사회만큼이나 개인들도 분열됐다. 그 결과 두 원리 중에서 하나만을 방패로 삼아 특권적인 자리에 올라선 사람은 다른 원리의 칼을 휘두르는 이들에게 공격을 받을 수 있었다. 이를테면 지체 높은 집안에서 태어난 사람은 다르게 생각해보면 그런 행운을 누릴 자격이 없다는 이유로 비판을 받았다. 또한 미천한 태생의 사람이 탁월한 업적을 쌓으면 반쯤 사기꾼이라는 비난을 받기도 했다. 이렇듯 변덕스러운 분위기 속에서 권력자들이 끊임없이 자리에서 내려왔다.

많은 사람들이 부모가 가진 부와 영향력 덕분에 갑자기 출

---

[*] F. G. Taylor, *The Role of Egalitarianism in Twentieth-century England*, 2004.

세했다. 가정을 장식하는 문화의 혜택을 입었을 뿐 아니라 가장 좋은 학교와 대학에 진학했으며, 해외여행을 다니고 변호사나 회계사, 의사가 되기 위해 값비싼 훈련을 받기도 했다. 요컨대 오늘날 우리가 자격 있는 사람들을 위해서만 제공하려 하는 온갖 이점을 누렸다. 그렇지만 이런 대우가 도덕규범으로 완전히 승인을 받지는 못한 탓에 관련된 수혜자들은 인생에서 그런 지위를 누리는 상황을 온전히 편안하게 받아들일 수 없었다. 그 사람들은 자기가 공개 경쟁으로 그 자리를 얻지 않은 사실을 알기 때문에 '내가 이 직업에서 최고'라고 자신만만하게 말할 수 없었고, 정직한 사람이라면 십여 명의 부하 직원이 자기만큼 유능하거나 어쩌면 더 뛰어날 수도 있다는 점을 인정해야 했다. 그 사람들은 때때로 지나칠 정도로 뻔뻔스럽게 자신감을 내세우는 식으로 스스로 느끼는 회의감을 부정하려 했지만, 사실에 정면으로 배치되는 탓에 이런 부정을 유지하기가 어려웠다. 상층 계급 사람은 살아가면서 어느 순간에 자기 연대에 속한 일등병이나 자기 집에서 일하는 집사나 '가정부', 택시나 버스 운전사, 기차나 시골 술집에서 마주치는 주름진 얼굴에 날카로운 눈매를 지닌 천한 노동자를 의식하지 않기 위해 둔감해야 했다. 그런 사람들 중에 최소한 자기하고 맞먹는 지능과 재치, 지혜를 가진 이들이 있으며, 마을마다 '이름 없는 주드Jude the Obscure'*가 하나씩은 산다는 사실을 의식하지 않아야 했다. 만약 상층 계급 사람이 그런 사실을 알게 됐다면, 그러니까 자기보다 사회적으로 열등한 이들이 때로는 생물학적으로 자기보다 우월하다는 현실을 인식했다면, 모든 사회 계급에 속하는 엄청나게 다양한 사람들 덕분에 '사람이 사람인 것은 그 모든 것 때문a man's a man for a' that**'이라는 점을 어렴풋하게나마 알게 됐다면, 존중하는 마음으로 그런 사람들을 대하는 식으로 반응하지 않았을까?***

설령 윗사람들이 자기 자신을 속일 수는 있어도 아랫사람을 속일 수는 없었다. 아랫사람들은 상관이 그 자리에 있는 이

---

* 토머스 하디가 쓴 동명 소설에 등장하는 주인공. 가난한 시골 마을에서 태어난 주드는 학자와 성직자의 꿈을 이루기 위해 열심히 공부하지만 인습에 얽매인 대학은 입학을 불허한다 ─ 옮긴이.

** 1795년에 스코틀랜드 국민 시인 로버트 번스가 만든 노래의 제목으로, 평등주의적 사회 관념을 담은 노랫말로 유명하다. 사람의 진정한 가치는 재산이나 계급이 아니라 성격에 있다는 내용이다 ─ 옮긴이.

*** 앞선 시대에 헨리 7세(헨리 8세의 오기로 보인다. 헨리 8세는 1510년, 1514년, 1515년, 1533년 등 재위 중 여러 차례 사치 금지법을 제정했다 ─ 옮긴이)가 영주들하고 하인들이 똑같이 커다란 방에서 식사를 하도록 강제하려고 통과시킨 사치 금지법은 단지 하인들만을 위한 법은 아니었다. 현대에는 학교나 주거, 직장에서 실시하는 사회적 계층 혼합(social mixing)에서 아무 성과도 얻지 못한다. 오늘날 상층 계급은 하층 계급에게서 거의 또는 전혀 배우지 못하기 때문이다.

유가 학식 때문이 아니라 연줄과 부모 덕이라는 사실을 알았고, 더 나아가 제멋대로 과장을 섞어서 비슷한 이유를 들먹이며 모든 상관을 싸잡아 비난했다. 몇몇 재능 있는 사람은 (당대의 소설을 믿을 수 있다면) 골프장은 아니라도 공장에서는 자기가 '꾸준히 노력해서 사회적 지위를 쌓았다'는 점을 드러내려 애를 썼다. 그렇지만 우연히 성공한 경우인지, 아니면 머리가 모자라는데 양심도 없어서 성공한 경우인지 누가 확실히 알 수 있겠는가? 노동자들은 나름대로 의심을 품었다. 권력자들에게 비판을 퍼부은 탓에 유능한 사람들조차 억눌렀다. 비판과 반비판에 헛되이 쏟아부은 에너지가 어마어마했다.

가치관의 충돌이 낳은 훨씬 더 중요한 결과는 노동자들이 아예 사회의 판단과 자기들의 판단을 분리할 수 있었다는 사실이다. 주관적 지위와 객관적 지위가 전혀 다른 일이 다반사였다. 노동자는 자기 자신에게 말했다. "여기 있는 나는 노동자다. 내가 왜 노동자인가? 나는 다른 일에는 적합하지 않은가? 당연히 그렇지 않다. 내가 제대로 기회만 있었다면 세상에 보여줄 수 있었을 텐데. 의사? 양조업자? 장관? 나도 어떤 일이든 할 수 있었을 텐데. 기회가 없었을 뿐이다. 그래서 지금 나는 노동자다. 그렇지만 내가 다른 누구보다도 정말로 무능하다고 생각하면 안 된다. 나는 누구보다 뛰어나다." 불공정한 교육 때문에 사람들은 환상을 유지할 수 있었고, 불균등한 기회 때문에 인간의 평등이라는 신화가 자라났다. 우리는 이 이야기가 신화라는 점을 알지만, 우리 조상들은 알지 못했다.

2. 계급들 사이를 가르는 심연

이렇듯 과거를 환기하면 지금까지 얼마나 거대한 변화가 일어났는지 알 수 있다. 예전에는 어떤 계급도 지능에 관해서는 동질적이지 않았다. 상층 계급의 머리 좋은 사람들은 같은 계급의 머리 나쁜 사람들하고 공통점이 많은 만큼이나 하층 계급의 머리 좋은 사람들하고도 공통점이 많았다. 이제 사람들이 능력에 따라 분류되기 때문에 계급들 사이의 간극은 어쩔 수 없이 더욱 넓어지고 있다. 한편으로 상층 계급은 이제 더는 자기 회의나 자기비판 때문에 약화되지 않는다. 오늘날 지위가 높은 사람들은 성공이란 자기가 지닌 역량과 기울인 노력, 부정할 수 없는 자기의 업적에 뒤따르는 보상일 뿐이라는 사실을 안다. 그런 이들은 상위 계급에 속할 자격이 있다. 또한 자기가 처음부터 큰 인물이 될 자질을 지닌 사람이라는 사실뿐 아니라 타고난 재능 위에 일류 교육까지 받은 사람이라는 사실도 안다. 그 결과 그런 사람들은 우리 기술 문명이 얼마나 복잡한데다가 점점 더 복잡해지는지를 누구보다도 잘 이해할 수 있다. 그 사람들은 과학 교육도 받았는데, 이 지구를 물려받는 사람들은 바로 과학자들이다. 열여섯이나 열일곱 살에 학교를 마치고 허접스런 수준의 과학을 겨우 겉핥기로 배우고 만 사람들과 이런 사람들이 어떻게 공통점이 있겠는가? 풍부하고 더욱 정확한 전혀 다른 언어를 구사하는데, 어떻게 하층 계급 사람들을 만나 서로 대화가 통하겠는가? 오늘날 엘리트들은 드러나는 즉시 시정해야 하는 행정상의 중대한 오류가 아니라면, 사회적으로 열등한 사람들이 다른 면에서도, 곧 21세기의 일관된 가치 체계에서 가장 중요한 자리를 차지하는 지능과 교육이라는 절대적으로 중요한 두 자질에서도 자기들보다 열등하다는 사실을 안다. 따라서 현대 사회에 특유한 문제의 하나는 이런 식이다. 대부분의 온건 개혁가들이 인정하는 대로, 능력주의 체제의 일부 구성원들이 자기 자신의 중요성에 흠뻑 도취된 나머지 자기가 다스리는 사람들에게 공감하는 마음을 잃어버리고, 또한 너무나 분별없이 행동하는 바람에 자질이 부족한 사람들까지 불필요하게 기분을 상하게 만들었다. 학교와 대학은 적절한 겸양 의식을 주입하려 노력하고 있지만(자연이 우주 만물에 가하는 경이로운 현상에 견

주면 현대인이라고 해서 과연 얼마나 중요한 존재인가?), 지금
으로서는 하층 계급을 대상으로 하는 효율적인 홍보 활동이
그만큼 좋지는 않다.

하층 계급이 놓인 상황 또한 다르다. 오늘날 아무리 천한
지위에 있더라도 사람이라면 누구나 자기에게도 모든 기회가
있었다는 사실을 안다. 사람들은 몇 번이고 시험을 거쳤다. 처
음에 몸이 좋지 않아서 실패하더라도 자기 능력을 보여줄 기
회가 두 번, 세 번, 네 번 주어진다. 그렇지만 거듭해서 '열등
생'이라는 낙인이 찍히면 이제 더는 핑계를 대지 못한다. 이런
사람들이 자기에 관해 갖는 이미지는 진실되고 꾸밈없는 거울
상에 가까워진다. 결국 과거처럼 기회를 박탈당한 탓이 아니
라 자기가 **실제로** 열등하기 때문에 열등한 지위를 갖게 된 사
실을 인정할 수밖에 없지 않을까?* 인류 역사상 최초로 이제
열등한 사람은 자존감을 지탱할 버팀목을 모조리 잃어버렸다.
그리하여 현대 심리학은 가장 엄중한 문제를 떠안게 됐다. 자
존심을 상실한 사람들은 (특히 자기 부모보다 열등하고, 그래

---

* 이런 깨달음은 완전히 새롭지는 않다. 내 동료인 팰런 씨는 표면상 익살스런 미국 잡지
를 표방한 《뉴요커》에 1954년 무렵에 실린 옛날 만화를 알려준 적이 있다. 덩치 큰 정신과
의사가 조그마한 환자를 마주보면서 말한다. "당신은 열등감에 빠진 게 아닙니다. 그냥 열
등한 사람이에요."

서 사회적 계층 구조에서 지위가 하락한 경우에) 내적 활력을 잃기 쉽고, 선량한 시민이나 훌륭한 기술자가 되는 길을 너무도 쉽게 포기할 수 있다. 평범한 사람은 자기 치부를 가리느라 부루퉁한 얼굴을 하기 쉽다.

그렇게 열등한 사람의 지위를 떨어트리고 우수한 사람의 지위를 끌어올린 결과는 당연히 사회과학의 관심을 사로잡게 됐다. 우리는 사회과학이 걸어온 길이 언제나 평탄한 양 가장할 수 없다. 제이슨 박사의 '올챙이' 이론은 군더더기를 모두 걷어버리면 모든 올챙이가 더 행복한 이유는 그중 일부만이 개구리가 된다는 사실을 알기 때문이라고 말하는 내용이다. 이 이론은 기껏해야 반쯤 진실이었다. 어린 올챙이들은 더 행복하게 지낼지 모르겠지만, 자기가 절대로 개구리가 되지 못한다는 사실을 아는 많은 나이든 올챙이들은 어땠을까? 이 올챙이들은 박사의 조언을 혼란스럽게 만들 뿐이었다. 제이슨 경 자신이 '개구리'가 된 탓에 연구가 더 꾸준하게 진행됐다.

이런 상황을 구제한 요인은 다섯 가지였다. 첫째는 현대식 중등학교 교육의 밑바탕을 형성하는 철학이다. 현대식 중등학교가 첫발을 내딛는 때, 아무도 하층 계급을 위한 교육 내용을 어떻게 마련할지 전혀 알지 못했다. 아이들은 읽기와 쓰기, 셈하기에 더해 간단한 도구 사용법, 측정기와 마이크로미터를 이용한 측정법을 배웠다. 그렇지만 이런 교육은 교과 과정을 관통하는 이념이 없는 형식적인 뼈대에 지나지 않았다. 학교는 학생에게 몇 가지 기초 기술을 가르치는 일보다 훨씬 더 중요한 기능이 있었다. 학교는 또한 미래의 인생에서 과업을 효과적으로 수행하도록 유도하는 정신적 태도를 주입해야 했다. 하층 계급은 '신화'가 필요했는데, '근육질의 신화'라는 형태로 필요한 내용을 얻었다. 다행스럽게도 하층 계급은 이미 초보적 형태로 이런 신화를 갖고 있었다. 현대식 학교는 이 신화를 (정신적 용맹함하고 구별되는) 신체적 용맹함을 향한 현대적 숭배로 장려할 수 있었다. 영국인의 스포츠 사랑은 전통이었고, 이런 사랑은 하층 계급에서 가장 강했다. 현대식 학교는 과거하고 단절하지 않았으며, 과거를 토대로 만들어지면서 육체적 힘과 신체의 규율, 기민한 손재주를 소중히 여기도록 학생들에게 장려했다. 수공예, 체육, 운동 경기가 교과 과정의 핵심이 됐다. 이런 계몽된 접근법은 두 가지 목적을 동시에 달성했다. 육체노동을 올바로 이해하는 분위기가 조성됐고, 여가가 더욱 즐거워졌다. 둘 중에서 여가를 위한 교육이 더욱 중요했다. 역량이 많은 학생들은 활동적인 운동 경기에 참여하는 훈련을 받아서 학교를 졸업한 뒤에도 계속 경기를 할 수 있다. 절대 다수를 형성하는 다른 학생들은 집에서 밤마다 화면으로 권투와 축구를 비롯한 스포츠를 보면서 그 진가를 제대로 알아볼 기회를 누렸다. 우리 상층 계급이 정신적 업적을 높이 평가하듯이 이 학생들은 신체적 업적을 거의 그만큼 높이 평가한다.

둘째, 성인교육 운동이 한껏 꽃을 피우면서 성인교육지역센터가 유지되고 확대됐을 뿐 아니라 이전에 받은 성적에 상관없이 모든 사람이 5년마다 정기적으로 지능 검사를 받을 수 있게 됐다. 개인이 요청하면 더 자주 지능 검사를 받을 수도 있다. 중년에 지능이 위든 아래든 일정한 방향으로 뚜렷하게 바뀐 사례가 몇 명 있다. 대중적인 신문에 크게 보도가 되자 많은 야심 찬 기술자들이 새롭게 용기를 얻었다. 이제 모든 직장에서 정신과 치료를 무상으로 받을 수 있게 돼서 정서 장애 때문에 잠재력을 실현하지 못하던 많은 사람들이 완전히 치료를 받고 있다.

셋째, 자기 자신은 희망을 포기한 부모조차 자기 지능이 아무리 낮더라도 자녀(또는 손자)는 능력주의 체제에 진입할 기회를 누릴 수 있다는 사실을 알고 위안을 얻는다. 이런 위안은 실제적인 감정이다. 심리학자들은 부모란 자기가 품은 야심이 좌절되더라도 항상 자식을 통해 그런 야심을 실현하려 한다는 사실을 보여줬다. 부모는 자기가 성취하지 못한 목표를 자식이 달성할 수 있다는 생각을 하기만 해도 만족한다. 부모는 말한다. "내가 하는 대로 하지 말고 내가 바라는 대로 해라." 이런 관계는 양적으로 표현할 수도 있다. 유명한 야망 보상 원리에 따르면, 부모가 자기 삶에서 겪는 좌절이 클수록 자녀를 향한 야망은 더욱 커진다. 학생이 돼 처음 치르는 지능 검사에서 낙제한 바로 그 순간부터 어린이들은 언젠가 자기보다 나은 자식을 갖게 되리라면서 위안을 느낄 수 있다. 그리고 교사의 통지서를 보고 자식도 우둔하다는 사실을 분명하게 실감하더라도 여전히 손자가 있다.* 누군가 대신 승리를 거둘 수 있다는 전망이 있는 한 개인적인 실패는 그렇게 고통스럽지 않다. 누구나 학교를 통해 출세할 수 있는 기회만 있다면, 사람들은 불멸을 믿을 수 있다. 다음 세대를 통해 두 번째 기회를 노릴 수 있기 때문이다. 또한 자녀가 많을수록 두 번째 기회도 많아지기 때문에 개혁이 진행된 뒤 지난 세기 후반에 출산율이 높아진 현상도 이해가 된다.

넷째 구제 요인은 하층 계급에게 현재의 지위를 지정해준

---

* 대가족에서 3대에 걸친 야망의 연동 관계는 다음 글에서 흥미롭게 논의된 적이 있다. Michael Young, "The Role of the Extended Family in Channeling Aspirations," *British Journal of Sociology*, March 1967. 얼마나 일찍부터 이런 논의가 나왔는지 주목하라.

우둔함 자체였다. 몇몇 사회학자가 공통으로 저지르는 오류는 하류층 사람들도 자기들하고 같은 역량이 있다고 여기는 생각이다. 신인동형론^{anthropomorphism}하고 비슷한 사고방식이라 할 수 있다. 사회학자들은 적절한 지위가 주어지지 않는다면 당연히 불만을 품는다. 그렇지만 하층 계급은 연구자가 아니라 연구의 대상이다. 정신적 태도 자체가 다르다. 지능이 낮은 사람들은 믿음직한 자질이 있다. 생업에 충실하고, 양심적이며, 가족에게 해야 할 의무를 다한다. 그렇지만 야심이 없고, 순진하며, 현대 사회의 거대한 계획을 명확하게 파악해서 효과적인 항의를 할 능력은 없다. 몇몇은 불만 때문에 얼굴을 찌푸리지만 어떻게 해야 할지 확실히 알지 못하며, 심리학자나 성직자를 찾아간다. 대부분은 불만조차 없다. 자기들이 어떤 일을 당하는지도 모르기 때문이다.

3. 천한 일을 수행하는 공병대

다섯째이자 가장 중요한 구제 요인은 산업에 적용된 과학적 선발 방식이다. 앞 장에서 나는 능력에 따른 승진이 점차 연령에 따른 승진을 대체한 과정(그래머스쿨과 대학의 능력별 반

편성이 결국 직장 생활까지 확대된 과정)을 보여줬다. 이제 현대식 중등학교의 능력별 반 편성 처리를 다뤄보려 한다.

산업계는 그래머스쿨을 그대로 따라한 대로 확실하게 현대식 중등학교도 따라하고 있으며, 그 결과도 그만큼 지대한 영향을 미친다. 출발점은 이번에도 히틀러의 전쟁이다. 전쟁 초기에 신병 배정 방식은 산업 분야들이 그러하듯 거의 무작위로 진행됐다. 몇 차례 재난을 겪은 뒤에야 좀더 합리적인 방식이 채택됐는데, 공식 전쟁사 중 하나에서 사령부 소속 정신의학자가 설명한 내용은 다음 같다.

인력 배치에서 기본 원칙은 어떤 경우에도 자기 능력보다 너무 어렵거나 너무 쉬운 일을 맡겨서는 안 된다는 점이다. 다른 어떤 배치 방법도 능력을 낭비하거나 단위 효율성을 파괴하게 된다.[*]

이 얼마나 현명하고 선견지명이 있는 말인가!

전쟁이 끝날 무렵 이 지침이 준수돼 군에 입대하는 신병은 그 시대의 조잡한 방식으로 가능한 만큼 최대한 정확하게 지

---

[*] F. A. E. Crew, F.R.S., *The Army Medical Services*, H.M.S.O., 1955.

능과 적성이 확인된 뒤에야 병과가 정해졌다. 머리 나쁜 병사들을 한데 모아놓자 인력 활용에서 효율성이 한층 높아졌는데, 민간 산업의 머리 좋은 사람들도 이 교훈을 놓치지 않았다. 광고주들이 광고 카피에 '국가 인정 지능$^{State IQ}$'(얼마 지나지 않아 'SIQ'라는 약칭이 사용됨)을 포함시키기 한참 전의 일이었다. 또한 우생학연구소 본부가 승인받은 조회자에게 지능 증명서를 전신 타자기^{teleprinter}로 제공하기 훨씬 전의 일이다. 1940년대에 진행된 이 실험의 정수는 공병대였다. 벌목병과 제도병으로 구성된 이 필수 부대가 정보대에 들어가는 데 요구되는 지능 기준에 미달하는 병사들만 모아 구성되자 효율이 눈부시게 높아졌다. 이 우둔한 병사들의 사기가 한층 높아졌다. 이제 우수한 사람들을 상대로 경쟁하면서 위축될 필요가 없기 때문이었다. 능력이 비슷한 사람들끼리 모여 있기 때문에 만족감도 높고, 신경 쇠약에 빠지는 사례도 줄었으며, **그리고** 더 열심히 일했다. 기회 자체가 제한되다 보니 다들 동등한 기회를 누렸다. 군은 이미 학교에서 도출된 교훈을 배운 상태였다. 지능이 어느 정도 똑같거나 부족한 사람들끼리 모아놓으면 가르치기도 쉽고 별 문제 없이 잘 지낸다.

1960년대에 접어들면서 바로 이런 교훈이 시민사회에도 깊은 인상을 남겼다. 지능이 높은 사람들은 자기가 생각할 때 심오하고 어려운 문제를 종종 자문했다. "미래의 국가에서는 누가 더러운 일을 하게 될까?" 정답을 아는 사람은 분명 이렇게 말했다. "물론 기계지. 기계가 미래의 로봇이 될 거야." 어느 정도는 훌륭한 답이었지만, 절대 기계가 대신할 수 없는 많은 일자리를 생각하면 기껏해야 부분적인 대답일 뿐이었다. 그리고 지능 검사와 적성 검사, 직업 선택 등에서 새롭게 나타난 혁명적인 발전을 알게 되면서 경영진은 평시에도 상설 공병대를 두는 일이 실제로 가능하다는 사실을 깨달았다. 경영진들은 처음에는 주저하면서 '누가 천한 일을 하게 될까?'라는 오래된 질문에 정답을 제시했다. "그야 물론, 그런 일을 좋아하는 사람이 하지."

일종의 상설 민간 공병대가 필요하다는 점은 쉽게 알 수 있었다. 쓰레기통을 비우고 짐을 들어올리는 일을 잘할 뿐 아니라 그런 일을 좋아하는, 근육은 우람하고 뇌는 작은 남자들(근육은 왜소하고 뇌는 큰 다른 남자들이 선발했다)이 필요했다. 그 남자들은 자기에게 적합하다고 증명된 일이 아니면 어떤 일도 할 필요가 없었다. 자기들보다 쓰레기통을 재빨리 비우거나 설상가상으로 쓰레기통을 전부 쓰레기 하치장으로 옮기는 식(이런 행동은 지적 장애가 아니면 천재라는 확실한 표시다)으로 바보 같다는 자의식을 안겨줄 사람하고 강제로 어울릴 필요도 없었다. 내가 말하는 대로 진보적 경영진은 무척 주저하거나 심지어 약간 부끄러워했다. 올더스 헉슬리의 《멋진 신세계》에 나오는 감마 계급이나 조지 오웰의 《1984》에 등장하는 프롤 계급*을 생각하면, 이런 구상은 쉽게 포기됐다. 경영자들은 이 두 신사가 비판한 지점이 기회 균등이 아니라 길들이기와 선전의 효과라는 점을 알지 못했다. 이런 수단을 통해 지능이 높은 사람들조차 육체노동자의 운명을 받아들일 수밖에 없었다. 우리는 장기적으로 이런 방식이 불가능하며 단기적으로는 터무니없는 낭비와 좌절을 야기한다는 사실을 안다. 좋은 육체노동자란 더 나은 어떤 능력도 없는 사람들이라는 사실을 우리는 안다. 계몽된 현대의 방법은 이런 '멋진 신세계'들하고는 아무런 공통점이 없다. 그렇지만 처음에는 모든 경영자가 사회과학의 초기 발전으로 알게 된 대로 효율을 정의에 일치시키고 질서를 인류애에 그토록 뚜렷하게 일치시키는 과정이야말로 인류 발전의 새로운 단계라는 점을 깨달은 상황은 아니었다.

공병대는 공무원 조직에서 행정 계급에 상응하는 중요한 부분이었고, 역사적 중요성도 그만큼 크다. 정부 공무원 채용

---

* 감마나 프롤('프롤레타리아'의 줄임말)은 모두 하층 노동자 계급이다 — 옮긴이.

에서 공개 경쟁이 성공하면서 가장 책임 있는 자리는 가장 유능한 사람으로 채워야 한다는 원리가 확립됐다. 공병대는 가장 책임이 적은 직종이기 때문에 가장 무능한 사람들로 채워져야 했다. 다시 말해, 교육이 그러하듯 사회의 권력과 책임 또한 능력에 따라 분배돼야 했다. 공무원 조직은 한결 쉽게 승인됐다. 정부를 최정예 두뇌로 채우지 못해서 수소 폭탄으로 나라가 날아가거나 외환 부족으로 굶어죽기를 바라는 사람은 아무도 없기 때문이었다. 반면 공병대는 커다란 저항에 부딪혔다. 공무원 조직을 지배하는 원리와 공병대를 지배하는 원리가 일치한다는 사실은 곧바로 인식되지 않았다. 점점 늘어나는 사회주의자들을 필두로 한 반대론자들은 '인간 존엄 파괴'를 호소했다. 모호한 개념을 감추기 위한 모호한 단어였다. 분명한 사실은 절대 다수의 사람들이 여전히 능력 이전의 사고에 머무르고 있다는 점이다.

먼 과거에 암흑기의 영국에서는 평등을 호소하는 목소리가 무엇보다도 의미가 있었다. 가장 중요한 면에서, 그러니까 지력으로 볼 때 산업 노동자나 농민, 또는 누구든 간에 고용주에게 뒤지지 않았다. 공병대 반대론자들은 사회적인 선발의 근거가 점차 상속에서 능력으로 이동하면서 인간이 평등하다는 엉성한 이야기가 의미를 잃어간(그리고 결국 무의미해진)

사실을 깨닫지 못했다. 어쨌든 인간의 자질은 평등하지 않고 불평등해서 유명하다. 천재는 모두 엘리트에 속하고 멍청이는 죄다 노동자인데, 도대체 평등이 무슨 의미가 있겠는가? 지능이 동등하면 지위도 동등하다는 원칙말고 어떤 이상을 내세울 수 있겠는가? 양육에서 불평등을 폐지하려는 목적은 피할 수 없는 자연의 불평등을 드러내고 더욱 뚜렷하게 만드는 일말고 무엇이 있을까?

결정적인 사실은 공병대, 또는 육체노동자가 처음으로 두뇌노동자하고 구별되는 이름을 얻으면서 행복해한 점이었다. 정신 병원의 만성 환자 병동이 넘쳐나기를 바란 이는 아무도 없지만, 오래전부터 산업계가 기준 이하의 사람들에게 능력을 벗어나는 업무를 수행하게 하면서 벌인 일이 바로 이런 식이다. 불필요한 고통을 야기하기를 원한 이는 아무도 없으며, 더군다나 사회주의자라면 그런 고통을 바라지 않았다. '더도 말고 덜도 말고 능력에 따라 일한다'는 원칙은 경험적으로 정당성을 얻었다. 노동자들은 더욱 만족했고, 같은 이유로 아이큐가 100에서 125 사이인 대부분의 중간 계급도 만족했다. 심리학자들은 지능이 월등한 사람에게 틀에 박힌 일을 맡기게 되면 그 반대만큼이나 손해가 막심하다는 사실을 여러 차례 보여줬다. 이런 문제는 질병, 잦은 결근, 신경증에서 잘 드러났다.* 사회의 다양한 분야에서 지능에 따라 직무를 부여하는 방식이 효율성과 인류애를 둘 다 최고로 발현하는 방법이라는 사실이 어디서나 입증됐다. 이 방법이야말로 생산성을 끌어올리는 엔진인 동시에 인류의 해방자였다. 산업 인간관계론 분야의 과학적인 연구가 없었더라면, 하층 계급의 지위가 하락하고 상층 계급과 하층 계급의 간극이 확대되는 현실이 일으키는 분노 때문에 사회는 오래전에 붕괴하고 말았다.

4. 새로운 실업

현대 사상의 기본 원리는 인간은 불평등하다는 사실이며, 여기에서는 사람마다 능력에 따라 인생의 지위를 부여받아야 한

---

* 히틀러 전쟁 직후에 조사가 진행됐지만, 언론 보도로 판단하건대 그때는 충분한 관심을 끌지 못했다. "자기 지능에 상응하지 않는 기술이 필요한 직무에 종사하는 여자들은 기술 요건이 상응하는 경우에 견줘 최근 일정한 수준의 신경증 발병률이 훨씬 높았다. 직무에서 요구되는 기술이 노동자의 지능에 견줘 너무 높거나 낮으면 신경증 발병률은 똑같이 높았다"(Russell Fraser, *The Incidence of Neurosis amongst Factory Workers,* Industrial Health Research Board Report, No. 90, H.M.S.O. 1947). 같은 위원회는 앞서 내놓은 보고서에서 이렇게 말했다. "극심한 지루함을 호소하는 환자는 보통 평균 지능보다 높은 사례에서 발견된다"(I.H.R.B., No. 77, H.M.S.O., 1937).

다는 도덕적 권고가 도출된다. 기나긴 투쟁 덕분에 사회는 마침내 지적으로 우수한 사람은 꼭대기로 끌어올리고 지적으로 열등한 사람은 바닥으로 끌어내려야 한다는 원리에 순응하게 됐다. 양쪽 다 자기한테 맞는 옷을 입는 셈인데, 내가 말하는 대로 하층 계급이 실제로 이 옷이 편하다는 사실을 깨닫지 못했다면 그렇게 고분고분하게 됐을지는 의심스럽다. 심리학자들은 능력 없는 사람을 확인하는 수단을 세계에 제공했다. 그런데 이런 식으로 부담을 짊어진 상태에서 그런 사람들이 어떤 일을 할 수 있었을까? 공병대에 맞는 일자리가 없으면 공병대 자체도 필요가 없었다.

내게 특별한 시기, 그러니까 1963년 이전에는 당대의 전문가들 중에서 경제적 진보 때문에 새로운 종류의 선택적 실업이 생겨날 위험이 있다는 사실을 인지한 이가 거의 없었다. 이런 추세는 눈길만 돌리면 충분히 눈에 띄었지만, 대체로 전문가들은 전혀 주목하지 않았다.* 아니 전문가들은 기계화 증대라는 추세는 알아챘지만, 그 추세가 인간에게 필연적으로 야

* 유명한 예외 중 하나는 왕립학회 회원인 조지 톰슨(George Thomson) 경이 쓴 《예측 가능한 미래(The Forseeable Future)》(1955)다. 특히 '어리석은 자들의 미래(The Future of the Stupid)'에 관한 절을 보라.

기하는 영향은 주목하지 않았다. 전문가들은 기계의 주요 목적이 노동의 절감이라는 점은 알았지만, 절감되는 노동이 어떤 종류인지 질문을 던지지는 않았다. 똑똑한 사람과 우둔한 사람을 똑같이 괴롭히는 대량 실업은 사람들이 쉽게 이해할 수 있었다. 그렇지만 이렇게 지능이 낮은 사람들이 겪는 또 다른 종류의 실업은 식견이 뛰어난 사람들말고는 여전히 간파하지 못했다.

그 무렵 '산업혁명'이라 불린 현상에 이어 이전에 손으로 수행하던 작업 과정이 점차 기계로 넘어갔지만, 수작업이 필요 없다고 여겨지지는 않았다. 기계제 생산machinofacture과 수공 생산manufacture은 나란히 진행됐다. 초기의 기계는 우둔한 사람들에게 하늘이 내린 선물이었다. 기계는 여전히 손으로 가동해야 했고, 반복적인 기계 관리는 미숙련과 반숙련 하급 직원들의 업무 범위에 속했다. 20세기 중반의 전형적인 공장에는 숙련 노동자와 나머지 노동자 사이에 구분이 존재했다. 한편에는 훈련된 설계공과 제도공, 행정관과 검사관, 정비공과 기계 설정공이 있어서 기계를 공급하고 감독하고 수리했다. 다른 한편에는 조작공이 있어서 기계에 재료를 집어넣고, 몇 가지 간단한 신호에 따라 두어 가지 간단한 레버를 누르고, 가공이 끝난 재료를 꺼냈다. 조작공은 한 묶음이나 낱개 단위로 벨트 위에서 앞으로 움직이는 조립 과정에 부품을 덧붙이기도 했다. 시간이 흐르면서 이런 구분은 점점 뚜렷해졌고, 사회에서도 이 구분이 고스란히 재현됐다. 기술진은 다루는 기계가 더욱 복잡해지면서 끊임없이 지위가 향상됐고, 반복 작업을 하는 조작공들은 책임을 맡은 작업이 더욱 단순해지면서 지위가 계속 하락했다.

숙련 노동자에게 요구되는 일은 점점 많아지고 미숙련 노동자에게 요구되는 일은 점점 줄어들어서, 결국 미숙련 노동자는 아예 필요가 없어졌다. 미숙련 노동자가 하는 일은 반복 작업에 지나지 않기 때문에 정의상 점차 기계적 수단으로 대체돼 수행됐다. 직무가 단순화될수록 기계로 수행하는 공정이 더욱 쉬워졌다. 기계 자체가 재료를 투입하고, 레버를 누르고, 완성품을 꺼낼 수 있었다. 반자동은 점차 완전 자동으로 바뀌었다. 히틀러 전쟁 이후 전자 공학이 발전하고, 특히 가장 단순한 작업 요소들로 분해된 산업 생산 과정을 지휘하는 데 적합한 자동 제어 장치가 발전하자 하급 노동자들이 빠른 속도로 기계로 대체됐다. 이런 발전이 워낙 인상적이어서 예전의 기계화 사업이 새로운 형태를 띠는 사이에 '자동화'라는 새로운 단어가 만들어질 정도였다.

기계가 노동자를 대체하는 현상은 처음에는 공공연하게

드러나지 않았다. 노동조합은 당연히 머리 좋은 사람과 머리 나쁜 사람을 구분하지 않았다. 노동조합 처지에서는 기술 변화 때문에 직무를 잃은 사람들은 다른 모든 이들처럼 보호해야 하는 조합원이었고, 노동조합은 노동 절감 기계에 직무를 뺏긴 사람들을 해고하는 대신에 불필요한 일이라도 하게 해줘야 한다고 주장했다. 작동 중인 로봇을 '돌보고 관리하는' 대신 그냥 지켜보는 일이라도 맡기라는 말이었다. 노동조합원 중에서 지능이 높은 이들은 이해관계가 위협을 받는 노동자는 복잡한 일을 할 능력이 없는 수준 낮은 사람들뿐이라는 사실을 알지 못했다. 사람은 누구나 대동소이하다는 일반적인 평등주의 견해를 공유하면서 자기를 잉여 노동자들에 동일시했고, 해고를 막으려 하는 노동조합을 지지했다. 고용주들은 직원들하고 우호적인 관계를 유지하기 위해서, 또는 '약한 형제들'을 돌보는 일이 국가가 아닌 고용주의 책임이라고 생각하기 때문에 잉여 노동력을 묵인했다. 고용주들이 노동 비용을 최소한으로 줄일 필요성을 충분히 의식할 때까지 무척 오랜 시간이 걸렸고, 그때까지는 급여 대장에 무임승차시켜 주는 승객이 얼마나 많은지 알지 못했다. 1950년대가 돼서야 하급 미숙련 노동자의 대부대가 이곳저곳 일터를 바꾸며 끊임없이 이동하게 됐다. 어디에서도 꾸준하게 일자리를 부여잡을 수 없기 때문이었다. 수백만 명이 매년 직장을 옮겼다. 고용주는 아마 노동자의 이직률이 높다는 사실을 알았겠지만, 아직 신규 채용자의 능력을 시험하지 않은 탓에 주된 이유가 대부분의 노동자가 일을 하는 데 필요한 최소한의 능력도 없다는 사실이라는 점을 알 도리가 없었다. '완전 고용' 시대에는 이따금 이상한 시기를 제외하면 사람들이 실업자로 등록되지 않아서 이렇게 거대한 유동 집단이 존재한다는 사실을 아무도 몰랐다. 끊임없이 떠도는 사람들 중에서 실제로 자기가 받는 임금만큼 제대로 일을 하는 사람도 거의 없었다.

제조업에서 자리를 찾지 못한 많은 사람들이 반복 작업을 하는 사무직이나 유통업에 정착했다. 영구적인 해결책은 아니어도 다행스러운 결말이었다. 그렇지만 공장에서 시작된 기계화는 거기서 끝나지 않았다. 사무실과 상점에도 기계화가 침투했다. 세기 중반에는 회계 장부 담당자와 타이피스트가 여전히 사무실에서 일을 했지만, 세기말이 되면 거의 종적을 감췄다. 계산은 계산기가 맡았고, 타이피스트들은 말을 문자로 바꾸는 중개자로 이제 더는 필요가 없었다. 상점을 살펴보면 세기 중반에 여전히 수백만 명을 고용하고 있었지만, 25년 뒤에는 점원이 어떤 식으로든 사라지지는 않더라도 확실히 수가 줄었다. 직원을 경제적으로 활용하는 대규모 상점 때문에 소규모 상점이 밀려났고, 현대적 형태의 셀프서비스가 빠르게 확산되면서 필요한 점원의 수가 줄어들었다. 우유, 차, 맥주 등을 소비자에게 직접 파이프로 공급하는 방식도 빠르게 퍼져 나갔다.

5. 다시 등장한 가내 하인

클로슨 위원회는 1988년에 펴낸 보고서에서 그 무렵 전체 성인의 3분의 1 정도가 통상적인 경제 상황에서 고용이 불가능하다는 견해를 밝혔다. 문명이 워낙 복잡해져서 자기 능력으로는 일을 할 수 없는 사람들이었다. 이 사람들은 지능이 모자란 탓에 정상적인 직업 구조에서는 끼어들 틈새를 찾을 수 없었고, 모종의 보호받는 고용이 필요했다. 이 사람들을 어떻게 해야 했을까? 가능한 답이 딱 하나 있었다. 교육적으로 기준 이하인 학생을 위한 학교나 현대식 중등학교의 열등반에서 학교 생활을 마친 사람들이 충족시킬 수 있는 수요는 한 가지, 곧 개인적 서비스뿐이었다. 이를테면 그중 대부분은 정부 산하 훈련센터에서 꼼꼼하게 교육을 받고 그 뒤에도 세심하게 감독을 받으면서 공공 식당과 오락장, 대중교통 부문에서 일하거나 경비원을 할 수 있었다.

　이런 현상은 시작일 뿐이었다. 그렇지만 클로슨 경이 예견한 대로 하층 계급은 많은 수가 가정 바깥뿐 아니라 안에서도 개인적 서비스에 종사할 때에만 완전히 고용될 수 있을 전망이었다. 클로슨 경이 내놓은 권고를 둘러싸고 의회와 선거 운동 현장에서 열띤 논쟁이 벌어졌다. 그렇지만 달리 무슨 대안이 있었는가? 비판자들은 건설적인 제안을 거의 내놓지 못했다. 이런 상황에서 불합리하게도 지능이 뛰어난 많은 사람들이 스스로 비천하기 짝이 없는 작업을 하느라 긴 시간을 낭비하고 있었다. 훌륭한 자질을 타고난 사람은 그래머스쿨을 거쳐 대학까지 국가가 대는 비용으로 장시간 교육을 받았고, 대학을 졸업하면 제조업이나 상업에서 책임이 막중한 자리를 맡았다. 일을 충실히 하려면 에너지를 전부 쏟아부어야 해서 여가 시간에는 피로를 회복하는 데 급급했다. 그런데 도대체 어떻게 된 건가? 그 남자는 그토록 공들여 훈련을 거쳐 얻은 일자리에 소중한 시간을 투입하는 대신 감자 한 봉지나 냉동 생선 한 통을 사려고 셀프서비스 상점을 돌아다니고, 아파트를 청소하고, 생선을 조리하고, 침대를 정리하느라 시간을 허비했다. '그 남자'라고 말하지만, 물론 이런 시간 낭비는 지능이 뛰어나서 고등 교육을 받은 여자에게 훨씬 널리 퍼진 현상이었다. 무정부 상태가 워낙 만연한 탓에 여자는 결혼하면 사회에 충분히 기여하는 일을 계속할 수 없었다. 그 대신 고등 교육을 아예 받지 않은 사람처럼 행세하면서 마치 중등학교만 졸업한 여자하고 똑같이 지루하고 힘든 집안일이 우등생에게 어울리는 상인 양 행동하는 데 적응해야 했다. 이 점이 문제의 핵심이었다. 지능이 높은 사람에게 지루하고 고된 일을 맡길 필요는 전혀 없기 때문이었다. 다른 사람, 그러니까 더 수준 높은 일을 할 능력이 없기 때문에 이런 일을 고되고 힘들다고 여기지 않는 사람에게 맡기는 편이 훨씬 좋았다. 아이큐 130에게는 고되고 힘든 일이 아이큐 85에게는 즐거운 일이 될 수 있었다. 공병대 사례에서 아무것도 배우지 못했다는 말인가?

비판자들은 가사 업무는 단순한 일이 아니라 노예가 하는 일이라고 항의했다. 전통은 그 사람들 편이었지만, 그런 사람들은 이 전통이 얼마나 단명했는지 깨닫지 못한 듯하다. 수천 년 동안 상층 계급은 하인을 두는 관행이 일반적이었다. 하인이 사라진 시기는 옛날 귀족 집단이 소멸한 뒤 새로운 귀족 집단이 탄생하기 전까지 잠깐일 뿐이었다. 이 평등주의 시대에는 어느 누구도 동료 인간의 시중을 받을 자격이 있다고 여겨지지 않았다. 곧 이 과도기에는 하인이 주인만큼이나 훌륭하다는 사실말고는 어떤 확신도 존재하지 않았다. 그런데 평등주의를 조장한 조건들이 사라지자 평등주의가 발현된 현상의 하나인 이 전통이 더는 필요가 없었다. 인간들 사이에 우열이 있다는 사고가 다시 받아들여지자 가내 하인이 부활할 수 있었다. 그리고 열등한 사람들은 우수한 이들이 세계와 그 너머에서도 커다란 구실을 한다는 사실을 알고서 기꺼이 그 우수한 사람들하고 자기를 동일시하며 그 사람들을 시중든 탓에 분한 감정을 느끼지 않고 가사 업무를 했다. 중요한 사람을 위해 남이 알아주는 값진 봉사를 하는 삶이 실업 수당을 받으면서 비참하게 사는 삶보다 더 좋았다. 당연히 보호 장치도 있었다. 19세기에 존재한 학대가 똑같이 부활하는 상황은 누구도 원하지 않은 때문이었다. 가내 하인은 모두 가사도우미단 Home Help Corps에 공식 등록됐고(세기 전환기에는 1000만 명을 돌파했다), 모든 개인 고용주는 규정된 임금을 지불하고, 위생적인 생활 공간을 제공하고, 가사도우미단이 운영하는 스포츠 클럽에 참가하도록 일주일에 두 번 하인에게 야간 외출을 허용하고, 여름마다 단기 연수 비용을 지불했으며, 지부의 허가를 받지 않는 한 일주일에 84시간 넘게 일을 시킬 수 없었다. 여자 하인을 대상으로는 새롭게 마련된 제도가 대체로 순조롭게 시행됐다. 물론 이따금 멍청한 하녀들이 에어컨에 얼빠진 짓을 하는 일이 있기는 했다. 문제는 남자 하인이었다.

가사도우미단 연구센터에서 온갖 실험을 했지만, 옛날의 집사나 하인에 해당하는 적절한 현대식 직종을 찾아내지 못했다. 그리하여 40년 넘게 남성 실업이 여성 실업을 상회하고 있다.

6. 요약

새로운 제도 아래에서 계급 간 구분은 예전에 견줘 더욱 예리해졌으며, 상층 계급의 지위는 올라간 반면 하층 계급의 지위는 내려갔다. 이 장에서는 사회 구조에 미친 몇 가지 영향을 살펴봤다. 역사가라면 능력주의 이전 시대 내내 계급 갈등이 만연한 사실을 익히 알고 있으며, 과거 경험에 비춰 한 계급의 지위가 급격하게 위축되면 필연적으로 계급 갈등이 악화된다고 예상할 수 있다. 그리하여 의문이 제기된다. 지난 세기에 나타난 변화는 어떻게 해서 그런 문제 상황으로 이어지지 않았는가? 하층 계급과 상층 계급을 가르는 심연이 더욱 넓어지는데도 왜 사회는 그토록 안정을 유지하는가?

주된 이유는 계층화가 사회 모든 수준에서 일반적으로 받아들여지는 능력의 원리에 따라 진행된 점이었다. 한 세기 전에 하층 계급은 자기들 나름의 이데올로기(오늘날 최고 권위를 갖게 된 이데올로기하고 본질적으로 똑같다)가 있었고, 우월한 집단을 공격하는 목적만큼이나 자기들의 지위를 향상시킬 목적을 위해서도 그 이데올로기를 사용할 수 있었다. 하층 계급은 상층 계급이 높은 지위를 누릴 권리를 부정했다. 그렇지만 새로운 상황이 되자 하층 계급은 이제 더는 사회의 기풍에 상충하는 구별되는 이데올로기를 갖지 못했다. 봉건주의 전성기의 하류층 사람들하고 다른 점이 없었다. 능력이 지배 원리가 돼야 한다는 데 하층 계급이 상층 계급하고 뜻을 모은 만큼 선택의 수단을 트집 잡을 수 있을 뿐 모든 사람이 신봉하는 기준 자체는 건드릴 수 없었다. 능력은 많을수록 좋았다. 그렇지만 이렇게 능력을 결정적 요소로 보는 만연한 인식 때문에 아무 능력도 없는 다수가 무기력한 절망의 나락에 빠진다는 사실을 지적하지 않는다면, 우리는 사회학자로서 마땅한 사명을 다하지 못하는 셈이다. 이렇게 절망에 빠지는 사람은 분별력이 부족해서 사회에 항의도 하지 못하기 때문에 자기 자신에게 분노를 돌리게 되며, 결국 무력해지면서 더더욱 확실하게 절망에 빠진다.

'근육질의 신화'와 성인 교육 때문에, 그리고 타고난 머리가 나쁘고 자식에게 야망을 전가한 덕분에 이런 상황이 그나마 완화됐다. 무엇보다도 교육 제도의 주요 윤곽을 성인기의 삶까지 연장한 시도가 주효했다. 만약 학교만큼이나 성인 세계에서도 머리 나쁜 사람들끼리 모아놓으면, 시도 때도 없이 자기가 열등하다는 사실을 상기하지는 않는다. 자기가 움직이고 존재하는 집단의 기준에서 보면, 사실 그런 사람들은 머리가 나쁘지 않다. 여기서 사람들은 자기하고 동등한 이들 사이에 섞여 있으며, 대단히 번쩍거리지는 않을지라도 심지어 자기의 기특한 속성을 보여주면서 조금 빛을 낼 수도 있다. 동등한 이들하고 함께 있으면 거대한 사회가 호되게 억누르지도 않고 분한 감정도 서서히 녹아내린다. 자기들끼리 치르는 지능 검사에서 동료들에게 존경을 받기도 한다. 이런 계급적 유대는 반역적 이데올로기에 물들지만 않으면 사회를 하나로 똘똘 뭉치게 만드는 가장 소중한 기여가 될 수 있다. 아니, 확실히 그렇게 기여했다고 말할 수 있다. 한동안 일종의 기술적 실업(기술 혁신에 따라 발생하는 실업) 때문에 모든 사람이 위협을 받았지만, 일단 가사도우미단이 확고하게 자리를 잡자 현대식 중등학교 졸업생들도 가장 건설적인 출구를 영원히 확보하게 됐다.

크로슬랜드와 테일러, 돕슨, 클로슨을 비롯한 현대 사회의 모든 창건자들이 견고한 길을 개척한 공로를 인정하는 태도는 전혀 부당하지 않다. 그렇지만 이 구조의 영원성을 당연히 받아들인다면, 우리 사회가 위험에 빠지게 된다. 이 장에서 시도한 방식 같은 사회학적 분석은 얼마나 많은 요소들이 복잡하게 얽힌 견제와 균형의 체계에 의존하는지를 잘 보여준다. 지금 같은 합리적 사회에서도 불만을 완전히 뿌리 뽑을 수는 없다. 자기가 어떤 극악무도한 불의를 당한다고 상상하면서 분한 감정을 품는 열등한 피해망상 환자, 과거의 무질서를 동경하는 낭만주의자, 하녀 방에 틀어박힌 채 심지어 자기가 돌보는 아이들에게도 고립감을 느끼는 하녀 등이 곳곳에 도사리고 있다.

6장

노동운동의
몰락

1. 역사적 사명

다이버 교수를 따르는 많은 이들은 정치 제도란 언제나 다른 제도에 부차적이라고 주장한다. 경제와 교육 영역의 1차 제도가 낳은 산물일 뿐 그 역은 아니라는 말이다. 나는 이 명제가 그럴듯하다는 점을 부정하지는 않지만 동시에 이런 통상적인 정식화를 받아들일 수 없다. 현재로 말하자면 그런 주장은 사실이 분명하다. 그렇지만 과거에도 그러한가? 특히 20세기에도 그러한가? 케임브리지학파는 이행기에 노동운동이 결정적으로 중요한 구실을 한 사실을 입증하지 못하면 아무 업적도 없게 된다. 물론 어떻게 보면 노동운동이 하는 구실은 그때도 부차적이었다. 사회 변화는 경제에서 생겼고, 압력은 국제 경쟁에서 나왔으며, 동원된 수단은 교육이었다. 그렇지만 적응의 필요성은 사람들이 자기 것으로 받아들일 수 있는 언어로 번역돼야 했다. 노동운동의 역사적 사명은 새로운 인생관을 신봉하도록 사람들의 마음을 획득하는 데 있었다.

사회주의자들은 평등을 설파하면서 기회 균등이라는 포상을 손에 넣었고, 싸움이 끝날 때까지는 그런 식의 행동이 아무런 해도 되지 않았다. 그렇지만 일단 기회 균등이 기정사실이 되자 계속해서 평등을 설파할 필요가 분명히 없어졌을 뿐 아니라 노동운동이 자기 공적으로 내세울 수 있는 업적 자체를 무화시키려는 계산이 실행됐다. 철두철미한 평등주의자들이 포퓰리스트 그룹의 선조인 여러 비밀 결사에서 돌발적으로 계속 분출한 반면 노동운동의 본체는 새로운 시대에 맞춰 평탄하게 조화됐다. 노동운동의 지위는 육체노동자 일반의 지위하고 나란히 추락해야 했다. 그렇지 않으면 하층 계급이 자기의 운명을 받아들이려 하지 않을 수도 있기 때문이었다. 우리는 진화가 아니라 격변을 겪은지도 모른다. 만약 내 생각이 옳다면, 부상하고 몰락하는 과정에서 사회주의자들이 수행한 독특한 기능을 제대로 평가해야만 우리는 지난 세기를 완전히 이해할 수 있다.

사회적 선발 방법의 개선은 진보의 조건이었다. 그러나 진보를 수확하기에 앞서 그만큼 심대한 또 다른 사회 혁명을 완수해야 했다. 선발된 사람들이 고귀한 소명을 다할 준비가 돼 있지 않다면 모든 일이 허사가 될 만했다. 그 사람들이 자기에게 주어진 책임을 떠안을 의지가 없다면, 새로운 사회 질서는 수포로 돌아갈 수 있었다. 모든 사람이 능력이 닿는 만큼 최대한 높이까지 올라갈 의욕이 충만해야 했다. 현대 사회가 완성되기 전에 야망을 계속 끌어올려야 했고, 사람들이 신봉하는 이데올로기도 새로운 과학 시대의 요구에 부합해야 했다.

이렇게 마음속에 목표를 주입해서 규율을 자발적으로 지키게 해 결정적으로 중요한 심리적 변화를 야기하는 과정에서 사회주의는 없어서는 안 될 구실을 했다. 처음에는 프로테스탄티즘이 있었다. 베버와 토니가 오래전에 보여준 대로 프로테스탄티즘은 소유 욕구에 불을 붙이는 기능을 했다. 경제의 요구에 맞춰 종교를 성공적으로 개조한 결과로 한때 대영 제국의 일부를 형성한 세계 여러 지역과 서유럽에서 교세가 팽창할 수 있었다. 다른 곳에서 오래된 종교들이 연료를 공급하는 데 실패한 상황은 마찬가지로 공산주의와 민족주의라는 연관된 종교가 새롭게 등장하고 이행에 수반된 혁명이 일어난 이유였다.* 러시아인, 중국인, 아랍인이 터빈 발전기, 정전기봉, 원자로를 이해하게 만들려면, 마치 아이에게 어머니가 필요하듯 민족주의에 결합된 공산주의가 필요했다. 영국에서는

* 스트레이커 박사는 《세계 혁명 연구》에서 사회주의와 민족주의-공산주의의 밀접한 유사성을 지적했다. 둘 다 약자의 신조이지만, 하나는 우월한 계급의 허세에, 다른 하나는 우월한 민족의 허세에 반발한다. 둘 다 평등을 요구하며 시작한 반면 실상은 자기들이 대변하는 계급과 민족의 우월을 위해 분투했다. 또한 둘 다 성공을 거둔 이유는 열등한 계급과 민족 사이에는 지능이 높은데도 자기 재능을 인정받지 못한 사람이 많은 때문이었다. 다수의 유능한 사람들을 (머리 나쁜 사람들하고 반대로) 계속 예속 상태에 가둬두는 일은 장기적으로 불가능하다. 그런 이들은 끝내 반란을 일으키게 된다. 남아공에서 일어난 참사는 특히 기억 속에 생생한 사례다.

청교주의-프로테스탄티즘이 1차 산업혁명의 초기 단계를 인도했다. 그렇지만 프로테스탄티즘은 일정한 지점을 넘어설 수 없었고, 결국 비국교 교회들이 매개하는 와중에 일종의 영국식 사회주의로 변형됐다. 이 새로운 복음주의 운동이 지난 세기 전반기를 지배했다.

프로테스탄티즘의 한계는 부의 획득을 부추기면서도 사회적 이동의 필요성을 강조하지 않은 점이다. 프로테스탄티즘은 후손을 위해 재산을 쌓아두려는 동기에서 실행하는 부의 축적을 승인했다. 따라서 본질적으로 봉건제의 극단적 세습주의에 일종의 타협책이기는 해도 그때로서는 필요한 조치였다. 일시적이지만 사회주의가 기여한 위대한 공헌은 기독교의 가르침에서 다른 모든 요소를 배제한 채 한 요소를 끄집어내 부각시킨 일이다. 사회주의는 평등을 강조했다. 기독교인들은 종종 목소리를 낮춰서 모든 사람은 하느님의 자녀이기 때문에 하느님 아버지의 눈에는 모두 평등하다고 가르쳤다. 아버지에게는 자식들이요, 각자에게는 형제였다.* 사회주의자들은

---

* 흥미로운 유물은 감독직·임원·기술자노동조합(Association of Supervisory Staffs, Executives and Technicians·ASSET) 조합원들도 여전히 서로 형제라고 부른다는 사실이다. 일란성 쌍둥이는 어쨌든 처음에는 지능이 똑같은 유일한 형제이기 때문에 어느 정도 정당한 근거가 있다.

이런 교의를 강력한 무기로 발전시켰다. 사회주의자들은 이 무기를 휘둘러 변화에 맞서는 저항을 무너트렸다.

사회주의자들은 질문을 던졌다. "다른 사람이 아무것도 가지지 못했는데 부를 소유하는 행위란 어떤 권리인가? 누구든 어떤 권리로 자기 형제를 지배할 수 있는가? 불평등은 인간의 존엄성을 모욕하는 현상이 아닌가?" 이런 관념들은 복음의 정수였다. 워낙 영향력이 큰 탓에 많은 초기 사회주의자들은 기회 균등 사상이라는 찬란한 고안물이 주장하는 대로 개인이 출세할 수 있게 최대한 기회를 줘야 한다는 점을 받아들일 수밖에 없었다. 기회가 평등에 결합되자 존경할 만한 개념을 훌쩍 넘어서 성배가 됐다. 사회주의자들은 현실에 적용된 대로 기회 균등이 불평등할 수 있는 기회의 균등을 의미한다는 사실을 알지 못했다. 사회주의자들이 재능에 관한 문호 개방에 힘을 집중하려 했다면, 이런 구조적 맹점이 필요했다. 앞서 말한 대로, 실제로 사회주의자들은 갖가지 형태의 상속에 따른 불평등을 집중적으로 공격했다. 상속세, 정실주의의 쇠퇴, 무상 중등 교육과 대학 교육, 명문 사립 학교의 통합, 아동 임금 지급, 세습 상원의 폐지 등, 이런 것들이 사회주의자들이 이룩한 가장 중대한 업적이다.

지금 나는 새로운 종교의 도움이 없었더라면 세습 원리가 절대 무너지지 않았을 테고, 경제가 필요로 하는 거대한 규모의 심리적 변화도 결코 일어나지 않았으리라고 주장한다. 그 새로운 종교는 바로 사회주의였다. 사회주의는 두 가지 방식으로 저항을 허물어뜨렸다. 먼저 상층 카스트를 집중 공략했다. 오랜 투쟁 끝에 부유층은 자녀에게 특권을 물려줄 수 없었다. 아이가 태어나자마자 곧바로 입주 어린이집으로 보내지 않는 한 가능한 최대의 성과였다.* 어떻게 이런 일이 가능했을까? 부모의 이기심은 사회화돼야 했다. 곧 사회의 이익이 우선돼야 했다. 부모들은 머리 나쁜 아이가 높은 지위를 차지하려 하는 짓은 죄악이라는 점을 이해하도록 교육을 받아야 했다. 만약 그런 욕심을 내면 다수 중 하나인 작은 가족의 이기적인 욕심 때문에 공동체의 이익이 희생되기 때문이다. 이렇게 높은 문명화된 행동 기준이 완전히 달성된 적은 한 번도 없다. 그렇지만 사회주의자들이 끊임없이 선동을 하자 부유층 부모들은 **공공연한** 저항을 해봤자 헛수고라는 현실을 납득하게 됐다. 상속세가 더욱 거센 저항을 받지 않고, 명문 사립 학

---

* 몇몇 사회주의자들은 사실상 그 정도까지 밀어붙이려 했다. 사회주의의 성공이 최고조에 이른 1949년 한 지방 정부의 공무원이 발언한 흥미로운 기록이 있다. "우리는 모든 사회 계급의 어린이가 국영 어린이집에서 자라는 날을 고대합니다." 지나칠 정도로 열정적인 많은 교사들은 부모들이 들이미는 갖가지 요구를 참지 못해 이 말에 동의했겠다.

교의 통폐합이 최후까지 반대에 부딪히지 않은 이유는 무엇일까? 부유층은 사회주의의 가르침 때문에 사기가 떨어진 탓에 싸울 수가 없었다. 보수당이 자기들이 살아남으려고 적수들하고 조용히 타협하자 부유층의 사기는 곤두박질쳤다. 누군가 아랍인들에 관해 말한 대로, 그 시기의 보수당은 서로 상대방의 세탁물을 훔치면서 살아가는 집단의 본보기였다. 부를 상속받은 이들은 사회주의자들에게 도덕적 죄인으로 공격당하고 기성의 옹호자들에게도 버림받게 되자 결국 굴복했고, 몇몇 미친 여자들만 싸움을 계속했다. 모든 사회에서는 권력을 장악한 이들과 부를 소유한 이들이 자기의 행운을 정당화할 수 있는 도덕적 자격을 최대한 보장받아야 한다. 그렇지 않으면 어떤 지배 계급도 카리스마의 숨은 원천인 무제한적인 확신으로 무장하고 통치할 수 없다. 봉건 시대에 혈통은 누구도 이의를 제기할 수 없는 권력의 자격이었다. 자본주의 시대에는 부 자체가 권력이자 권력의 자격이었다. 그렇지만 상황이 바뀌자 세습 부자는 이제 더는 고개를 꼿꼿이 세울 수 없었다. 세습 부자들은 통치할 수 있는 자신감을 잃었고, 자수성가한 사람에게, 그리고 사회에 무엇보다도 깊숙이 뿌리 내린 도덕적 승인이라는 신성한 지지를 받으며 자신감이 치솟은, 학교에서 배출된 사람에게 서서히 권력을 내줬다. 새로운 통치

자는 새로운 가치에 따라 황제의 진홍색 망토를 걸칠 자격이
있는 이들이었다.

둘째 업적은 노동 계급에게 야망을 불어넣은 일이다. 사회
주의자들에게 단기적으로 성공만큼 큰 성공은 없었고, 또한
장기적으로 성공만큼 큰 실패는 없었다. 교육에서 기회 균등
이 확대되거나 산업에서 기회가 늘어날 때마다 사람들의 야망
이 자극을 받았다. 인격이 잘 적응된 사람의 경우는 야망이 언
제나 표면 가까이 도사린 채 희망의 손길이 닿기만 해도 바로
활기를 띤다. 새로운 기회가 생길 때마다 열망이 예리해진다.
언제나 그렇듯 수요는 스스로 공급을 창조하는 데 일조했다.

엘리자베스 시대가 시작되고 한참이 지날 때까지 가족 내
부의 직업 승계는 중간 계급보다 하층 계급에서 훨씬 흔한 일
이었다. 런던이나 리버풀에서 부두 노동자의 아들은 학교에서
여자 교사가 아무리 감언이설로 꾀어도 아버지의 직업을 물려
받았다. 아버지의 직업이야말로 세상에서 가장 좋은 천직이라
는 이상한 생각을 갖고 있기 때문이었다. 더럼 마을에 사는 광
부의 아들, 서머싯의 외딴 지역에 사는 농장 노동자의 아들,
코비와 스컨소프에서 자라는 철강 노동자의 아들도 마찬가지
였다. 그런데 통신 수단이 발달한 덕분에 농촌에 사는 아이들
도 광고를 보고 부유층의 생활 수준과 자기 동네에서 멀리 떨

어진 곳에 사는 숱한 사람들의 화려한 생활을 접하게 되자 이렇게 못된 생각이 근절될 수 있었다. 각기 다른 직업의 지위에 관한 모든 주관적인 판단은 하나의 국가적 모델로 흡수됐다. 그 뒤에 스포츠에서 가져온 비유를 동원한 유명한 주장이 성인 교육자들의 무기고에서 강력하게 두각을 나타냈다. 참으로 기민한 수법이었다. 영국의 전문가라면 최고의 선수인지를 따지지 않은 채 지난날에 날아다니던 사람의 아들들을 모아 지역 축구팀을 구성하겠는가? 그렇다면 감독이 무슨 필요가 있겠는가? 사람들이 이 주장을 왜곡한 때는 최근일 뿐이다. 개혁가들은 일류 축구만이 목적이라면 팀에서 자리를 차지할 만큼 실력이 없는 사람들은 전부 어떻게 될지를 묻는다.

기회의 확대와 통신 수단의 발달이 일단 추진력을 얻기 시작하자 심리적 변화가 가능해지기는 했지만, 이런 변화가 필연적이지는 않았다. 사회주의의 선동이라는 효모가 없었다면 노동자는 여전히 무관심에 빠진 채 거대한 새로운 기회를 활용할 충동을 충분히 느끼지 못하고 살아갈 뻔했다. 지능이 높은 모든 세대는 보통 사람이 자기 운명을 받아들이는 체념적 태도를 스스로 재발견해야 하는 듯하다. 기술자는 항상 더 나은 기회가 별로 없기 때문에 자기 일을 당연히 감수해야 하며, 또한 자기 아들도 똑같이 감수해야 한다고 느끼기 쉽다. 진정한 가치관을 지닌 사람들이 기술자를 이런 무관심에서 거듭해 구제해야 한다. 사회주의는 한때 해방자였다. 사회주의는 자족감에 맞서서 싸웠다. 기술자들을 만나서 대기업 사장도 당신하고 똑같은 사람인 만큼 사장이 더 거대한 부를 누릴 권리는 전혀 없다고 가르쳤다. 사회주의는 평등을 설파해 사람들이 가진 질투심을 자극했고, 질투심은 경쟁에 박차를 가했다. 어떤 사람이 자기 윗사람을 앞지르겠다고 결심할 때, 그 사람은 아버지를 능가하려는 유아기적 소망을 승화된 형태로 발산시키는 셈이다. 건설적인 목적을 향해 몸속 깊은 곳에서 에너지가 방출돼 동력이 된다. 여기에 지력이 결합되면 이 에너지는 불가항력이 된다. 그렇지만 이 에너지를 방출할 출구를 열어야 했고, 사회주의가 열쇠였다. 질투심이 개인적 악덕이 아니라 공적 미덕이 됐다면, 우리는 그 공로를 누구에게 돌려야 하는지 안다.

산업 사회가 부딪히는 커다란 딜레마는 지능이 높은 사람들만이 아니라 머리 나쁜 아이와 그 부모의 마음속에서도 야망을 일깨운다는 점이다. 정도는 덜할지 몰라도 일깨워지는 사실은 맞다. 어느 누구도 능력이 어디서 싹을 틔울지를 정확하게 예측할 수 없기 때문에 이런 일은 피할 수 없다. 수준 높은 재능을 지닌 사람이 미처 그 재능을 활용하지 못하는 일이 없게 하려면 모든 사람이 야망을 품어야 한다. 그렇지만 야망이 우둔함과 이종 교배가 되면 좌절감만 키울 뿐이다. 따라서 다음 같은 지성적 평등주의자들이 등장한다. 그 사람들은 우월한 사람이지만 질투심을 부를까 걱정한 나머지 자기를 낙오자에 동일시하고 낙오자를 대변한다. 또한 기회 균등을 넘어서는 평등을 요구한다. 권력과 교육과 소득의 평등을 요구하는 셈이다. 평등을 사회 질서의 지배 원리로 삼으라고 요구하며, 불평등한 이들이 있더라도 마치 평등한 듯 대해야 한다고 요구한다.

그렇지만 사회주의는 가속기의 기능을 멈추고 제동기가 됐다. 교육을 시작으로 산업도 대대적으로 재편돼 전국의 거의 모든 유능한 사람들이 상층 계급에 집중되자 사회주의는 비로소 사명을 완수했다. 자기들이 대변하는 계급의 대열에서 지능이 높은 성원들이 빠져나가자 노동당은 이제 과거 같은 세력이 될 수 없었다. 이 나라에서 노동당의 지위는 고통을 받을 수밖에 없었다. 또 다른 타격은 의회의 쇠퇴였다. 지능이 재분배되자 노동당뿐 아니라 하원도 악화됐다. 두 세력의 쇠퇴는 상대방을 악화시키고 있다.

2. 의회의 쇠퇴

지능으로 볼 때 거의 다른 모든 것만큼이나 인류의 한 단면인
국가에도 이 단어를 적용할 수 있다면, 영국의 기질은 새 술을
헌 부대에 담은 격이나 같다. 우리는 혁명revolution이 아니라 점
진적 발전evolution을 믿는다. 겉으로 아무 변화가 없을 때 오히
려 변화가 한층 더 빠르게 일어날 수 있다는 사실을 알기 때문
이다. 17세기 공화정에서 이런 발전이 있었고, 군주정에서도
나타났다. 노동운동에서도 있었고, 의회에서도 그랬다.

선출된 전능한 입법부에 권력이 있다는 의미를 지니는 한,
민주주의는 카스트에서 계급으로 나아가는 변화가 낳은 전형
적인 산물이었다. 한 사람이 한 표를 행사한다는 민주주의의
기본 가정은 평등주의를 추구했다. 브릭하우스나 스펜버러에
서 가난에 빠진 문제 가정의 어머니도 비어트리스 웹 같은 사
람하고 똑같이 한 표를 행사했다. 헨리 메인Henry Maine이 《대중
정부론》*에서 말한 대로, 의회 제도란 '통화관speaking tube**'의 한

---

* *Popular Government*, 1886.
** 속이 빈 관 양쪽에 깔때기가 붙어 있어서 선박이나 철도처럼 공간이 분리된 곳에서 대화
하는 데 쓰였다 ― 옮긴이.

쪽 끝에서 지능이 낮은 사람이 하는 말을 반대쪽 끝에서 초조한 표정으로 들어주는 제도'에 지나지 않았다.

봉건 시대에는 지배 카스트가 영국을 통치했다. 현대는 카스트가 없는 사회이며, 지배 **계급**이 영국을 통치한다. 그 사이에는 카스트나 계급이 따로 떨어진 채가 아니라 이 둘이 결합해서 영국을 통치했다. 수백 년 동안 혈통은 두뇌하고 손잡고 권력을 공유했다. 세습 원리가 쇠퇴하면서 상층부에 능력이 집중되기 시작한 지 오래된 뒤에도 각 계급에는 아무리 낮은 계급이라도 여전히 우월한 남녀가 있었다. 이런 상황에서 보편 참정권은 오직 사실을 직시할 따름이었다. 각 계급에 동등한 비중을 부여하는 방식은 인재들로 의회를 구성하는 다른 어떤 방법만큼이나 좋은 안이었다. 섬유 노동자, 광부, 철강 노동자, 농민 등이 각 집단 내부에서 평균 이상의 지능을 가진 사람을 선출했다. 각 집단에서 뽑은 하원 의원은 통치에 적합한 인물이었다.

그런데 의회의 지상권이 확보되자마자 국가가 끊임없이 복잡해지면서 그 지상권이 위협받기 시작했다. 이를테면 캠벨-배너먼Henry Campbell-Bannerman 행정부나 심지어 램지 맥도널드가 이끈 최초의 노동당 정부를 구성한 인사들은 그 자리에 합당한 사람들이었다. 그때만 해도 사회적 쟁점이 무척 단순해서 아마추어(옛날 하원 의원들은 아마추어를 자랑스러운 신분으로 여겼다)라도 머리가 좋으면 현명한 결정을 내릴 수 있었다. 기술이 소박한 상태에서는 충분히 가능한 일이었다. 그렇지만 버틀러* 정부 시기가 되면 통상적인 국가 업무가 이례적으로 복잡해져서 아무리 재능을 타고난 아마추어라도 정부 업무를 해결하려고 시늉하는 정도를 넘어서서 할 수 있는 일이 없었다. 시늉만 하는 데에도 시간을 온통 쏟아부어야 한 탓에 하원 의원은 의회 외부의 일을 하면서 소득을 쉽게 메울 수 없었다. 평등주의적 정서 덕분에 다행히 거둘 수 있던 한 가지 승리, 곧 하원 의원 연봉 상한제 때문에 외부 일이 점점 필요해졌지만, 실제로 구하기는 더욱 힘들어졌다. 유능한 사람들이 의회에 진출하기가 점점 어려워지자 노동당을 비롯한 여러 당의 질이 하락했다. 지능은 언제나 권력을 따라간다. 권력이 공무원 집단으로 슬쩍 빠져나가자 탁월한 인물들이 슬그머니 그쪽으로 갔다. 탁월한 인물들이 정치권을 떠나자 정계에 남아서 정부가 잠식당하는 사태에 저항할 수 있는 이는 더욱 줄어들었다. 요즘은 옥스퍼드와 케임브리지의 수석 졸업생이 정계 진출을 자기의 이익이나 의무로 여기지 않는다. 이익은 그

* 가공의 인물이다 — 옮긴이.

런 이들에게 변덕스러운 유권자들을 시중들라고 명령하지 않으며, 의무는 그런 이들에게 가장 책임이 막중한 자리를 채워서 사회에 봉사하라고 호소하지 않는다. 하원 의원의 98퍼센트에게 의회는 이제 더는 그런 자리를 제공하지 못한다. 현대의 글래드스턴 같은 정치인은 하웰에 있다.* 의회가 쇠퇴한 또 다른 원인은 능력 있는 이들이 점차 상층 계급으로 이동한 뒤에도 하층 계급이 계속해서 자기들하고 같은 부류를 당선시킨 점이었다. 하층 계급이 자기들에게 주어진 민주적 권리에 집착한 나머지 의회의 지능 수준이 꾸준히 낮아졌다. 보통 사람들의 대표로 선출된 이들은 이제 지적 능력이 없으며 권력을 휘두르지도 못한다.

이 문제에 대처하려고 두 가지 주요한 대안적 해법이 제안됐는데, 하나는 혁명적인 해법이고 다른 하나는 점진적인 해법이다. '혁명론자들'은 형식과 실질을 일치시켜야 한다고 요구하면서 의회를 폐지하거나 선거에서 지능 제한 규정을 둬야 한다고 말하고 있다. 또한 개인이 행사하는 투표수를 지능

---

* 윌리엄 글래드스턴(William Ewart Gladstone·1809~1898)은 네 차례나 총리를 지낸 자유당 소속 정치인이다. 윈스턴 처칠하고 함께 영국의 가장 위대한 정치인으로 손꼽히며, 옥스퍼드셔 주에 있는 하웰은 1946년 영국 원자력연구소가 세워진 곳이다. 마이클 영은 원자력의 미래에 큰 기대를 건 듯하다 — 옮긴이.

에 비례하게 하는 비례대표제를 추진하고 있다. 이 모든 해법은 확실히 근시안적이었다. 선조들이 말한 대로 구두를 신고 있는 사람만이 어느 곳이 꽉 끼는지 알 수 있는 법. 의회의 결정으로 고통이 생길 때마다 보통 사람이 지역구 하원 의원에게 불만을 표시할 수 있어야 한다.* 이런 권리가 존재하면 공무원, 그리고 심지어 사회과학자도 긴장을 늦추지 않는다. 게다가 이따금 보통 사람의 견해(유능한 당국의 조언을 받는 경우)가 엘리트 집단의 견해만큼 소중한 구실을 하는 단순한 쟁점이 생겨나며, 이런 보기 드문 경우에 우리는 하원에 자기 견해를 발표할 기회를 줘도 잃을 게 아무것도 없다.

전형적인 영국식 타협에 따라, 그러니까 하원을 폐지하지 않고 상원을 재구성하면서 혁명론자들이 추구하는 목적이 어느 정도 달성됐다. 노동당 당원들은 상원 세습제를 폐지하면 상원의 위세가 하원에 도전할 정도로 높아지게 된다는 중요한 근거를 들면서 오랫동안 철저한 개혁에 반대했다. 상원이 저절로 사멸하도록 내버려두는 편이 낫다는 말이었다. 이런

---

* 저 지혜로운 여사 비어트리스 웹이라면 그런 방식을 승인할 듯하다. "우리는 '평균적인 감각을 지닌 사람'을 거의 믿지 않는다. 그 사람이 자기 불만을 설명하는 정도를 넘는 많은 일을 할 수 있다고 믿지 않으며, 그 사람이 치유책을 처방할 수 있다고 생각하지 않는다"(Our Partnership).

일반적인 정신적 분위기 속에서 (아무리 근거가 충분하더라도) 반대가 계속 유지될 수는 없었다. 세습 원리는 도저히 옹호의 여지가 없었다. 1950년대에 사회주의의 한 대변자는 다음 같은 말로 좀더 계몽된 견해를 내놓았다.

현 상원을 반대하는 노동당의 견해는 실체가 정확히 무엇인지 기억하는 일이 중요하다. 이 반대는 일차적으로 상원 의원을 배출하는 제도의 약점이나 불공정성에서 기인하지 않고, 상속된 부류의 어리석은 행태에서 기인한다.*

노동당은 결국 반대편만큼이나 개혁에 적극적으로 나섰다. 상원 의원 세습 금지, 영국에서 가장 탁월한 사람들 중에서 뽑힌 남녀에게만 종신 상원 의원 지위 부여, 넉넉한 사례금 지급.** 이런 개혁이 1958년에 시작해 그 뒤 20년 동안 계속되면서 결국 상원이 하원보다 훨씬 더 영향력이 큰 기구가 됐다. 선발selection이 선거election를 대신했다. 민주주의의 모든 중간

---

* Anthony Wedgwood Benn, M.P., *The Privy Council as a Second Chamber*, Fabian Society, 1957.

** 영국의 상원 의원은 명예직이라 급여가 없으며, 회기 출석 같은 경우에는 교통비와 식비 등을 일당으로 계산해 사례금을 받는다 — 옮긴이.

단계를 건너뛰면서(마치 몇몇 나라가 철도에서 곧바로 로켓으로 도약하듯이), 멋들어진 일격으로 귀족주의의 도구가 능력주의의 도구로 변신했다. 제헌 의회를 거쳐 전체 내각 중에서 교육부가 상원의 몫이 되자 상원이 의회를 장악할 수 있는 길이 보장됐다. 이제 의회는 공산주의 중국에서 임명되는 종신 통치자들로 구성된 중앙위원회만큼이나 고귀하다. 상원은 영국 엘리트 계급의 중앙위원회다.

다른 점진적 발전의 방법은 공무원 조직을 강화해서 의회의 불가피한 약점을 메우는 방식이었다. 학교에서 일류를 선발해 대학에서 일류 훈련을 받는 식으로 육성되고, 새로운 연구 기법과 행정 기법으로 풍부해지며, 한 세기가 넘은 헌신적인 의무 이행의 전통과 동지애로 보강된 공무원 조직의 집단적 능력은 몇 차례 좌절을 겪으면서도 계속 비상했다. 이렇듯 여러 요소가 결합된 지혜에 맞닥트리자 내각의 아마추어 정치인들은 거의 모두 권력을 포기하고 명예를 챙기는 데 만족했다. 위험한 예외는 정치인이 너무 어리석거나 허영심이 강해서 자기 자신의 무능조차 인정하지 못하는 경우다. 이런 정치인은 마치 빅토리아 여왕처럼 자기가 가진 명목적 권력을 실질적 권력으로 행사하려 한다. 공무원 조직에서 옛부터 전해져 내려오는 지식의 일부는 이런 주제넘은 요구를 물리치는 방법에 관련된 축적된 지식이다.[*] 지금 나는 30년 전에 관한 이야기를 하고 있다. 다행스럽게도 금세기 영국의 의회에는 알버트 공^{**} 같은 사람이 없었다. 사회의 갈등이 줄어들자 공무원들은 이제 더는 초연할 필요가 없어졌고, 그렇기 때문에 양당제의 활력이 약화된 틈새를 메우기 위해 정치에서 더욱 적극적인 구실을 맡게 됐다. 공무원들과 활기 넘치는 상원은 점차 힘이 커지는 능력주의 체제에 속한다. 하원은 아직 이 추세를 따르지 않는다. 하원이 앞으로도 절대 따르지 않기를 바라자. 하원이 이제 군주제처럼 헌법에서 영원한 틈새를 찾기를, 더 높은 차원에서 옛것과 새것이 합쳐지고, 새것과 옛것이 합쳐지기를 우리 기대하자.

---

* 의회가 전성기를 누린 시절에도 공무원은 대단한 막후 권력이었다. 여기 대정부 질의에 내는 답변 초안을 작성하는 이들에게 주어진 조언 하나가 있다. "하원에서 제기되는 당혹스러운 질문에 제출하는 완벽한 답변은 간략하면서도 질문에 완벽하게 답하는 듯 보이고, 이의 제기를 받더라도 단어 하나하나가 정확하다고 증명할 수 있으며, 곤란한 '추가 질문'의 여지를 주지 않고, 실제로는 아무 내용도 없는 대답이다. 냉소적으로 들릴지 몰라도 어느 정도 진실이 담긴 말이다"(H. E. Dale, *The Higher Civil Service*).

** 빅토리아 여왕의 부군으로, 의회하고 갈등을 겪는 여왕의 편이었다 ― 옮긴이.

3. 기술자들

역사학자에게 던져진 수수께끼는 '왜 노동당이 그토록 오래 지속됐는가?'다. 사회적 관성social inertia의 원리를 이 경우보다 더 여실히 보여주는 사례가 있을까? 민주주의 자체가 그러하듯 노동당 또한 봉건 전통에 맞선 반발이었다. 노동당은 이른바 옛 노동 계급에서 생겨났으며, 계급이라기보다는 카스트였다. 19세기와 20세기에 등장한 보편 참정권 덕분에 노동자들은 정치 권력을 얻었다. 노동자들은 한데 뭉쳤고, 다른 종류의 지위 향상이 부분적으로 부정되자 이 정치 권력을 최대한 활용해서 상층 카스트의 권한에 도전했다. 세습제 때문에 출셋길이 가로막힌 유능하고 야심적인 지도자들은 자기 계급 전체의 운명을 향상시키려고 총력을 기울였다. 노동 계급 내부에서 자기들만 출세하는 데 그치지 않고 계급 전체의 지위를 향상시키려 한 노력! 노동 계급 구성원들의 역량에 상관없이 계급 전체의 지위가 상승해야 했다!

노동 계급들은 강력한 군대를 형성했고, 결국 바로 자기들의 성공으로, 그러니까 앞서 이야기한 사회주의의 업적으로 상층 카스트의 요새를 습격해서 재능만 있으면 들어갈 수 있도록 문을 활짝 열어젖혔다. 승리를 거두자 군대는 여단을 거쳐 소대로 점점 줄어들었고, 결국 외톨이 저격수만 남았다. 1960년대에 이르면 이제 육체노동자의 자녀로 태어나도 뛰어난 능력만 있으면 출신 성분이 큰 장애가 되지 않았다. 순전히 개인의 능력에만 힘입어 능력이 닿는 데까지 사회적 출세의 사다리를 올라갈 수 있었다. 이런 변화는 자기 자신만이 아니라 부모에게도 이익이었다. 그렇지만 노동 계급 전체로서는 이 승리가 일종의 패배였다. 요새를 정복한 데 만족한 노동 계급은 내부부터 허물어지기 시작했다. 점점 더 많은 부모가 자기 계급보다는 자식을 고려한 야심을 품기 시작했다. 자식 숭배는 민중의 마약이 됐다. 노동당이 멈춰 선 순간부터 국민 전체가 희망에 고무되고 야심에 활력을 얻으면서 전례없이 전진하기 시작했다.

노동당은 자기들이 큰 기여를 해서 창조한 새로운 사회를 상대로 어쩔 수 없이 타협했고, 그 순간 소멸했다. 제아무리 억센 집단이라 할지라도 유권자들은 점점 '노동'이라는 호소에 본능적으로 반응하지 않았다. 자식을 향한 열망 덕분에 출세한 이들은, 20세기 전반기까지 여전히 유행한 용어를 다시 쓰자면, 룸펜 프롤레타리아를 제외한 모든 사람이 자기는 사회의 밑바닥에 우글거리는 노동자보다 낫다고 생각했다. '노동자'라는 단어는 불명예스러운 말이 됐다. 20세기 중반 노동당(그때만 해도 당에는 대단히 유능한 사람이 많았다)의 약삭빠른 지도자들은 변화의 필요성을 충분히 절감했다. 지도자들은 노동 계급의 연대에 호소하는 정책을 폐기하고 중간 계급에 집중했다. 새로운 유권자 집단을 확보하려는 의도도 있었지만, 오히려 자기들이 볼 때 출신 계급에서 벗어나 상승한 노동당 지지자들하고 보조를 맞추려는 시도였다. 야심이 걷잡을 수 없이 퍼진 현실을 보여주는 징후의 하나는 다른 식으로는 어떻게 해도 승격시킬 수 없는 직업을 이름만 격상시키는 방식이었다. 이제는 그렇게 위선적일 필요가 없다. 이제 우리는 열등함을 인정하고 감히 그런 딱지를 붙일 수 있다. 그렇지만 그 시절에는 쥐잡이꾼은 '설치류 담당관', 공중화장실 검사관은 '공중 보건 검사관', 화장실 청소부는 '편의 시설 관리인'이라고 불렀다. 고용주들은 '노동자'를 해고하고 작업복 대신 흰 가운을 입은 기술자만 고용하는 식으로 변화하는 **관습**에 순응했다. 노동당도 마침내 같은 식으로 적응했다. '노동'은 무거운 짐이었고, '노동자'는 금기어였으며, 오직 '기술자'만이 마법의 지팡이가 됐다. 그리하여 현대적인 기술자당이 탄생해서 손과 머리로 일하는 기술자들에게 최대한 폭넓게 호소력을 발휘했다.

노동조합들도 선례를 따랐다. 운수일반노동조합^Transport

and General Workers Union·TGWU은 운수일반기술자조합Transport and General Technicians Union으로, 전국일반지자체공무원노동조합 National Union of General and Municipal Workers·NUGMW은 전국일반지자체기술자조합National Union of General and Municipal Technicians으로 변신했다. 이름을 바꾼다고 해서 다른 대규모 일반노동조합을 상대로 하는 경쟁을 피할 수는 없었다. 감독직·임원·기술자노동조합ASSET이 애초부터 정확한 이름과 지위에서 얻는 이점을 누린 때문이었다.[*] 광산노동조합Mineworkers은 광산기술자조합Mine Technicians(기술자당 초창기만 해도 여전히 하나의 세력이었다), 목공노동조합Woodworkers은 목공기술자조합Wood Technicians, 섬유노동조합Textile Workers은 섬유기술자조합Textile Technicians, 사무노동조합Clerical Workers은 사무기술자조합Office Technicians 등으로 변신했다. 마찬가지로 기술자조합회의Technical Unions Congress와 기술자교육협회Technicians' Education Association가 등장했다.[**] 그리하여 지위가 높은 사람들은 결정적으로 중요한 신분의 차이를 유지하기 위해 자기 나름의 분류법을 만들

---

[*] 운수일반노동조합과 전국일반지자체공무원노동조합, 감독직·임원·기술자노동조합은 모두 1958년에 실제로 활동한 노동조합의 명칭이다 — 옮긴이.

[**] 노동조합회의(Trade Unions Congress·TUC)와 노동자교육협회(Workers' Education Association·WEA)가 각각 명칭을 바꾼 가상의 조직이다 — 옮긴이.

어야 했다. 이를테면 실험실 기술자가 잡일을 하는 기술자하고 혼동되지 않으려면 기술자라는 이름을 계속 사용할 수 없었다. 그리하여 실험실 전문가라는 이름을 만들어냈고, 마찬가지 이유로 몇몇 노동조합(감독직·임원·기술자노동조합 제외)은 새로운 명칭을 채택했다. 이를테면 건축기술자노동조합Association of Building Technicians·ABT은 건축전문가조합Association of Building Specialists으로, 심리기술자노동조합Association of Psychological Technicians은 심리전문가조합Association of Psychological Technicians으로 명칭을 바꿨다.* 과학노동조합Association of Scientific Workers·AScW은 그 조합원들이 광채를 더해주는 상원이 그러하듯 사회 발전의 한 단계 전체를 건너뛰어야 했다.** 지방정부사회학자노동조합Association of Local Government Sociologists*** 하고 통합한 뒤에는 더욱 의욕을 보여서, 과학전문가조합ASS이라는 명칭조차 적절하지 않다고 간주하고 대담하게 자선가benefactor라는 칭호를 채택해 과학자선가조합ASB으로 변신했다. 오늘날 과학자선가

---

* 심리기술자노동조합은 실존하지 않은 조직이다 — 옮긴이.

** 대학교, 국민건강보험공단(NHS), 산업체 연구소 등에서 일하는 과학자와 기술자들이 모인 노동조합인 과학노동조합은 노벨상 수상자를 여럿 배출했다. 마거릿 대처 전 총리도 화학 분야 연구자 시절에 이 노조의 조합원이었다 — 옮긴이.

*** 가공의 조직이다 — 옮긴이.

조합은 과학 자선가나 관련 상점에 직접 관련된 활동을 하는 범위를 훌쩍 넘어서 정당한 존중을 받고 있다.

지능이 높은 사람들이 속한 조합들은 기술자조합회의TUC에서 조합원 수에 견줘 압도적으로 큰 영향력을 행사하고 있다. 물론 아직 지능에 견줘 압도적인 영향력은 아니다. 이 조합들은 능력주의 사회에서 (소득을 산정하기 위해) 놀이가 노동으로 전환되는 흐름처럼 빠른 속도로 노동을 놀이로 변형시키는 데 일조하고 있다. 또한 기술자조합의 관심을 현대적 의미의 성인 교육에 집중하는 데 조력하고 있다. 이 조합들은 지능 속성 학원의 실체를 폭로했다. 그리고 무게, 치수, 화폐 등에서 미터법 채택을 요구하는 캠페인을 벌여 성공을 거뒀다. 기술자 동료들에게 현대 국가에서 기술자당이 수행하는 구실을 진지하게 생각하도록 가르치기도 했다. 그리고 줄곧 감상주의자들에 맞서 싸워야 했다. 낡은 평등주의는 하루아침에 쓸어버릴 수 없었고, 좋던 옛 시절의 미덕을 찬양하는 감상주의자들은 사회 정의로 나아가는 진전에 관해 평등의 이름 아래 사사건건 항의를 계속하고 있다.

4. 노동조합 내부의 조정

우리가 얼마나 멀리 와 있는지를 이해하려면, 이를테면 1950년 노사정 3자가 머리를 맞댄 전국산업공동회의National Joint Council for Industry* 회의장을 떠올리자. 그 자리에는 각 부처 장관들과 노동조합회의, 영국산업연맹FBI, 공기업 대표단이 모였다. 그중 어떤 집단이 다른 집단보다 더 많은 능력이 있었을까? 노동조합 활동가들은 열세 살이나 열네 살에 학교를 그만둔 반면 사기업 지도자들은 케임브리지로 진학하고 공기업 수장들은 샌드허스트 육군사관학교로 진학한 만큼 활동가들이 논쟁에서 일방적으로 밀렸을까? 노동조합 지도자들은 나머지 두 집단이 아직 반바지를 입고 학교를 다닐 나이에 공장으로 떠밀려 들어간 탓에 불리한 처지였을까? 절대 그렇지 않았다. 어느 편인가 하면 오히려 유리한 상황이었다. 노동조합 활동가들은 오랜 경험을 쌓은 덕분에 말을 잘했고, 그중에는 전국에서 손꼽히게 유능한 사람도 몇 명 있었다. 계급 간의 권력 공유는 지능 공유의 자연스러운 결과였다. 이 지도자들은 자

---

* 전국공동회의(NJC)는 영국에서 산업별로 구성된 노사 협의체의 명칭인데, 전국산업공동회의처럼 모든 산업을 포괄하는 노사정 협의체는 존재한 적이 없다 — 옮긴이.

기 출신 집단의 추종자들에게 신뢰를 얻었고, 신뢰를 받을 자격을 갖췄다. 대부분은 노동당이 쇠퇴하기 전 1차, 2차, 3차, 4차 노동당 내각의 장관이었다. 광산노동조합 지도자들의 능력이 특히 대단했다. 탄광촌에서는 젊은이들이 선택할 만한 다른 직업이 없고 중간 계급으로 올라설 전망도 거의 없기 때문이었다. 1950년대와 1960년대만 해도 사람들은 이런 평민 영웅들이 똑같이 유능한 다른 사람들을 거쳐 계승되지 않으리라는 점을 제대로 이해하지 못했다. 노동조합의 최고 지도자와 노동당 정부의 장관, 그 밖에 탁월한 노동자의 자식들은 육체노동자가 되지 않았다. 상업과 전문직으로 진출하기 위해 그래머스쿨이나 대학에서 교육을 받았고, 그중 많은 수가 명문 사립 학교에 다녔다. 노동당 지도자의 자식들은 미래를 알리는 점쟁이였다.

한번 현재에 대조해보자. 형식을 지키기 위해 유지되는 전국공동회의의 2020년대 회합이 얼마나 다른지 생각해보라. 한편에는 아이큐 140인 사람들이, 반대편에는 아이큐 99인 사람들이 앉아 있다. 한편에는 우리 시대의 지적 거물들이, 반대편에는 서류보다는 청소 도구를 쥐고 있는 시간이 더 편한, 손바닥에 못이 박힌 정직한 노동자들이 보인다. 한편에는 어렵게 얻은 성취에서 기인한 자신감으로 똘똘 뭉친 사람들이, 반대편에는 정당한 열등성을 의식하는 사람들이 앉아 있다. 만약 우리가 우리 자신에게 솔직하지 못하다면, 장난감 총이 우주 로켓에 영향을 미치지 못하듯 노동조합 활동가들이 제아무리 신중하고 주의 깊게 성찰을 해도 동료 위원들에게 영향을 미치지 못한다. 공무원들은 사회학적 조사에 정통하기 때문에 공장에서 실제로 일하는 노동조합 현장위원보다도 공장 내부의 여론 현황에 관해 더 잘 안다. 노동조합 지도자들은 자기가 예우를 받는 관행이 순전히 형식적 절차라는 사실을 간파할 통찰력이 거의 없다. 노동조합 지도자들은 자기가 실질적인 권력을 부여받는 사람이 아니라 권력의 그림자로 아첨만 받고 있을 뿐이라는 사실을 알지 못한다.

이유는 물어볼 필요가 없다. 학교가 사회적 선발이라는 고유의 기능을 하기 시작했다. 그 사실이 전부다. 오랜 숙원이던 개혁이 단행되자 영국에서 가장 유능한 아이들은 이제 운 없이 실수만 하지 않으면 육체노동을 할 필요가 없었다. 그런 아이들은 '노동자교육협회'(원문 그대로)보다 더 좋은 곳에서 훈련을 받았다. 1944년 교육법이 개정된 뒤 20년이 지나자 육체노동자의 자녀 중에서 똑똑한 아이들은 자동으로 학군 내에서 가장 좋은 그래머스쿨에 입학하고, 그 뒤 옥스퍼드와 케임브리지로 진학했으며, 대학을 졸업하면 임페리얼 칼리지

Imperial College of Science, 인스오브코트Inns of Court,* 행정간부대학
에 입학할 수 있는 여비 장학금과 지원금을 받을 자격이 생겼
다. 후대의 키어 하디들은 당대의 내로라하는 공무원, 물리학
자, 심리학자, 화학자, 기업 중역, 음악 평론가가 됐다.

1940년대에 육체노동을 하려고 학교를 떠난 아이들 중에
는 20명에 1명꼴로 아이큐가 120이 넘었다. 개정 교육법이 시
행된 뒤인 1950년대에는 50명 중에 1명이었고, 1970년대에 이
르면 1000명 중에 1명뿐이었다. 20세기 마지막 사사분기에 이
르면 노동조합 상층 지도부를 채우는 데 필요한 정말로 능력
있는 노동자의 공급이 완전히 고갈됐고, 이미 오래전에 특히
젊은 층 사이에서 노동조합 출신 의원과 지부와 현장 간부들
의 자질이 하락하는 현상이 뚜렷하게 두드러진 상태였다. 노
동조합이 여전히 고수하는 연공제 규칙은 산업의 경우처럼 강
력한 제동 장치가 아니었다. 나이든 간부가 전반적으로 좀더
유능하기 때문이었다. 물론 뛰어난 지능은 노동조합 지도자
에게 요구되는 유일한 자질이 결코 아니었다. 투쟁성과 집요
한 근성, 고된 노동을 감당할 수 있는 능력 등도 필요했다. 그
렇지만 지능이 유일한 자질은 아니라 할지라도 필요한 자질이

* 법정 변호사를 배출하는 영국 고유의 법학원 — 옮긴이.

며, 새로운 지도자들은 지능이 부족한 탓에 아주 불리한 조건에 놓여 있다.

그렇다면 노동조합은 도대체 어떻게 존속하게 된 걸까? 노동조합은 임명직 간부진의 강화, 노동조합 기능의 단순화, 노동조합의 사회적 지위 향상 등 세 가지 종류의 조정 덕분에 살아남을 수 있었다.

첫째, 의회처럼 노동조합에서도 임명직 '공무원'을 강화하면서 선거 방식의 약점이 어느 정도 상쇄됐다. 대학 졸업자가 생산직 노동조합의 간부로 선출되는 사례는 아주 드물었지만, 노동조합 집행위원회는 경제가 끊임없이 복잡해지는 현실을 인식하고, 대학의 위신이 높아지는 현상에 깊은 인상을 받고, 나아가 고용주와 정부를 상대로 최대한 세를 과시하려는 와중에 너무 느리기는 해도* 점차 연구, 생산, 홍보 부서에 대졸자를 임명하고 있다. 노동당은 더는 존재하지 않는 유능한 육체노동자 대신에 윈체스터를 비롯한 엘리트 학교 출신을

---

* 협동조합 운동 또한 교육에서 일어난 변화에 무척 느리게 반응했다. 1930년대의 한 보고서는 협동조합 운동이 현 교육 제도에서 가용할 수 있는 훈련된 능력자들을 활용하는 데도 실패했다고 논평했다. "협동조합 운동은 중등교육의 이점도 제대로 파악하지 못했고, 대학 졸업자의 채용에 관해서는 거의 알지도 못한다"(A. M. Carr-Saunders, P. Sargant Florence and R. Peers, *Consumers Cooperation in Great Britain*).

의원으로 영입하는 데 앞장섰고, 나중에는 대학 출신을 영입했다. 1960년대에 이르면 당 지도자 중에서 육체노동자는 거의 찾아볼 수 없었다. 1924년에 견주면 일대 변화였다. 일정한 시간이 흐른 뒤에는 노동조합도 간부진이 대대적으로 바뀌었다. 대학들은 지능이 높으면서도 멍청이들을 기꺼이 견딜 만큼 수완이 좋은 적합한 후보자들을 고려해 특별 과정을 개설했다. 노동조합 집행부 고문들에게는 이런 자질이 특히 필요했다. 리즈 공과대학에 개설된 유명한 샌드위치 과정*은 일정 기간 동안 일반 조합원으로 실무 경험을 쌓아야 한다고 규정하고 있다. 노동조합과 경영진 후보생들이 공장 현장에서 함께 즐겁게 일을 한다. 노동조합들은 일류는 아니더라도 아이큐 115~120 사이의 양호한 이류 정도는 되는 많은 대졸자들을 상층부에 영입하고 있다.

노동조합들은 위편 경** 같은 사람들 덕분에 유지됐다. 위편 경이 지닌 자질이 얼마나 우수한지를 이해하려면, 명성에 걸맞은 교육을 전혀 받지 못한 어니스트 베빈의 경력과 경의 경

---

* 일정 기간 동안 기업체에서 현장 실습까지 하는 교육 과정 ─ 옮긴이.

** 다음 쪽 표의 출생 연도에서 알 수 있듯이 가공의 인물이다. 어니스트 베빈은 실존 인물이다 ─ 옮긴이.

	위펀 경 (1957년 8월 9일생, 브래드퍼드. 아버지는 방적공)	어니스트 베빈 씨 (1881년 3월 9일생, 서머싯 주 윈스퍼드. 아버지는 농장 노동자)
5~11세	A등급 초등학교. IQ 120.	마을 학교에서 읽기와 쓰기 배움.
11세	중등학교 입학시험. IQ 121.	학교를 그만두고 농장 심부름꾼으로 취직.
13세	브래드퍼드 그래머스쿨. IQ 119.	주방 보조, 브리스틀.
14세	위와 같음.	식품점 심부름꾼.
15세	위와 같음.	식품 운송 트럭 보조.
16세	대학 준비 과정. IQ 118.	전차 차장, 그 뒤 다시 식품 운송 트럭 보조.
18세	케임브리지 대학교에서 국가 장학금 받음. IQ 120. 2급 이학사(사회학), 이학 석사(지능 검사).	짐마차꾼.
28세	액턴 기술전문대학 산업 인간관계론 전임강사. IQ 123.	브리스틀 노동권위원회 간사.
29세	하버드 대학교 영연방 연구원. IQ 115.	항만·부두·강변·일반노동조합 브리스틀 정비사 지부 간사.
32세	영국방직공장기술자조합* 부조사관. IQ 115.	노동조합 전국 조직 부책임자.
34세	위와 같음.	노동조합 전국 조직 책임자.
41세	기술자조합 조사관. IQ 114.	운송·일반노동조합 사무총장.
59세	기술자조합회의(KCTUC) 서기. 총평의회 위원. IQ 116.	노동부 장관.
64세	귀족 작위 받음. IQ 116.	외무부 장관.
72세	기술자조합회의(TUC) 교육위원회 의장. IQ 112.	
76세	액턴 기술전문대학 조교수(현재). IQ 104.	

* 소설의 설정에 따라 영국방직공장노동조합(United Textile Factory Workers' Association·UTFWA)이 바꾼 명칭이다 — 옮긴이.

력을 비교하기만 하면 된다. 과거에는 베빈 같은 사람들이 육체노동자들을 이끄는 지도자였다면, 지금은 월터 위펀 같은 부류가 지도자다.

둘째 조정은 더욱 합리적으로 조직된 사회에서 노동조합의 기능이 거의 완전히 정례화돼 창의나 혁신에 관한 요구가 거의 없어진 상태를 가리킨다. 현장위원과 지부 간부는 이제 더는 고용주에 상대가 되지 않지만, 임금이나 노동 조건을 둘러싸고 벌어지는 교섭이 이제 전부 완전히 국가적 차원으로 일원화된 때문에 별 문제가 되지 않는다. 국가 차원 교섭에서는 유급 간부들의 영향력이 지배적이다. 영국생산성협회는 여러 노동조합에 조합원용 홍보물, 영화, 만화 등을 지속적으로 공급하고 있으며, 전국공동회의 또한 연례 물가 검토 책임을 맡은 만큼 한층 더 중요해졌다. 전문적으로 훈련받은 통계학자만이 복잡한 물가 검토를 수행할 수 있기 때문에 노동조합에 고용된 전문가들이 중앙통계청의 동료들을 만나 토론하면서 세부 내용을 결정한 1991년에 리밍턴에서 파업이 벌어진 이래 지난해 5월까지 '파업'이 한 건도 없었다.

셋째, 노동조합은 군주제처럼 사회 질서에서 한층 더 명예로운 자리를 부여받고 있다. 오늘날 모든 주요 국가 기구에는 노동조합 대표가 참여한다. 지금까지 각 고용주만이 아니라 정부도 공동 협의를 진행한 만큼 노동조합은 (포퓰리스트 그룹이 장악한 경우를 제외하면) 적어도 공개적으로 발표되기 하루이틀 전에 거의 모든 중요한 결정 사항을 전해 듣는다. 이제 노동조합회의에 관한 칙령이 마련돼 총평의회의 모든 성원이 당선하자마자 자동으로 기사 작위를 받고, 일반 노동자들에게 주어지는 명예상도 많아진 덕분에, 분명 아주 험악한 상황이 될지도 모르는 사태가 지능과 요령을 통해 수습됐다. 포퓰리스트 그룹은 노동조합의 유급 간부와 일반 조합원 사이에는 기본적인 공감의 결여가 자리한다고 주장한다. 사회학자라면 그런 문제의 위험성을 분명히 인식하고 있을 듯하다. 그렇지만 이 문제의 치유책은 상상 속에만 존재하는 과거의 황금기로 돌아가는 방식이 아니다. 대학들이 깨달은 대로, 진정한 치유책은 머리 좋은 대중의 눈과 귀인 사회 조사와 여론 조사를 완벽하게 실시하는 데 있다.

5. 요약

이 장은 과거에 세습 원리를 겨냥해 대대적인 공격을 감행한 사회주의자들을 향한 찬사로 시작했다. 사회주의자들이 없었다면, 카스트가 계급으로 대체되는 일이 결코 벌어지지 않았을 테고, 옛날의 귀족 정치는 절대 현대적 형태로 전환되지 못했다. 그렇지만 자기들의 사명이 완수되고 기회 균등이 달성되자 사회주의자들은 폭넓고, 때로는 고통스러운 조정을 해야 했다.

노동당을 구성하는 주요 세력들은 새로운 이름 아래 지위 하락을 감수했다. 또한 동시에 자기들의 특별한 매개체인 의회의 쇠퇴에도 적응했다. 기술자조합은 권력 상실을 사회적 위신의 확보로 보상받았다. 조직화된 기술자들은 노동조합보다 작기는 하지만 우리 사회의 기둥이 되고 있다. 그렇지만 이탈파 사회주의자들의 소수 운동은 때로는 공식 대열 내부에서 활동하다가 때로는 외부에서 활동하는데, 완전히 괴멸되지 않았다. 감상적 평등주의자들은 지난 수십 년 동안 정부를 괴롭힌 만큼이나 존경할 만한 기술자당 지도자들도 괴롭혔는데, 포퓰리스트 그룹이 그런 이들을 자기들의 선조라고 하는 주장도 일리가 있다.

오늘날 애버셋 부인은 능력주의를 모히칸족에 비교하기를 즐긴다. 모히칸족은 정복한 부족에서 가장 우수한 젊은 남녀를 데려다가 자기 가족 성원으로 길렀다. 애버셋 부인과 그 동료들은 기술자들이란 기술자 출신으로 자기들하고 심적 태도를 공유하는 지도자를 원한다고 주장한다.* 만약 다시 어니스트 베빈 같은 사람이 지도한다면 기술자들의 사기는 다시 올라갈 수 있다. 그 지도자와 자기를 완전히 동일시하고 자기가 한 행동의 공로를 인정받을 수 있기 때문이다. 기술자들은 다시 응집력 있는 사회에 소속될 수 있다. 왜냐하면 사회의 요구를 기술자들이 이해할 수 있는 언어로 해석해주는 지도자를 갖게 될 테기 때문이다. 포퓰리스트 그룹은 자기들에게 주어진 사명이 기술자 출신 지도부가 나타날 때까지 기술자들을 위해 수탁자 구실을 하는 일이라고 믿는다. 지난해만 해도 우리는 그런 믿음이 애처로운 망상이라고 생각했다……

---

* 계간지 《코먼윌(Commonweal)》에서 포퓰리스트 그룹에 속한 몇몇 필자는 또한 사회학에 호소하면서 히틀러 전쟁의 역사에 관한 새로운 해석을 내놓았다. 영국 해군의 심리학자들이 몇몇 유능한 인원을 특수 훈련소에 보내지 않고 일부러 일반 수병으로 남겨놓은 이유는 수병들이 겪는 문제를 잘 아는 인원을 나중에 장교로 발탁하려는 의도라고 본 해석은 정확하다(P. E. Vernon and J. B. Parry, *Personnel Selection in the British Forces*를 보라). 이 필자들은 그 시절에는 기층의 성인을 승진시키는 방식이 긍정적이고 바람직하다고 여겨진 사실을 간과했다. 그렇지만 교육 개혁이 단행된 지금은 대개 그런 일이 더는 필요하지 않다.

7장

부자와
빈자

1. 능력과 돈

카스트나 계급은 보편적인 제도이며, 한 사회가 얼마만큼 조화되는가 하는 정도는 어디서든 계층화가 사회의 도덕규범으로 승인받는 수준에 좌우된다. 과거의 귀족주의가 붕괴하고 새로운 귀족주의가 등장할 때까지 오랜 기간 동안에는 계급 구분을 정당화할 수 있는 합의된 기준이 전혀 없었다. 그리하여 특권과 보상의 분배를 둘러싼 갈등이 격렬하고 끝이 없었다. 그 어떤 주제도 돈만큼 강하게 감정이 뛰게 만들지 못했다. 가난한 사람들은 부자들이 필요 이상으로 많이 갖고 있으면서 더 많이 챙기려 한다고 쉴 새 없이 비난했다. 부자들은 이런 비난을 끊임없이 부정하면서 자기들이 공공복리에 기여하는 정도에 견줘 그런 대가로 받는 보상이 너무 보잘것없다고 주장했다. 이 투기장에서 싸우는 양쪽 사이에는 평화가 있을 수 없었고, 기껏해야 타협적인 휴전만 가능했다. 그동안 얼마나 많은 변화가 있었던가! 보상의 분배는 한층 더 불평등해졌지만 전에 견줘 싸움은 줄어들었다. 어떻게 해서 이렇게 행복한 상태가 생긴 걸까? 답을 찾으려면 이야기를 2005년 전후로 나눠 살펴야 한다.

지난 세기 내내 각 조직이 점점 커지고 복잡해지면서 소득의 폭도 필연적으로 넓어졌다. 산업의 사다리가 길어지고 연봉 등급의 수도 많아졌다. 100년 전만 해도 직원이 10명인 소기업에서는 연봉 등급을 기껏해야 서너 단계로 나누는 방식이 흔했다. 최상위자가 최하위자보다 훨씬 잘살 필요가 없었다. 그런데 점점 규모가 큰 기업이 지배하게 되자 수백 가지 등급이 만들어져야 했고, 모든 등급의 연봉에 차이가 생겼다. 최하위에는 그 아래로 받아서는 안 된다고 정해진 번듯한 수준의 최저 임금만 받는 사람이 있었다. 여기에서는 어쨌든 평등이 존재했다. 최저 임금을 토대로 해서 소득의 피라미드 전체가 세워졌다. 이를테면 1992년 유럽원자력공사에서는 승강기 운전사가 연간 450파운드의 최저 임금을 받았다. 그 위로 221개의 등급이 있었고, 등급별 평균 연봉 차이는 250파운드이기 때문에 공사 사장은 필연적으로 최소한 5만 5700파운드를 연소득으로 챙겼다. 실제 연봉은 6만 파운드였다(사장 퇴직연금 제외). 최상위와 최하위의 연봉 차이는 다른 대부분의 대규모 조직에서도 같은 자릿수였고, 중소기업들도 능력 있는 사람을 끌어오느라 비슷한 수준의 급여를 지불해야 했다.

이전의 혼란스러운 상황에서 벗어나 이런 급여 체계를 만들어내느라 여러 해가 걸렸다. 어려운 과제는 다양한 직업 전체를 상호 연관된 위계 체계에 끼워 맞추는 일이었는데, 영국 경영학회의 초기 정식화를 인용하면 '직무 수행, 적성, 그 밖에 직무를 성공적으로 수행하는 데 필요한 자질의 측면에서 직원을 체계적으로 평가'하는 능력 등급제가 개발된 뒤에야 이 과제가 달성됐다.* 기술 진보의 소산인 새로운 종류의 직업을 지나친 혼란을 야기하지 않은 채 기성 위계질서 안에 끼워 넣어야 할 때면, 여전히 논란이 벌어졌다. 각기 다른 등급에서 급여 차이를 얼마나 둘지를 놓고도 논란이 여전했는데, 산업심리학자들이 곧바로 문제를 해결하지 못하면 노동조합이 계속 관여할 수 있었다. 그렇지만 일단 능력 등급제가 직무를 서로 비교하는 적절한 수단으로 널리 이해되고 인정받게 되자 이제 더는 심각한 분쟁이 벌어지지 않았다.

앞에서 말한 대로, 우리 나라의 전반적인 분위기는 결코 평등주의적이지 않았다. 거의 모든 사람이 어떤 이들은 다른 이들보다 낫다고, 그러니까 전문직 계급이 육체노동자보다 우수하다거나 육체노동자가 전문직 계급보다 우수하다고 생각했는데, 유감스럽게도 판단 기준은 모두 제각각이었다. 그런데 점점 더 많은 사람들이 능력에 관해, 또는 실제로 교육과 산업에서 능력에 부여하는 의미에 관해 동의할 수 있다는 사

---

* British Institute of Management, *Merit rating*, 1954.

실을 깨닫는 와중에 이렇게 판단 기준이 다른 상황은 어떻게 보면 다행스러운 일이었다.

소득 세습이 폐지된 결과 예전의 논란은 열기가 가라앉았고, 더욱 경험적인 정신이 무대에 등장할 수 있었다. 사회주의자들은 두 유형 사이에서 갈피를 잡지 못했지만, 주요 세력은 근로 소득보다 불로 소득에 기인하는 불평등에 훨씬 더 비판적이었다. 사회주의자들이 생각하는 전형적인 불로 소득자는 아버지에게 재산을 물려받은 부자였다. 상속세, 자산세, 자본 이득세, 불로 소득에 관한 특별 부가세 등이 효력을 발휘하자 이런 비판은 근거가 사라졌고, 하층 계급 중에서 보통 말하는 불평등에 반대하는 이는 거의 없다는 현실이 드러났다. 만약 어떤 사람이 분투를 해서 교육 사다리를 기어 올라간 끝에 좋은 일자리를 얻어 많은 연봉을 받는다면, 그 사람은 그런 보상을 받을 자격이 있을지도 모른다. 당사자에게는 행운이다.

2. 현대적 종합

이렇게 자기 노력으로 교육 사다리를 기어 올라가서 좋은 일자리를 얻어 많은 연봉을 받는다면 행운이라는 주장이 일반적인 견해였지만, 결코 보편적으로 받아들여지지는 않았다. 비판은 평범한 사람들에게서 나왔다. 평등주의자들은 가장 머리가 좋은 아이들이 가장 집중적인 교육을 받는 데 무한정 반대할 수는 없었다. 이런 일은 모든 성원에게 이익이었다. 극빈한 기술자의 부인이 병에 걸리면 보통 최소한 아이큐 100은 되는 의사를 부를 수 있어서 다행이었다. 사회주의자들은 가장 우수한 사람들이 가장 큰 권력을 갖는 데 무한정 반대할 수 없었다. 가장 우수한 사람들이 참모총장, 왕립천문대 소장, 대학교 부총장, 사회과학연구협회 회장으로 일하면 모든 사람이 이득을 누리기 때문이었다. 사회주의자들은 엘리트의 존재를 받아들여야 했다. 소수 사회주의자들이 불평한 문제는 엘리트들이 그렇게 많은 돈을 받는다는 점이었다. 몇몇 사회주의자들은 이렇게 말할 수 있다. 그래, 가장 우수한 천문학자가 왕립천문대 소장을 맡은 현실은 인정한다고 해도, 그 사람이 천문대를 지은 벽돌공보다 더 많은 보수를 받는 이유는 도대체 무엇인가?

이 질문은 능력이나 우열 같은 용어로는 답할 수 없는 성격이기 때문에 줄곧 신경이 거슬리는 물음이었다. 이 이상한 사람들은 미친 듯이 여기저기서(특히 영국에서) 거의 형이상학적인 방식으로 질문을 던져댔다. 이것이 옳은가? 저것이 옳은가? 물론 이 질문에 답해도 곧바로 다른 질문이 튀어나왔다. "어떤 원리에 따라 옳은가?" 어떤 이는 필요에 따라 분배돼야 하기 때문에 한 사람에게 다른 사람보다 더 많은 돈을 주는 방식은 잘못이라고 말할 수 있었다. 또한 어떤 이는 노력에 따라 분배돼야 하기 때문에 게으른 과학자에게 부지런한 청소부보다 더 많은 돈을 주는 방식은 잘못이라고 말할 수 있었다. 또는 사회는 유전적 불공정을 보상해야 하기 때문에 머리 좋은 사람에게 머리 나쁜 사람보다 더 많은 돈을 주는 방식은 잘못이라고 말할 수 있었다. 또는 사회는 머리 좋은 사람들이 운명적으로 겪는 불행을 보상해야 하기 때문에 머리 나쁜 사람에게 머리 좋은 사람보다 더 많은 돈을 주는 방식은 잘못이라고 말할 수 있었다(어느 누구도 똑똑한 사람들에게 해줄 수 있는 일이 많지 않기 때문에 어쨌든 똑똑한 사람들은 비참하다). 어떤 이는 어퍼슬로터 같은 한적한 시골 마을에서 오랫동안 평온하게 산 사람과 배터시 폴리테크닉 대학교*에서 지식을 창조하느라 평생을 바친 과학자가 똑같은 돈을 받는 방식은 잘못이라고 말할 수 있었다. 또한 어떤 이는 자기 일을 좋아하는 사람과 싫어하는 사람이 똑같은 돈을 받는 방식은 잘

---

* 1966년에 서리 대학교로 바뀜 — 옮긴이.

못이라고 말할 수 있었다. 또는 다른 어떤 말이든 할 수 있었고 실제로 했으며, 어떤 말을 하든 간에 그 발언에 은연중에 담긴 원리가 특정한 종류의 정의에 호소하기 때문에 항상 지지를 받았다.

이런 무미건조한 논쟁에서 합의를 이끌어내고 사회주의자들을 오랫동안 침묵시킨 일이야말로 현대의 국정 운영이 거둔 성공적인 업적의 하나다. 선례에 따라 번성하는 나라에서 그 모든 정책의 이점은 과거하고 급격하게 단절한 적이 없다는 사실이다. 20세기 내내 비과세 지출이 급여에서 점점 더 중요한 부분이 됐고, 1990년대에 이르면 숱한 새로운 관습이 뿌리를 내렸다. 식견 있는 역사학자라면 신문의 광고란을 훑어보기만 하면 된다. 여기 그 시절의 전형적인 광고가 하나 있다.

하웰 특별시county borough.* 소아과 병원에서 일할 내분비계 정신의학자(24등급) 지원자 모집. 연금 보장되는 장기 고용직. 연봉은 초봉 1만 850파운드이며, 매년 135파운드 10실링 인상돼 최대 1만 2205파운드 보장. 중식 제공. 지원서는 특별시 심리학자가 배부함.

---

* 인구 5만이 넘는 카운티 중에 카운티 의회에서 독립된 시. 1974년에 폐지됐다 ─ 옮긴이.

지방 정부 기관에서도 핵심 단어를 잘 이해하고 있었다. '중식 제공'이라는 말은 하윌 특별시가 다른 대부분의 진보적인 지자체처럼 지자체연합의 협약을 따른다는 의미였다. 이 협약에 따라 지방 의회 대졸 직원들은 중식부터 휴가까지 다양한 추가 급여를 현물로 받았다.

그런데 왜 중식과 휴가, 그 밖의 복지 급여만 중요했을까? 이 질문은 정말로 타당했다. 모든 직원이 높은 성과를 낼 수 있게 완전한 환경을 조성하는 일은 고용주의 책임이 아니었을까? 이미 사회가 큰 비용을 들여 훈련시킨 사람인데, 가정에서든 일터에서든 최대 효율을 발휘하지 못하게 가로막는 장애물을 그냥 내버려두는 행동은 우스운 일이었다. 전문적 직원들에게 일과 여가의 구분은 어쨌든 순전히 인위적인 분리일 뿐이다. 그런 이들의 삶 전체가 자기 직업에 맞춰져 있다.

이 문제는 30여 년 전에 걸리버 씨가 작성한 청원에서 정확하게 제기됐다. 상층 계급을 공정하게 대우해달라고 호소한 그 청원은 아마 단지 직설적인 내용 때문에 유명할 듯하다. 우리 모두 〈엘리트의 일은 끝이 없다〉는 제목을 기억한다.

우리는 생각하는 사람입니다. 그렇지 않습니까? 생각하는 일을 하며 돈을 받습니다. 자, 그런데 우리 일을 잘하려면 무엇이 필요할까요? 조용해야 합니다. 소음 때문에 방해를 받으면 정신을 한곳에 집중할 수 없습니다. 편안해야 합니다. 자잘한 물리적 자극에 신경을 써야 하면 높은 성취를 얻을 수 없습니다. 충분한 휴가가 필요합니다. 역사를 돌아보면, 바다에서 수영을 하거나, 산길을 거닐거나, 카리브 해변에서 꾸벅꾸벅 졸다가 갑자기 전혀 예상하지 못하게 생각의 연쇄에서 잃어버린 고리가 떠오르는 일이 과학자들에게 종종 있습니다. 총명한 사람은 1년 치 일을 8개월에 할 수 있지만 12개월에 하지는 못합니다. 우리는 직장에서는 비서가, 가정에서는 하인이 필요합니다. 생활에 필요한 허드렛일은 수준 높은 일을 해야 하는 인재들에게서 에너지를 빼앗아갑니다. 목수가 끌이 필요하고 기계공이 스패너가 필요하듯, 우리는 깨우침을 주는 책, 자극을 가하는 그림, 마음을 가라앉히는 와인이 필요합니다. 우리가 하는 요구는 우리 자신을 위한 요구가 아닙니다. 이 모든 요구는 우리가 두뇌를 바쳐 봉사하는 사회를 위한 요구입니다. 인간의 위업과 사회 진보로 나아가는 길에 어떤 질투심이나 허영심, 이기심도 방해가 되면 안 됩니다.

변화의 척도는 이런 조잡한 사고가 좀더 세련된 형태로 일반적으로 받아들여진 정도하고 같다.

공공 의식으로 무장된 고용주들은 점차 새로운 의무 개념을 받아들이면서 자기 직원들에게 이런 의무를 느꼈다. 여기에서 주어진 의무란 직장 안팎에서 24시간 내내 정신적 활동을 위해 가능한 최상의 조건을 제공하기였다. 이런 일을 하려면 돈이 들었다. 집을 사서 주고, 운전사를 배정하고, 회사 차량과 비행기를 제공하고, 직원의 일터와 집에서 가사 노동을 제공하고, 몬테고베이, 타슈켄트, 카슈미르, 카라카스, 팜비치, 랜드린도드웰스 등 산업심리학자가 추천하는 휴양지에서 겨울을 보내게 하려면 돈이 들었다. 그렇지만 그 돈은 직원 소유가 아니었다. 직원은 이 돈을 자기 마음대로 쓸 수 없었다. 이 돈은 소득이 아니라 비용이었고, 비용 지출은 당연히 고용주의 책임이었다.

이드리스 로버츠 씨는 이런 상황에서 가능성을 간파한 최초의 정치인이었다. 로버츠 씨는 비판자들의 요구에 동의하면서 모든 소득의 완전한 평등을 확립함으로써 마침내 그 사람들의 입을 막았다. 그전에 엘리트 집단 성원들은 줄곧 효율을 근거로 평등화에 반대했다. 적절한 경제적 유인을 주지도 않으면서 최선을 다할 사람을 기대하지는 말라는 주장이었다. 그렇지만 엘리트들은 설사 소득이 많아진다고 해도 지금처럼 많은 세금이 부과되면 지속적인 노력을 끌어내는 유인이 될 수 없다는 점을 곧바로 간파할 수 있었다. 엘리트 집단이 기꺼이 평등을 받아들인 이유는 이제 더는 소득에 신경을 쓰지 않기 때문이었고, 보통 사람들이 평등을 받아들인 이유는 여전히 소득에 신경을 쓰기 때문이었다. 로버츠 씨가 통과시킨 2005년 소득평등화법은 우리 사회의 모든 계급의 이해를 가장 특이한 방식으로 결합시켰다. 그때부터 모든 피고용인은 지위에 상관없이 단지 시민이라는 이유로 균등급the Equal*(공식적으로는 보수라고 불린다)을 받고 있고, 직급별 차이는 이제 연봉이 아니라 효율의 필요성 때문에 정당화될 수 있는 차등화된 비용 지불에 따라 인정된다. 물론 고용주들은 원하기만 하면 기술자들에게도 복지 급여를 제공할 수 있었고, 가장 계몽된 몇몇 고용주들은 운동을 즐기는 기술자에게는 경주 트랙을, 크리켓 애호가에게는 콘크리트 경기장을, 축구 동호인에게는 경기장을 공장 부지에 만들어주는 식으로 복지 급여를 제공하고 있다. 기술자들은 겨우 7시간을 일하기 때문에 당연히 실제로 매일 24시간 일을 하는 전문적 직원하고 똑같은 보상을 요구할 수 없다. 그렇지만 가늠하기 어렵기는 해도

---

* 오늘날 표현으로 하자면 '기본소득'에 해당한다. 17세기 토머스 모어의 《유토피아》 이래로 유럽에서는 '기본소득' 구상이 꾸준히 이어졌다 — 옮긴이.

사기를 진작시킬 필요가 있으며, 이런 관점에서 볼 때 회사 기금을 현명하게 관리해서 이런 건강 관련 편의 시설에 지출하는 일은 대개 충분한 가치가 있다.

소득 평등화를 계기로 임금 격차를 둘러싸고 오랫동안 지루하게 벌어진 논쟁은 대부분 끝이 났다. 이제 차이가 있다면 개인별이 아니라 근속 연수별 차이뿐이다. 로버츠 씨와 개혁 정부는 시간에 따라 소득이 상승하는 데 기술자들이 익숙해진 점, 그리고 정당한 기대가 좌절되면 그 사람들도 실망한다는 점을 인정했다. 초창기 사회학자인 레너드 홉하우스Leonard Trelawny Hobhouse 교수는 언젠가 심오한 진실을 말한 적이 있다.

질문: 이상적인 소득이란 무엇인가?
답변: 당신이 받는 금액보다 10퍼센트 많은 소득이다.

소득평등화법은 각 기여자들이 출자한 공동 기금에서 지급하는 균등 급여는 매년 시행되는 물가 검토에 따라 조정돼야 한다고 규정했다. 어떤 해든 물가가 오르면 균등급도 거기에 비례해 인상돼야 하며, 사실 2005년 이래 물가가 꾸준히 오르고 있기 때문에 보통 사람이 받는 보수도 계속 인상됐다. 어느 해든 12개월 동안 물가가 실제로 얼마나 올랐는지만이 논쟁이 될 뿐 이 방법 자체의 정당성은 거의 문제가 되지 않았다. 기술자조합 소속 통계학자들은 적어도 한 차례 이상 물가 검토에서 내놓은 물가 지수가 공식적인 수치하고 매우 다르다는 사실을 알고 있었다! 경험적인 문제로 다뤄야 할 사안이 결국 정치적 쟁점으로 비화됐다. 대학들은 이 문제에 관심을 기울이는 중이다. 계량 경제학 교수들은 조만간 더욱 통합된 교과 과정을 도입할 듯하다.

효율 향상의 결과를 분배하는 방법 또한 현대화되고 있다. 예전에는 기술자들이 생산성과 '임금'이 동반 상승해야 한다고 주장했다. 생산량이 많아진 만큼 혜택도 많이 받아야 한다는 말이었다. 그렇지만 명백히 잘못된 주장이었다. 경제적 진보는 육체노동자들 덕분이 아니라(심지어 노동자들은 더 열심히 일하지도 않는다), 새로운 기법을 고안하는 발명가와 조직가 덕분이기 때문이다. 누군가 임금 인상을 받을 자격이 있다면, 주인공은 바로 능력주의다. 어쨌든 생산성 증대는 생산성을 한층 더 높이는 데 쓰여야지 보통 사람들에게 쓸데없이 허비해서는 안 된다. 위대한 나라일수록 그만큼 막대한 투자가 필요하다. 지난 세기 중반에 영국에서는 여전히 투자가 비참할 정도로 소규모여서 러시아보다도 훨씬 적었다. 러시아에서는 나라를 부유하게 만들려면 시민들이 계속 가난해야 한다는 사실을 아는 엘리트 집단이 경제 권력을 확고하게 틀어쥐고 있었다. 우리는 마침내 생산성과 빈곤이 떼려야 뗄 수 없는 관계라는 교훈을 배웠다. 2005년 이래 연간 생산성 증가분은 주로 인적 자원에 다시 투입됐다. 곧 고등 교육을 유지하고 고등 교육 졸업자의 건강 상태를 관리하는 데 먼저 투입되고, 그 다음으로 온갖 종류의 기계 설비에 투입됐다.

어떤 이는 도대체 누가 이렇게 건전하고 능률적인 방법에 반대할 수 있느냐고 물을지 모른다. 그렇지만 반대하는 사람들이 있었다. 포퓰리스트 그룹은 또다시 언뜻 불가능해 보이는 일을 해내고 있다. 포퓰리스트 그룹은 기술자들에게 응분의 몫을 주자고 말한다. 그런데 국가는 확실히 그런 분배를 감당할 수 있을까? 생산성이 계속 높아져서 2031년에는 국민지출national expenditure이 54퍼센트 증가했고(포퓰리스트 그룹은 심지어 국민소득이라는 케케묵은 용어를 되살리려 애쓰고 있다), 지난해에는 무려 61퍼센트 증가했다. 그렇지만 이 수치는 중요하지 않다. 선동가들은 마치 과거 사회주의의 신화인 풍요의 시대가 마침내 도래한 양 이야기한다. 말도 안 되는 소리다. 영국은 다른 강대국들을 상대로 한 생존 투쟁에서 살아남으려면 모든 인적 자본과 물적 자본을 조각조각 긁어모아야 한다. 과학 시대의 요구는 충족시키기가 불가능하기 때문에 우리는 모두 가난하며 앞으로도 계속 가난할 수 있다. 결국 극단주의자들은 부질없는 이야기나 쓸데없이 지껄이면서 진보 자체를 위협하고 있다.

3. 요약

돈을 둘러싼 구조 개혁은 현대가 낳은 손꼽히는 성공작이다. 과거의 영원한 불화는 각 계급이 인간 능력의 한 단면을 갖고 있으면서 계급들 사이에 어쩔 수 없이 나타난 갈등 때문에 생겨났다. 기본적인 부정의는 하층 계급의 머리 좋은 성원들이 응분의 몫을 받지 못한 점, 그리고 당분간 모든 지능 등급에 속하는 같은 계급 성원들의 지지를 잃지 않으면서 사회적 무질서를 공격해야 하는 와중에 그 성원들이 자기가 하는 항의를 정당화하려고 온갖 원리를 닥치는 대로 부여잡은 점이었다. 이런 기본적인 부정의가 치유되고 모든 계급의 머리 좋은 이들에게 충분한 기회가 주어지자 기성 질서의 적이던 이들이 가장 강력한 옹호자로 변신했다. 불화 대신에 합의가 자리를 잡고, 능력이 교육 개혁뿐 아니라 경제 개혁까지 이끄는 원리로 인정을 받았다. 그렇지만 엘리트 집단은 이 원리를 너무 멀리 밀어붙이지 않으면서 자기들의 지혜, 곧 중용을 보여주고 있다. 하층 계급 성원까지 포함해서 모든 시민들은 똑같은 균등급을 받으며, 이 균등급은 해마다 조정된다.

그렇지만 이렇게 순조로운 질서도 비판을 피하지는 못했다. 포퓰리스트 그룹은 겉으로 보이는 정의가 기만이라고 주장한다. 포퓰리스트 그룹은 이른바 '위선'이 그토록 당당하게 통할 수 있던 진짜 이유는 비천한 자들을 대변할 세력이 자기 자신말고는 아무도 없기 때문이라고 말한다. 또한 기술자조합은 지도자들이 이제 어느 때보다도 더 부자가 된 부유층의 속임수를 꿰뚫어 보고 드러낼 능력이 없기 때문에 기성 체제의 편을 들며, 조합은 기업의 자산처럼 다뤄진다. 국민지출의 분배를 둘러싸고 벌어지는 교섭은 두뇌 싸움이며, 똑똑한 아이들을 적에게 빼앗긴 사람들은 결국 패배할 수밖에 없었다. 따라서 포퓰리스트 그룹은 기술자조합이 더는 할 수 없는 방식으로 하층 계급을 위해 싸우기 위해 하층 계급의 옹호자를 자처하면서 그 명단에 오르고 있다. 우리는 생산성 증가분을 전반적으로 배분하라고 요구하는 포퓰리스트 그룹의 우스꽝스러운 행태에 적어도 몇몇 사람은 관심 있게 귀를 기울인다는 사실을 인정해야 한다.

8장

위기

1. 여성들이 처음 벌인 캠페인

지금까지, 특히 1944년 이래 우리 사회의 성장을 묘사하려 하면서 오늘날 영국 사회가 지닌 불만의 뿌리 깊은 원인들을 조금 밝혀냈다. 나는 사회 공학이 이룩한 업적을 부인하지는 않는다. 진보라는 사실 자체를 부정하지도 않겠다. 그렇지만 나는 사회가 결코 순조롭게 작동하는 기계는 아니라고 주장하고 싶다. 지난 세기에 일어난 그 모든 발전 위에서도 사회학은 여전히 유아기에 머물러 있으며, 사회학이 다른 동료 과학들이 다다른 지위에 오르기까지 우리는 사회 공학이 따라야 하는 법칙을 확실히 알 수 없다. 인간의 본성은 여전히 가장 불가사의하다. 지금 상황에서 볼 때, 우리가 고안한 사회는 적대 세력들이 언제나 미묘한 균형을 유지하는 상태에 지나지 않는다. 변화가 생길 때마다 대항력이 만들어진다. 학교가 재능에 따라 학생을 선발하자 권좌에서 밀려난 몇몇 노인들은 분노할 수밖에 없었다. 상층 계급 출신이지만 우둔한 아이들이 탈락하자 부모들은 슬퍼할 수밖에 없었고, 비슷한 일이 다반사였다. 이런 반응들은 앞에서 이미 말한 적이 있다. 내가 하려는 말은 어느 정도는 이렇게 지금은 피할 수 없는 긴장들 때문에 극단주의자들이 지지를 끌어모을 수 있었다는 사실이다.

그렇지만 나는 이런 역사적 분석은 이 운동이 생겨날 가능성을 설명하는 데 어느 정도 도움이 될지는 몰라도 그 운동이 이런 특정한 형태로 결합된 이유를 설명하지는 않는다는 데 기꺼이 동의한다. 지금 나타나는 조직의 양상은 무엇인가? 그 발단은 무엇인가?

먼저 눈에 들어오는 분명한 논점은 현재 포퓰리스트 그룹의 가장 두드러진 지도자가 모두 여성이고 금세기 첫 10년 이래로 줄곧 여성이라는 사실이다. 그 시절은 여성들이 처음으로 좌파 정치에서 두각을 나타내기 시작한 때였고, 흔히 예상할 수 있듯이 여성들이 처음 쓴 글은 자기들에게 잘 어울리는 낭만적 문체였다. 뉴넘*과 서머빌 출신의 텁수룩한 젊은 여자들은 현대의 운동이 이름을 빌려온 지난 세기 러시아 포퓰리스트들**을 본보기로 삼았다. 대학에서 배운 전공을 살려서

---

* 1871년 설립한, 케임브리지 대학교에서 둘째로 오래된 여자 대학 — 옮긴이.

** 해외에서 대학을 마치고 돌아오자마자 바쿠닌, 크로포트킨, 스테프니아크의 영향 아래 영감을 얻으려고 민중 속으로 들어가 농민처럼 옷을 입고 마을에 살면서 혁명을 일으키려 한 젊은 지식인들이다. 농민들이 그냥 명한 눈으로 바라보기만 하자 테러리즘으로 이끌렸다. 다행스럽게도 영국에는 소피아 페롭스카야(Sophia Perovskaya·1853~1881)(원문에는 'Sophie Perovskaya'이지만 잘못 쓴 듯하다. 니힐리즘 혁명 조직인 인민의 의지파 성원으로 차르 알렉상드르 2세 암살 작전을 지휘한 뒤 교수형을 당했다 — 옮긴이) 같은 사람이 없었다. 영국 여자들이 수소 폭탄이나 또 다른 종류의 폭탄을 든 모습을 상상하기는 쉽지 않다.

외과 의사나 과학자가 되는 대신 샐퍼드와 뉴캐슬로 흩어져서 공장 노동자와 철도 검표원, 비행기 승무원이 됐다. 립스틱을 바르고, 축구 경기를 보고, 휴가철이면 버틀린 휴가 캠프 Butlin*로 놀러갔다. 평범한 기술자로 사는 삶이 주어진 사명이라고 믿은 그 여자들은 이런 삶을 통해 자기가 겪는다고 느껴야 하는 모멸감을 일깨우려 했다. 그리고 기술자조합에 가입해서 조합 임원에 출마했으며, 파업 행동을 선동했다. 영국생산성협회에서도 한자리를 차지했다. 기술자조합회의에 '사회주의'를 위해 헌신하자고 호소했다. 그리고 폭넓은 선전 활동을 벌였다. 그런 여자들이 이룩한 가장 진기한 업적이라면 아마 2009년 몇 달 동안 《더 타임스》를 장악해서 고급지를 대중지로 변신시킨 일이겠다.

그렇지만 이런 모든 노력은 허사로 돌아갔다. 불꽃은 일으켰지만 불쏘시개가 없었다. 여자들은 턴브리지웰스나 배스** 같은 곳으로 귀향했고, 여자 기술자는 대부분 조용히 일상적인 일을 계속했다. 전반적인 고용 안정 추세에 동참하면서 자

---

* 남아프리카 태생의 영국 사업가 빌리 버틀린 경(1899~1980)이 1936년 문을 연 시설. 해변 같은 휴가지에 세운 휴가 캠프에서 가족 숙소와 오락을 제공해 크게 성공했다 — 옮긴이.
** 턴브리지웰스와 배스는 모두 온천 휴양지로 유명한 곳이다 — 옮긴이.

녀 교육에 관심을 기울였다. 이런 색다른 활동을 너그럽게 즐길 뿐 행동에 나서지 않았다. 대체로 영국의 평범한 기술자만큼 신경이 무딘 사람은 없다. 영국 기술자들은 세상의 소금 같은 존재다.

그렇지만 모두 집으로 돌아가기에 앞서 이 여자들은 이상한 동맹을 하나 만들어 그 뒤 이어진 정치적 사건들에 지워지지 않는 흔적을 남겼다. 기술자당의 여러 내부 협의회에는 옛 노동당 시절 훈련을 받은 뒤로 정치적 사춘기를 전혀 탈피하지 못한 몇몇 나이든 남자들이 있었다. 이 나이든 남자들은 젊은 여자들에게 매력을 느꼈고, 어쩌면 가끔은 젊은 여자들도 나이든 남자들에게 매력을 느꼈을지 모른다. 나이든 남자들은 강령과 정책 초안을 만들기 시작했다. 먼저 왜 여자들이 실패했는지 물음을 던졌다. 여자들 자신이 실제로 기술자가 아니기 때문에 실패했다는 답이 나왔다. 여자들은 정신이 작동하는 방식이 달랐다. 샐퍼드*가 아니라 서머빌 식으로 사고했다. 기술자들이 실감하는 문제들에 관해 아무런 느낌이 없었다. 결국 불신을 받을 수밖에 없었다. 그런데 지능이 높은 이

---

* 맨체스터에 가까운 도시로, 샐퍼드 대학교가 자리하고 있으며 노동자와 기술자가 많이 사는 곳이었다 — 옮긴이.

여자들, 아니 남자들도 기술자 계급을 떠나지 않으면 어떻게 될까? 대학 진학을 거부하면 어떻게 될까? 보통 사람들하고 똑같은 시기에 학교를 마친다면? 그러면 신뢰를 받게 된다. 머릿속은 엘리트일지언정 가슴속은 기술자가 된다. 높은 지능을 바탕으로 동료들에게 봉사하면, 베빈이나 시트린*이 한때 예전 노동조합을 지도하던 모습처럼 지도력을 발휘할지도 모르겠다. 풀뿌리에서 시작해 새로운 사회주의 운동이 건설되고, 평등이라는 옛 구호에 새로운 의미가 담기게 된다. 생각만 해도 눈부신 전망이었다.

그렇지만 현실적인 제안에 관련해서 계획가들이 내놓을 수 있는 답은 각 세대에서 일정 비율의 유능한 아이들이 의무교육만 마치고 기술자가 돼야 한다는 안뿐이었다. 그런데 이 아이들은 어떻게 선발할까? 유능한 아이들 사이에서 제비뽑기로? 몇몇 계획가들은 이 구상을 만지작거리면서 아이큐 125를 넘는 학생은 10명 중 1명을 기술 노동에 할당해야 한다고 제안하기도 했다. 모든 세대에서 지능 십일조를 내야 한다는 안

---

* 월터 시트린(Walter Citrine·1887~1983)은 영국의 노동조합 활동가이자 정치인이다. 1926~1946년에 노동조합회의 사무총장을 지냈고, 1928~1945년에 국제노동조합연맹(IFTU) 의장을 맡았다. 처칠이 전시 연립 정부에 들어오라고 한 제안은 거부했지만 추밀원 위원을 맡아 2차 대전 기간 내내 노동조합회의를 대변했다 — 옮긴이.

이었다. 정말 어처구니없는 제안이라서 현실에서 강요되지는 않았다. 그런데 제비뽑기가 아니라면 어떻게 해야 할까? 개혁가들은 결국 교사들이 고등 교육을 열망하지 않는 부모와 아이에게 압력을 가하는 행동을 멈춰야 한다고 제안했다. 개혁가들은 학부모교사협회Parent-Teacher Association를 폐지해 교사가 학부모에게 미치는 영향을 줄이고 싶어했다. 실제로 개혁가들은 학교가 학부모를 대상으로 여는 저녁 강좌와 주말 강좌를 폐지하고 싶어했다. 그러나 개혁가들이 바라는 온갖 구상은 이제 현실성이 전혀 없었다. 예나 지금이나 영리한 사람들이 대부분 세상에서 성공하기를 원한다는 점은 분명했다. 굳이 학교가 나서서 성공을 부추길 필요가 없었다. 아이들은 교사가 이야기하기 전부터 이미 성공을 원했다.

딜레마에 빠진 소수 반대파 인사들은 이제 1944년의 한 세기 전, 그러니까 1844년에 한창 유행한 낡은 사고로 고개를 돌렸다. 육체노동이 정신노동만큼 소중하다는 사고 말이다. 정말로 오랫동안 카를 마르크스의 노동가치론을 떠받드는 신봉자들은 육체노동이 실제로 다른 어떤 종류의 노동보다도 더 가치가 있다고 믿는다고 공언했다. 물론 공산주의 나라에서는 아무도 그런 말을 하지 않았다. (지금 우리가 볼 때는 이상한 사고이지만, 역사학자는 한때 이런 사고가 널리 받아들여진 사실을 믿어 의심치 않는다.) 이론가들은 더 나아가 이런 낡은 관념을 부활시켜야 한다고 촉구했다. 실제로 이론가들에게는 다른 대안이 없었다. 자기들도 마찬가지로 영리한 아이들은 대부분 정신노동자가 되고 싶어한다는 사실을 인정해야 했다. 그렇지만 아이들의 바람이 잘못된 생각이라고 규정했다. 자발적인 선택으로 육체노동자가 되기를 원한 만큼 아이들이 육체노동에 만족**해야 한다**고 주장할 수밖에 없었다. 다시 말해 가치 체계 자체가 바뀌어야 했다! 다른 결론에는 도달할 수가 없었다. 이론가들은 자기들 사이에 목수가 한 명도 없다는 거북한 사실은 무시한 채 목수도 결정학자crystallographer 못지않게 중요하다고 말했다.

25년 전의 선동가들은 사회에 관해 점점 더 많은 질문을 던지려는 유혹을 받았다. 오늘날 우리가 씨름하고 있는 평등을 다룬 현대 이론들은 이런 논의에서 나왔다. 그 이론가들은 왜 한 인간이 다른 인간보다 우월하다고 여겨지는지 물었다. 이론가들이 한 말에 따르면, 우리가 각자의 가치를 판단하는 잣대로 삼는 최고의 가치 또는 기준이 그토록 편협한 생각을 받아들인 때문이었다. 사람을 죽이는 능력을 바탕으로 권력을 잡은 전사들이 영국을 다스릴 때는 훌륭한 투사가 훌륭한 인간이었다. 사상가나 시인, 화가는 경멸의 대상이었다. 지주들이 영국을 다스릴 때는 상업이나 설교, 노래로 생계를 꾸리는 사람들은 모두 열등한 종자였다. 제조업자들이 영국을 다스릴 때는 다른 모든 이들이 열등한 존재로 여겨졌다. 그렇지만 이론가들은 현대 영국만큼 이토록 거칠게 지나친 단순화가 지배한 적은 한 번도 없다고 말한다. 오늘날 영국은 경제적 팽창이라는 단 하나의 목표에 몰두하고 있기 때문에 모든 사람은 생산을 얼마나 증가시키는지를 재는 단순한 테스트나 직간접으로 그런 목표로 이어지는 지식에 따라 평가된다. 보통의 육체노동자만큼 생산 증대에 기여하는 몫이 적은 사람은 중요하게 여겨지지 않는다. 1만 명분의 일을 하는 기계를 발명하는 과학자나 한 무리의 기술자 전체를 조직하는 행정가만큼 생산 증대에 기여하는 몫이 큰 사람은 훌륭한 인간이 된다. 직간접으로 생산을 증대하는 능력을 '지능'이라고 하며, 사회는 이 냉엄한 척도에 따라 구성원들을 평가한다.* 과거 국가에서 '혈통'이 권력을 잡을 수 있는 자격 요건이었다면, 현대 국가에서는 '지능'이 자격 요건이다. 이런 능력이 강조된 이유는 한 세기에 걸쳐 벌어진 여러 전쟁과 전쟁 위협 때문이다. 지난

* 물론 이론가들은 현대 사회의 복잡성 자체 때문에 복잡한 전체를 구성하는 각 부분을 빠르게 연결할 수 있는 기본적인 지능이 요구된다는 정통적인 견해를 싫어한다.

100년 동안 국가의 전쟁 잠재력을 끌어올리는 직업적 성취가 무엇보다도 찬양을 받았지만, 이제 이론가들은 전쟁 위협이 급박하지 않은 상황에서 다양한 가치를 장려하지 못할 이유가 무엇인지 의문을 제기한다.

2009년 기술자당에 속한 한 지역 그룹이 〈첼시 선언Chelsea Manifesto〉을 발표했다. 그때는 관심을 거의 끌지 못했지만, 지난 10년 동안 〈선언〉은 특히 운동 내부에서 상당한 영향을 미쳤다. 장황하고 과장된 〈선언〉은 그룹이 추구하는 주요 목적이 선배 사회주의자들이나 그 전에 교회가 추구한 목적이 그러하듯 다양성을 조성하는 데 있다고 주장하면서 시작한다(그렇지만 어느 역사학자도 이런 해석을 받아들이지 못한다). 그 그룹의 목표는 계급 없는 사회다. 그 그룹은 불평등이 가치의 협소화를 반영한다면서 반대한다. 그리고 한 사람이 근본적인 면에서 다른 사람보다 우월할 수 있다는 주장을 부정한다. 모든 사람이 각자 내면에 선善을 품고 있기 때문에 존중받아야 한다는 의미에서 인간의 평등을 추구한다. 모든 남자, 심지어 모든 여자가 어떤 일에서는 천재라고 그 그룹은 말한다. 냄비 만들기, 데이지 꽃 기르기, 종치기, 아기 돌보기, 심지어 (관용을 보여주려고 한 일이지만) 전파 망원경 발명하기 등 어떤 재능이든 간에 발견해서 존중하는 일이 사회가 할 소임이라고 본다.

〈선언〉의 마지막 문단은 인용할 만한 가치가 있다. 계급 없는 사회가 어떤 모습일지에 관해 선언 작성자들이 지닌 기묘한 견해를 압축해서 보여주기 때문이다.

계급 없는 사회는 다양한 가치를 소유하는 동시에 그런 가치에 근거해서 행동하는 사회가 되리라. 우리가 사람들을 지능과 교육, 직업과 권력만이 아니라 친절함과 용기, 상상력과 감수성, 공감과 아량에 따라서도 평가한다면, 계급이 존재할수 없으리라. 어느 누가 아버지로서 훌륭한 자질을 갖춘 경비원보다 과학자가 우월하며, 장미 재배하는 데 비상한 솜씨를 지닌 트럭 운전사보다 상 받는 일에 비상한 기술이 있는 공무원이 우월하다고 말할 수 있겠는가? 계급 없는 사회는 또한 개인적 차이를 수동적으로 관용할 뿐 아니라 능동적으로 장려하며, 인간의 존엄성이 마침내 그 온전한 의미를 찾게 되는 관용적인 사회가 되리라. 모든 인간은 어떤 수치적 잣대로 비춰 봐 세상에서 출세할 기회가 아니라 풍요로운 삶을 이끌기위해 자기만의 특별한 역량을 발전시킬 기회를 균등하게 누리게 되리라.

〈선언〉은 무덤에서 일으켜 세우는 지지자를 통해 한껏 기묘하게 고풍스러운 내용을 드러낸다. 현대 과학의 '성자들' 중의 한 명이 아니라 하고 많은 사람들 사이에서 거의 잊힌 매슈 아널드를 살려냈으니 말이다. 〈선언〉은 실제로 아널드의 《문화와 아나키Culture and Anarchy》*에 담긴 터무니없는 '문화' 개념을 강조한다. "(문화는) 열등 계급의 수준으로 내려가서 가르치려고 하지 않으며, 기성복처럼 진부한 판단과 표어를 내세워 자기만의 이런저런 파당으로 열등 계급을 끌어들이려 하지 않는다. 문화는 계급을 없애려 하고, 이 세상에서 생각되고 알려진 최상의 것을 모든 곳에 통용시키려 하며, 모든 사람이 단맛과 빛의 환경에서 살게 하려 한다. 그 환경에서는 문화가 그러하듯 모든 사람이 이념을 자유롭게 사용할 수 있으며, 이념에서 자양을 얻으면서도 거기에 구속되지는 않는다." 아, 맙소사. 아, 골턴이여!

이런 접근법에 비춰 볼 때, 〈선언〉을 작성한 사람들은 기회 균등에 새로운 의미를 부여하려 했다. 작성자들이 한 말에 따르면, 기회 균등이란 사회의 계층 사다리를 올라갈 기회가 아니라 모든 사람이 각자 타고난 덕과 재능, 인간 경험의 깊이

---

* 매슈 아널드 지음, 윤지관 옮김, 《교양과 무질서》, 한길사, 2016.

와 아름다움을 감상할 수 있는 모든 능력, 삶의 잠재력을 '지능'에 상관없이 최대한 발전시킬 기회를 균등하게 만드는 일이다. 모든 어린이는 단순히 사회에 필요한 잠재적인 직무 담당자가 아니라 소중한 개인이다. 학교는 직업 구조에 밀접하게 결부돼 어떤 특정한 순간에 중요하다고 여겨지는 일자리를 채우기 위해 사람들을 배출하는 게 아니라 인간의 모든 재능을 장려하는 데 전념해야 한다. 과학이 지배하는 세상에서 필요한 재능인지 아닌지는 중요하지 않다. 예술과 손재주도 과학과 기술만큼 중시돼야 한다. 〈선언〉은 학교의 위계 구조를 철폐하고 궁극적으로 공통 학교를 설립해야 한다고 촉구했다. 공통 학교는 훌륭한 교사를 충분히 확보해서 모든 아이를 개별적으로 보살피고 자극을 줘야 한다. 그러면 아이들은 각자의 속도에 맞춰 발전하면서 자기 나름의 특별한 성취를 달성할 수 있다. 학교는 비슷한 아이끼리 격려하는 대신 이질적인 아이들을 섞어놓게 된다. 학교는 통일성 속의 다양성을 장려해서 인간의 무한한 차이를 존중하도록 가르치게 된다. 차이는 인간이 지닌 가장 보잘것없는 덕목이 아니다. 학교는 아이들을 자연에 따라 최종적으로 만들어진 존재가 아니라 양육으로 계발해야 하는 여러 잠재력이 결합된 존재로 보게 된다.

2. 현대 페미니즘 운동

개혁주의의 이런 초기 단계가 오늘날 우리에게 중요한 이유는 그 뒤로 악명을 떨친 여러 관념이 그때 정식화된 때문이었다. 조직 면에서는 연속성이 거의 없었다. 그 불평분자 세대는 집으로 돌아갔고, 많은 이들이 지금은 몇몇 일류 과학자의 존경받는 부인이다. 그래도 전부 그렇지는 않다. 몇몇은 결혼을 하지 않았고, 몇몇은 어린이집에서 반항 정신의 불씨를 살리고 있다. 영국에서 내로라하는 가정에서 자란 여자들도 몇몇이 개혁주의에 가세하고 있는데, 이런 흐름은 지난 3년 동안 정점에 다다랐다. 왜 그렇게 많은 여성이 반기를 드는 걸까?* 설명하기가 쉽지만은 않다. 그렇지만 우연으로 설명하려 한다면 사회학자가 되려 하지는 않았겠다. 우연으로 설명한다면 심각하게 잘못 해석하는 셈이다. 때로 간과되기는 하지만, 정치학이 부활하기 전 지난 세기말 즈음에 여성 심리학을 바탕으로 몇몇 훌륭한 연구가 진행된 사실은 언급할 만하다. 이 연구들

---

* 요크 대학교에 몸담고 있는 퍼핀 박사는 (미간행 석사 논문에서) 믿을 만한 인물을 성원으로 끌어들이는 일이 얼마나 어려운지 지적했다. 박사는 레스터 포퓰리스트 대회에서 세어보니 여성은 대의원의 62퍼센트에 지나지 않고 나머지는 남성이며, 나이든 당원이 우세하다고 주장한다.

은 많은 여성, 특히 가슴속은 여성이지만 머릿속은 남성인 유능한 여성들이 볼 때 사회는 분명히 남성의 편의를 고려해 구성됐다는 요지를 담았다. 분노한 이들은 물었다. 해마다 머리 좋은 남자애만큼이나 머리 좋은 여자애도 많이 태어나지 않는가? 머리 좋은 여자아이들은 능력주의 사회에 진출할 남자 후보생과 똑같은 교육을 받는다. 그런데 교육을 받은 다음에는 어떻게 될까? 여자는 결혼하기 전까지만 자기가 훈련받은 자리를 차지한다. 결혼하는 순간부터 여자는 어쨌든 몇 년 동안 아이를 키우는 데 전념하리라는 기대를 받는다. 단조롭고 고된 집안일은 하인 제도가 부활하고 남편이 도와준 덕에 많이 줄었다. 그렇지만 심리학의 가르침에 조금이라도 관심을 기울이는 여자라면 지능이 낮은 사람에게 자녀를 완전히 맡길 수는 없다. 갓난아이는 어머니의 사랑이 필요하며, 젖먹이 때부터 어머니가 지적 자극을 주고, 고급문화를 자연스럽게 가르쳐주고, 헌신적인 삶을 부지런히 준비시켜야 한다. 여자가 어머니의 의무를 게을리하면 남편이 불쾌해질 뿐 아니라 아이들까지 위태로워진다.

이런 초기 연구를 통해 자기가 선택한 직업과 생물학적으로 타고난 소명의 이중 기능 때문에 종종, 특히 파트타임으로 아이를 볼 때는 육아를 가장 고귀한 직업의 하나(실제로 그렇다)라고 느낄 수 없는 그 모든 여자들에게 정신적 긴장이 발생한다는 사실이 밝혀졌다. 이 문제는 결코 해결이 쉽지 않았다. 몇몇 여자들은 되도록 빨리 유급 노동에 복귀할 수 있게 가족 규모를 제한하는 식으로 나름의 출구를 찾고 있다. 그런데 이렇게 되면 지능의 총량이 위험에 빠지는 불행한 결과가 나타난다. 다른 여자들은 전통적인 가족은 시대착오적이라고 비난하면서 어머니 구실을 전부 하인에게 떠넘겼다. 또 다른 이들은 자녀를 런던예술공예학교에만 진학시키겠다는 증서에 서명하고 있다. 이 학교에서는 과학을 아예 가르치지 않기 때문이다! 수는 적어도 중요한 소수인 다른 이들은 평등이라는 낡은 신화에 유혹되고 있다. 사회적 평등을 추구한 초기의 노력은 여성 해방 운동에 결합하면서 큰 힘을 얻었다. 성별이나 계급을 초월한 평등은 훌륭한 구호였지만, 세습 성별은 아니라도 세습 계급이 점차 폐지되자 호소력을 대부분 잃게 됐다. 그렇지만 몇몇 여성들에게는 호소력이 어느 때보다도 밝게 빛났다. 그런 여자들이 본 대로 양성은 '불평등한' 대우를 받았다. 그 여자들은 성평등을 원했지만, 이런 목표는 틀림없이 불가능하기 때문에 남성 일반을 향한 적대를 '지배 계급' 쪽으로 돌렸다. 그 여성들이 생물학의 독재에 어떤 식으로든 책임이 있다고 상상한 지배 계급은 이렇게 희생양이 됐다. 많은 여성이 일단 아이가 어린이집에 들어가면 시간 여유가 생겨 여성 진영에서 진행되는 토론에 전념할 수 있기 때문에 적대를 분출하기가 한결 쉬웠다. 그 여성들 대부분은 가내 하인을 쓰지 않을 정도로 극단적인 대응을 하지는 않았다. 오늘날 여성 운동의 지도자들 중에서 그토록 많은 수가 손수 가사 노동을 하겠다고 결심한 일은 이례적이라서 어떤 면에서는 환영을 받는다. 결국 기혼자들은 정치 조직에 참여할 시간이 거의 없게 되기 때문이다.

여성 진영 곳곳에서 활동가들은 영향력을 행사하는 한편, 여성들이 지금의 생활 상태에 얼마나 놀라운 기여를 했는지를 겸손하게 인정하지 않는 남성들에게 자기들이 제대로 평가받아 마땅한 세력이라는 사실을 보여줄 수 있었다. 이 과정에서 활동가들은 남성들이 각자를 평가하는 업적이라는 기준에 관해 항의하고 있다. 여성들은 언제나 무엇을 **하는지**가 아니라 어떤 **존재인지**에 따라서 평가를 받았다. 또한 지능보다는 개인적 특질로, 세속적 성공보다는 따뜻한 마음씨와 발랄한 성격, 매력으로 평가받았다. 따라서 여성들이 자기의 덕목을 강조하는 행동은 이해할 만한 일이며, 다만 이런 자질이 평범한 능력만 지닌 여자들에 결합된다는 점이 유감스러울 뿐이다.

이 논쟁이 신랄해진 이유는 두 가지다. 첫째가 여성의 '빈곤'이고, 둘째는 우생학 캠페인이다. 여성 빈곤은 7장에서 설명한 급여 개혁의 결과다. 남성은 기업의 자산으로 여겨져 급여를 받는데, 전업주부는 보통 기업의 자산 행세를 할 수 없다. 엘리트 계층 부인들은 가정을 기업의 지점으로 간주하는 새로운 개념을 내세워 간접으로 혜택을 본다. 이 부인들 집에서 일하는 하인은 고용주의 지출 명세서에 포함된다. 그렇지만 부인들은 남성만큼 많은 혜택을 누리지 못한다. 부인들은 고용주가 비용을 지불하는 멋진 사업 만찬에 그만큼 많이 참석하지 못한다. 해외여행도 자주 다닐 필요가 없고, 집과 일터에 하나씩 단골 술집이 있지도 않다. 당연히 부인들은 남편이 기업의 자산으로서 좋든 싫든 누려야 하는 특권적인 생활 수준에 분개한다. 바로 이 점이 성별 전쟁이 정치로 비화하는 한 가지 이유가 된다.

그리고 우생학 캠페인이 있었다. 일반적인 상식에 근거한 캠페인이었다. 먼저 이글 교수와 동료들이 결혼 상대를 선택하기 전에 지능 기록부부터 살펴봐야 한다고 말한 일은 사실이다. 이런 행동은 분명 국익에 도움이 되고, 또한 행복한 결혼 생활에도 기여하는 일이었다. 지능이 높은 남자라면 누구든지 결국 현대식 중등학교에 갈 수밖에 없는 아이를 옥스퍼드에 갈 만한 아이처럼 자랑스러워하지 못한다. 그런데 결혼 상대가 지능이 낮을수록 이런 불행한 일이 생길 가능성이 분명히 높았다. 지능이 높은 남자가 지능이 낮은 여자를 만나 결혼하면 자기 유전자를 낭비하는 셈이며, 따라서 상대 여자의 아버지와 할아버지에 관련된 기록도 검토하는 행동은 상식적이고 분별 있는 처신이다. 그리하여 지능 검사 등록 기관이 할아버지의 지능을 잘못 기재해서 젊은 어머니가 어쨌든 잘살게 된다는 성공담이 등장한다. 이런 이야기는 대중 소설이 즐겨 다루는 주제가 됐다. 사람들은 그래도 이런 조언이 분별 있다고 생각한다. 어쨌든 전부는 아니라도 많은 남자들은 그렇게 생각한다. 남자는 아무리 나이가 많아도 욕정을 느끼지 않던가? 이제 정신이 멀쩡한 고위 공무원이 지능 계보상 어느 시점에서 아이큐 130 이상의 아이를 낳을 수 없는 여자를 상대로 결혼을 고려하는 모습은 보기 드문 광경이다. 무엇보다도 자기보다 못한 여자를 만나 결혼하면 부서 전체에 그 소식이 파다하게 퍼질 위험성이 높고, 신뢰하기 어려운 사람이라는 평판을 면할 길이 없게 된다.

그렇지만 여자들은 이런 조언을 기꺼이 받아들이지 않았다. 이번만은 나도 그 이유를 알지 못한다고 고백할 수밖에 없다. 여자들은 지능에 맞춰 결혼을 한다면 어디서 로맨스를 찾아야 하느냐고 묻는다. 그러면서 이런 의문을 뒷받침하느라 하층 계급에 동조한다. 하층 계급처럼 신체적 능력을 중시하고, 지능에 전혀 무관한 피상적 특질, 곧 외모에 높은 가치를 부여한다. 아름다움은 여성이 휘날리는 깃발이 됐다. 이글 교수가 외모로 여자를 선택하는 남자들에 반대하는 캠페인을 더욱 정력적으로 펼칠수록 포퓰리스트 그룹은 더욱더 그런 노력을 비난하며(교수를 돕는 가장 유능한 조력자는 부인이다), 멋쟁이 간부들은 한껏 사치스러운 옷을 입고, 어깨에는 견장을 달고, 발에는 샌들을 걸치고, 얼굴은 감쪽같이 분장을 하고, 머리는 패션위원회에서 얼마 전에 발표한 지령에 따라 꾸민 채 회의에 참석한다. 즐겨 외치는 구호의 하나는 '누구나 미인이 될 수 있다'는 우스꽝스러운 내용이었다. '속전속결 세미나'에 참석하는 여성 당원들의 외모가 남다르다는 사실은 부정할 수 없다. 속옷도 안 입고 모직 옷을 걸치는 부류가 아니기 때문이다.

3. 위기의 도래

지금 이야기하려는 사건들만 아니었으면, 이 여성 운동은 혈기 왕성한 제스처에 지나지 않았다. 오랫동안 물밑에 잠복하던 쟁점이 갑자기 구체화되면서 여성 운동은 국가를 위협하는 요소로 간주됐다. 물론 내가 말하는 일은 보수당의 우익들이 새로운 혁명적 교의를 발표한 사건이다. 세실 경과 추종자들은 요즘 사람들이 기억하는 한 아무도 감히 하려고 하지 않은 일을 하고 있다. 그 사람들은 실제로 말은 많이 늘어놓지 않더라도 유감스러운 취지 아래 세습 원리를 예전의 영광스러운 자리로 공공연하게 복원해야 한다고 촉구한다. 그 충격은 정말로 대단했다. 우파의 극단주의는 언제나 좌파의 극단주의로 이어졌다.

최소한 지난 25년간 분명하게 드러난 추세를 공개로 승인하려고 할 뿐이라고 주장하기 때문에 그 사람들의 탄원을 무시할 수는 없다. 사실 기회 균등을 향해 한 걸음씩 전진할 때마다 더 한층의 진전을 막으려는 저항이 생겨난다. 한 세기 전에 단행한 교육 개혁은 하층 계급에서 능력의 낭비를 줄이는 데 결정적인 구실을 했다. 그렇지만 지능이 높은 사람들이 걸러져서 상층 계급으로 이동할 때마다 거기에 상응해서 이 과정을 지속해야 할 이유가 약해졌다. 1990년 무렵에 이르면 아이큐 125 이상인 모든 성인이 능력주의 체제에 속하게 됐다. 아이큐 125 이상인 어린이는 대부분 바로 이 성인들의 자녀였다. 오늘의 상층 집단이 내일의 상층 집단을 길러낼 가능성은 과거 어느 때보다도 더욱 높다. 엘리트 집단은 이제 세습화되는 중이며, 세습의 원리와 능력의 원리가 결합되고 있다. 두 세기가 넘게 걸린 중대한 변화가 거의 완성됐다.

그 결과 능력주의는 의심의 여지 없이 더욱 빛이 난다. 50년 전만 해도 엘리트 집단의 많은 성원이 1세대였고, 바로 그 이유 때문에 동료들에 견줘 고통을 받았다. 많은 엘리트들이 문화 전통이 전무한 가정 출신이었다.* 좋은 교육을 받지 못한 엘리트 부모들은 교사가 끼치는 영향에 힘을 보탤 수 없었다. 이 똑똑한 사람들은 어떻게 보면 학교에서만 교육을 받고 가정에서는 교육을 받지 못해서 반쪽짜리 교육만 받은 셈이었다. 학교를 졸업할 때도 처음부터 가족의 지원과 자극을 누린 사람들에 맞먹는 자신감을 얻지 못한 상태였다. 결국 이렇게 자신감이 모자란 탓에 종종 강압적인 순응으로 이끌렸고, 따라서 엘리트가 행사할 수 있는 주요한 기능의 하나인 혁신

---

* 오늘날의 시류를 보여주는 징후의 하나는 사람들이 토머스 스턴스 엘리엇이 쓴 《문화의 정의를 위한 노트(Notes towards the Definition of Culture)》를 많이 읽는 현상이다. 특히 이런 말이 사람들 입에 오르내린다. "자기 자식에게 권력과 위신을 물려주려는 자연스러운 충동을 인위적으로 견제하지 않는 한, 엘리트, 특히 지배 엘리트는 하나의 계급으로 자리를 잡게 된다." 이어지는 문장은 조금 덜 오르내린다. "그렇지만 이런 식으로 변신하는 엘리트들은 엘리트로서 기능을 잃기 쉽다. 초기 성원들이 지위를 획득하게 해준 모든 자질이 후손들에게 똑같이 전해지지 않을 테니 말이다."

의 힘이 약해졌다. 그런 사람들은 종종 아량이 없었고, 필요 이상으로 앞다퉈 출세 경쟁을 벌이면서도 너무 신중한 나머지 결국 성공하지 못했다. 그러나 이제 많은 엘리트가 2세이거나 부모보다 낫기 때문에 이런 결점이 두드러지지 않으며, 사회는 이제 더는 계층화된 군중으로 타락할 위험을 자초하지 않는다. 또한 하층 계급 자녀들에게 고급 문명을 확대하려 하면서 수준을 떨어트릴 필요도 없다. 새로운 보수당이 이런 주장을 내세운다. 새로운 보수당은 새로운 방식의 이점을 솔직하게 인정해야 한다고 주장한다. 심지어 엘리트들이 인정받는 권리인 특권을 용인할 뿐 아니라 엘리트 자녀들을 대상으로 하는 특권적 교육까지 보장해야 한다고 말한다. 그렇지만 특권적 교육은 논쟁의 여지가 있다.

이런 요구가 일으킨 충격은 요즘 들어 사회과학에서 일어난 몇몇 발전 덕에 어느 정도 악화되고 있다. 사회과학의 발전이 낳은 결과는 우리가 더없이 소중히 여기는 몇몇 믿음을 상당히 독자적인 방식으로 위협하는 듯하다. 실제로 심리학에서 지식이 축적되면서 훨씬 더 어린 나이에 개인의 지능과 적성을 확인할 수 있게 됐다. 세기 전환기만 해도 14세에 실시하는 지능 적성 검사에서도 오차의 여지가 큰 탓에 그 나이가 마지막 기회가 되면 국가적으로 커다란 손실이 생길 수 있었다.

기회 균등을 온전히 실현하려면 발달이 느린 사람도 무시해서는 안 된다. 그리하여 현대식 성인 교육이 등장하고, 성인교육 지역센터가 세워졌다. 모든 사람이 삶의 어떤 단계에서든 재검사를 받을 기회를 누린다. 그렇지만 교육심리학이 단계적이면서도 급속도로 발전하자 학자들은 훈련받지 않은 관찰자라면 탐지할 수 없을 정도로 잠복된 지능조차 아동기에 확인할 수 있는 수단을 갖게 됐다. 이제는 성인기에 이 지능이 발달**하게 될** 연령까지 예측할 수 있다. 이런 발견들 때문에 성인 교육 운동의 이론적 근거가 약해졌다. 전문가들이 15세에 치르는 지능 검사에 근거해서 미래를 예측할 수 있다면, 성인교육 지역센터가 이제 무슨 기여를 할 수 있겠는가? 전문가들은 발달이 더딘 사람을 표시하고, 적정 연령에 자기가 한 예측이 정확하다는 사실을 확인하기만 하면 됐다. 경계선 위에 있는 사람에게 너그럽게 허용 오차를 부여하기만 하면 예측이 잘못될 리가 없었다. 성인 교육 조직들은 이런 우상 파괴(자기들에게는 이렇게 보였다)에 맞서 싸우는 한편, 새로운 발견의 타당성을 논박하는 문제하고 별개로, 지능이 낮은 사람들이 희망의 끈을 놓지 않게 사기를 유지하기 위해서라도 성인 교육 운동이 계속돼야 한다고 주장한다.

신뢰도 높은 예측을 할 수 있는 검사 연령은 꾸준히 낮아지고 있다. 2000년에는 신뢰할 만한 연령이 9세였고, 2015년에는 4세, 2020년에는 3세였다. 이전의 발견 결과들이 성인 교육 전문가들에게 타격을 준 만큼 검사 연령 하향 조치는 많은 교사들에게 타격이 됐다. 초등학교에서 11세 이하 모든 학생에게 공통 교육을 시행하는 근거는 어떤 어린이의 궁극적인 가치를 아무도 확신할 수 없다는 사실이었다. 지능을 최종적으로 알기 전까지 아이들을 분리해서는 안 된다는 방침이 공정한 판단이었다. 그런데 3세에 능력을 검사해서 확인할 수 있다면, 똑똑한 아이들과 거의 확실하게 발달이 지체될 아이들을 동일한 지적 단계의 학교에서 가르치는 방식이 무슨 의미가 있을까? 뛰어난 아이들을 별 볼일 없는 아이들에게서 분리해 별도의 유치원과 초등학교에서 가르치는 방식이 훨씬 합리적이었다. 교육 단계의 꼭대기에서 뛰어난 젊은이를 옥스퍼드나 케임브리지에 보내서 기껏해야 지방 대학에나 가는 이들하고 분리하듯이 말이다. 발달이 더딘 아이들은 전성기가 올 때까지 일반 대중하고 함께 있거나 실험 학교에 보내서 자연적 발달 과정을 촉진할 수 있었다.

이런 사실에 직면한 몇몇 교사들은 성인 교육자들하고 똑같이 반응하면서 설령 신뢰성 있는 검사 연령이 3세라 할지라도 그렇지 않은 듯이 가장할 필요가 있다고 말했다. 그렇게 일찌감치 아이들의 운명을 정해서는 안 된다. 소수의 오차 범위를 제외하면 아무리 노력해도 심리학자가 틀린 사실을 입증할 수 없다는 현실을 알게 된다면, 아이들이 아예 처음부터 노력하지 않을 수 있기 때문이다. 아이들에게 희망의 자극을 줘야 하며, 교사들, 또한 무엇보다도 부모들에게도 자극을 줘야 한다. 사회학자라면 누구든지 이런 주장의 이점을 인정해야 한다. 기회 균등은 워낙 오랫동안 교육의 기본 정신이었기 때문에 하루아침에 내팽개쳐서는 안 된다. 사회 통합도 중요하기 때문에 서두르기보다는 천천히 진행해야 한다.

그렇지만 과학은 서서히 움직이지 않는 법. 3세가 끝이 아니었다. 신뢰성 있는 검사 연령은 사실상 태아 시기까지 앞당겨졌다. 지적 능력이 유전되는 방식에 관해 많은 가르침을 준 노벨상 수상자 찰스 박사는 얼마 전에 조상들의 지능을 바탕으로 어린이의 지능을 확실하게 예측할 수 있다는 사실을 보여줬다. 초기에 찰스 박사가 자손 검사에 관련해 시행한 놀라운 실험은 쥐를 대상으로 했다. 박사가 제시한 엑스^x 가설은 훗날 2016년에 3세 어린이 전체를 대상으로 시행한 대규모 인구 조사에서 확인됐다. 영국에서는 어쨌든 우생학연구소가 이미 1950년대부터 지금까지 4세대에 걸친 기록을 보유하고 있으며, 특히 부고 기사 연구가 사회학의 공인된 한 분야가 된

이래 많은 수고를 들여 조사한 결과로 수집된 소급적 추정치
도 충분히 확보한 상태다. 이런 기록을 활용하고 필요한 부분
을 모두 감안하면, 모든 부부의 자녀에 관련해 능력을 상당히
정확하게 예측할 수 있다. 그리고 실제로 결혼 습관과 국내외
이주에 관한 다양한 가정에 입각해서 지능 추세와 분포를 향
후 1000년까지 계산한 적이 있다.

4. 새로운 보수주의

찰스 박사의 연구는 확실히 머리 좋은 부모들의 태도를 바꾸
는 데 한몫했다. 그런 부모들은 이제 더는 자녀를 일반 초등학
교에 보낼 필요가 없으며, 국가가 특수 학교를 제공하지 않는
다 할지라도 이미 몇몇 지역에 사립 학교를 세우는 중이다. 이
런 학교에서는 특수 계급 자녀들끼리만 어울리게 된다. 이제
부모들은 요람에 누운 아이가 결국 어떤 교육을 받게 될지 모
르는 채 궁금한 눈으로 쳐다볼 필요가 없다. 부모 눈에 비치
는 아이는 단순한 어린이가 아니라 고귀한 운명을 타고난 통
치자다. 이 모든 상황 때문에 계급적 정서가 굳어지고 있다.
일단 최소 연령까지 모든 어린이를 똑같이 다뤄야 할 필요성

이 의문에 붙여지고, 사회를 떠받치는 토대가 이런 식으로 흔들리자, 몇몇 머리 좋은 부모들은 더 나아가 기회 균등 자체가 완전히 시대착오적인 관념이 아닌지 묻게 된다.

만약 논쟁이 거기서 끝난다면 기성 사회 질서의 수호자인 우리는 너무도 불안해서 안심하지 못하게 된다. 이제까지 진행된 추론의 결함은 명백하며, 찰스의 저서를 읽어본 적도 없고 골턴의 이름을 들어본 적도 없으며 가장 기초적인 유전학에 관심도 없는, 편협하기 짝이 없고 자기 가족만 사랑하는 보수당 당원을 제외하면 누구든지 그 결함을 안다. 그 결함이란 머리 좋은 사람의 자녀는 전반적으로 부모보다 지능이 떨어지는 경향이 있다는 점이다. 곧 평균을 향해 지속적으로 회귀하는 경향이 존재한다.* 머리 좋은 사람들이 자기보다 약간 떨어지는 아이를 낳듯이, 머리 나쁜 사람들은 확실히 자기보다 조금 똑똑한 아이를 낳는다. 이런 회귀 경향이 존재하지 않는다

---

* 이런 회귀 현상은 내가 특별히 연구하는 역사 시기에도 충분히 이해됐다. 부모가 키가 크면 자녀도 부모만큼은 아니더라도 키가 큰 경향이 있었고, 지능도 마찬가지였다. 한스 아이젱크(Hans Eysenck·1916~1997. 독일 출생의 영국 심리학자로, 성격 연구에 실험적 방법을 적용했다 — 옮긴이) 교수는 말했다. "고위 전문직과 관리직 계급 성원의 평균 아이큐는 약 150이며, 그 자녀들의 평균 아이큐는 120을 약간 넘는 수준이다. 하위 전문직과 기술 행정직 집단은 아이큐가 130 안팎이며, 그 자녀들은 평균 115 정도다"(Hans Eysenck, *Uses and Abuses of Psychology*, 1953).

면, 한 번 형성된 지배 엘리트는 곧바로 세습이 되고 만다. 지금 상황에서는 이런 잔인한 사실 때문에 어느 정도의 사회적 이동이 필연적이다. 물론 한 세기 전만큼 사회적 이동이 클 필요는 없지만 말이다.

내가 말하는 대로, 보수당 지도자는 대부분 이런 회귀 경향을 충분히 파악하면서 자기들의 계획 속에서 이 점을 고려하려 애쓰고 있다. 그 사람들의 제안은 종류가 다르지 않고 강조점이 다르다. 가장 극단적인 우파는 그런 일이 뭐가 중요하냐고 묻는다. 똑똑한 부모 밑에서 태어난 멍청한 아이 몇 명이 고등 교육을 받을 수도 있다. 그러면 그 아이들은 대부분 부모보다 머리가 그만큼 떨어지지 않게 된다. 또한 가정에서 갈고 닦으면 엘리트로 성공하게 될 테고, 매력적이지는 않더라도 남부끄럽지는 않은 사람이 된다. 능력주의의 효율성이 조금 떨어지더라도 능력주의를 대대로 세습하게 만드는 일이 한층 더 중요해진다. 부모들은 마음이 편해질 테고, 아이들은 하층 계급 출신 아이들하고 경쟁하면서 능력을 입증해야 하는 데 따르는 온갖 심리적 스트레스를 겪을 필요가 없게 된다. 또한 아무리 멍청하더라도 아이가 교육의 관심에서 벗어나지 않게 하느라 모든 부모의 마음속에서 야망을 일깨울 필요도 없으며, 부모들의 열정을 차갑게 유지할 수 있으면 국가가 안정을 찾게 된다. 보수주의자들이 하는 말에 따르면, 나중에 지능 분포와 권력 분포가 크게 어긋나게 되면 다시 한 번 사회적 이동의 물결이 필요할지도 모른다. 그렇지만 시간이 말해주리라. 이제 우리 아수라장 같은 사회적 이동에서 벗어나 반세기 정도 평화를 누려보자.

그러나 이런 공언들은 우리 사회의 기풍과 너무도 급격하게 어긋나기 때문에 받아들여질 가능성이 전무하다. 좀 더 영리한 학파는 지능의 분포를 기성의 권력 분포에 맞게 조정해야 한다고 촉구한다. 이런 접근법은 교육 제도가 하려고 하는 일하고는 정반대이지만 최종 목표는 동일하다. 몽골 울란바토르의 학술원 회원 도니킨이 진행한 여러 실험은 이 그룹에게 어느 정도 힘이 되고 있다. 이 실험들은 영국을 비롯해서 다른 많은 나라에서 오랫동안 진행된 과정의 완성판이다. 이 보고서들을 믿을 수 있다고 가정하면, 울란바토르의 생물물리학자들은 하등 동물의 사례이기는 하지만 방사선을 통해 배아 상태의 유전자 구성에서 돌연변이를 통제해서 원래 예정된 정도보다 지능 수준을 높일 수 있다는 사실을 보여줬다. 실제로 이런 연구가 현실이 된다면 결정적인 문제가 제기된다. 과연 누구의 아이들을 이런 식으로 인위적으로 지능을 향상시켜야 할까? 보수당 지도자들은 이미 가진 자들이 더 가져야 한다고 주장한다. 그렇게 되면 부모가 제공할 수 있는 주변 환경이 능력을 계발하는 데 가능한 만큼 유리할 테기 때문이다. 보수당 지도자들은 또한 가진 게 없는 보통 사람들을 어설프게 만지작거리는 일은 바보 같은 짓이라고 주장한다. 이런 보통 사람들은 이미 자기에게 할당된 기능에 필요한 만큼 능력을 갖고 있기 때문이다. 분명 이런 결정은 이 문제의 무게를 가늠할 수단이 전혀 없는 민주주의가 아니라 능력주의에 따라 실행돼야 한다. 나는 지식의 증대는 그것 자체로 환영받아야 한다고 생각하지만, 마찬가지로 사회학의 관점에서 볼 때 이런 지식의 습득이 아닌 응용이 너무 지체되면 안 된다고 말할 수밖에 없다. 사우스유이스트의 임신부자원상담소Volunteer Maternity Centre에서 일하는 주요 공무원의 부인들이 자기도 모르게 실험 대상이 된다는 소문이 돌면서 이미 커다란 경종이 울리고 있다.

한편 교육부가 자체적으로 세운 아동 입양 계획을 곧바로 모든 지자체 당국에 의무화해야 한다는 제안이 나왔다. 아동 입양은 인류 역사만큼이나 오래됐다. 모든 사회에서는 언제나 자녀가 아예 없거나 원하는 만큼 자녀를 두지 못한 불운한 부모들이 누구나 바라는 부류의 아이를, 토실토실하고 귀엽거나, 파란 눈에 금발, 회색 눈에 흑발, 덩치가 크거나 작은 사내

애나 여자애를 가지려 한다. 다른 시대, 다른 장소에 사는 다른 사람들과 우리의 차이는 지능을 더 소중히 여기는 점, 심리학자와 생물학자들이 요람에 누워 지낼 때부터 지능 측정을 할 수 있는 수단을 만들어낸 점이다. 부모가 없는 천재는 자동으로 국가의 보호를 받는다. 머리 좋은 고아는 이제 어떤 가족이든 양자로 들이려 한다. 특히 일류 교수를 직접 유혹하거나 교육부에서 지능 기부자로 공인된 소수의 머리 좋은 남자들을 거쳐 인공 수정을 할 각오가 돼 있지 않은 부인들은 호시탐탐 머리 좋은 고아를 노린다. 지난 몇 년간 대가족을 만들려는 엘리트 집단 성원들이 입양 협회를 찾는 통상적인 수요가 몇 배로 늘었다. 그런데 공급이 턱없이 부족하기 때문에 암시장 유아 거래가 무질서하게 늘어났다. 때로는 왕실에 맞먹는 지참금을 줘가며 엘리트 가정의 머리 나쁜 아이를 내보내고 하층 계급의 똑똑한 아이를 교환한다.[*] 필사적인 부모들은 지능 계보로 볼 때 유망한 하층 계급의 임신부를 면밀히 지켜보다가 출산하면 아이를 유괴하기도 한다. 사설탐정과 유전

---

[*] '룩 대 스토크' 사건(2028년 제4 왕좌재판소)에서 룩 부부는 아이큐 140인 아이를 받는 대가로 15만 파운드를 지불하고 이 거래를 주선한 핀치 박사에게 5만 파운드를 지불한다고 약속했다. 고슬링 판사가 사건 개요를 설명하면서 비난을 퍼붓자 결국 아동 입양에 관한 새 면위원회가 구성됐다.

학자가 수치스러운 계약을 맺고 함께 일하기도 한다. 범죄자들은 엘리트 지능을 갖고 태어난 아이라면 어릴 때 일찌감치 미래 계급으로 입양하는 편이 그래머스쿨과 대학이라는 '양부모'를 통해 훨씬 나중에, 그것도 한층 번거로운 방식으로 진행하는 편보다는 낫다고 호소한다. 정부가 철저하게 조사한 끝에 2030년 아동복지법이 통과됐다. 이 법에 따르면, 입양하는 부모가 사는 지역의 지자체 당국이 모범적인 아동 입양 계획을 도입하고 교육부가 마련한 보장 조항을 준수하지 않을 때는 개인적 입양은 무효로 처리됐다. 첼트넘, 본머스, 해러게이트, 보그너 등의 교육위원회는 곧바로 이 관용적인 법을 활용했지만, 지금까지 이 선례를 따른 지방 교육청은 극소수다. 많은 보수당 당원은 이제 모든 지자체 당국이 이 법을 따라야 한다고 요구하는데, 다른 모든 요인에 더해 바로 이런 요구 때문에 지난 5월의 위기가 촉발됐다.

5. 마침내 일반 대중이 들고 일어서다

훈련된 통찰력을 지닌 사회학자는 왜 이 사태들과 사태를 둘러싼 논의가 그토록 심대한 격변을 야기하는지를 남들보다 훨씬 분명하게 이해할 수 있을 듯하다. 세습의 원리를 깨부수기 위해 2세기 동안 싸운 끝에 영향력 있는 집단에서 이 원리를 복원해야 한다는 주장은 고사하고 암시라도 할라치면, 우리가 품은 가치 체계의 핵심과 중심을 공격하는 짓이나 마찬가지다. 더군다나 사태들이 워낙 빠르게 진행되기 때문에 더욱 불안이 커진다. 2세기 전 하층 계급의 지지자들, 곧 오언주의자나 차티스트, 사회주의자들도 사회적으로 우월한 이들에게 이만큼 큰 충격을 주지는 않았다. 이 반란자들은 적어도 자기들이 기독교에 유사성을 지닌다고 공언할 수 있었다. 반면 우파에 속하는 이 다른 반란자들은 그토록 훌륭한 혈통을 주장할 수 없다. 기회 균등의 교의가 실천 윤리의 영역에서 완전히 우세해진 때문이었다. 보수당은 상속과 효율이라는 두 가지 명품을 동시에 원한다. 그렇지만 둘 다 가질 수는 없다. 선택을 해야 하는데, 그릇된 선택을 하고 있다. 단지 똑똑한 아버지를 둔 이유만으로 권력을 누리는 사람들이 우생학연구소 소장이나 사우스유이스트 임신부자원상담소 소장, 심지어 총리가 되게 그냥 용인해도 될까? 그런 일이 아무리 별로 중요한 문제가 아니라고 하더라도? 멍청한 아버지 밑에서 태어난 똑똑한 아들이라면 그냥 맨체스터의 더러운 기술자조합 사무실에서 인생을 허비하게 내버려둬도 될까? 그럴 수는 없다. 그렇게 어리석은 일은 분명하게 제재를 해야 한다. 그런 일을 내 버려두면 중국과 아프리카가 생산성에서 앞서게 된다. 영국 과학계에 이류 과학자들이 우글거리면 영국과 유럽은 영향력 이 점점 줄어들게 된다. 우리는 다시 한 번 '세계 경쟁에서 밀 려날' 수 있다. 더 말할 필요가 있을까? 워낙 명백한 일이라 포 퓰리스트 그룹도 이제 우리의 기성 사회에서 최선의 것을 지 키는 수호자 행세를 할 수 있다. 빙글빙글 돌아가는 환등상처 럼 정말 어지러운 세상이다!

여론 조사에 따르면, 최근 벌어진 소요 사태는 포퓰리스트 그룹에 충성하는 정서가 아니라 보수당에 반대하는 정서 때 문에 촉발됐다. 복합적인 동기가 무엇이든 간에 현재 벌어진 사태는 의문의 여지가 없다. 보통이라면 화해 과정에서 조용 히 처리될 자그마한 분쟁도 현대에는 유례가 없을 정도로 격 렬하게 제기되고 있다. 스티버니지와 커콜디, 사우스실즈에서 벌어진 사태, 가내 하인들이 벌인 행동, 교육부와 기술자조합 회의에 파견된 대표단 등 이 모든 일이 명목상의 목표를 넘어 서 반란의 홍수로 넘쳐났다. 숱한 사소한 불만이 하나의 거대 한 흐름으로 모아졌다.

물론 시위에 참여한 사람들 중 다수는 자기가 추구하는 목 표를 분명히 말하지 못하며, 법정에서 견해를 밝히라는 요청을 받으면 앞뒤가 안 맞게 횡설수설하기만 했다. 시위 참여자들은 상층 계급의 지도를 기대했고, 현존하는 기묘한 한 곳에서만 지도부를 찾아냈다. 여성 진영과 그 지도자들, 곧 유레이니아 오코너, 애버셋 부인, 퍼스 백작 부인 등이 이 운동을 창조한 게 아니라 운동이 그 사람들을 창조했으며, (지난 몇 년까지) 사회사 연구를 그렇게 게을리하지 않았더라면 그런 방식이 정치의 관습이라는 사실을 모두 분명히 알았을 듯하다. 이 여자들은 역사적인 기회를 붙잡기만 하면 됐고, 상당한 능력이 미치는 한 기회를 잡았다. 바람이 좋을 때 배를 띄운 셈이다. 지능 수준이 무척 다른 소수 반대파 기술자들과 여성 진영 사이에 유대가 형성됐는데, 앞에서 여러 번 설명한 대로 소수 반대파 인사들은 다양한 사회 계급에서 나왔다. 오랫동안 휴면 상태이던 기술자당 지부들에 갑자기 수백 명이 당원 신청서를 들고 찾아오고 있다. 이런 소동은 레스터 대회에서 정점에 이르렀는데, 그때 포퓰리스트 그룹은 오늘날 널리 기려지는 헌장을 발표했다.

이 얼마나 기묘한 문서인가! 헌장 작성자들은 지금은 오랫동안 잊힌 토니와 콜, 윌리엄 모리스, 존 볼*의 말을 인용해 과

---

* 존 볼(John Ball·?~1381)은 영국의 사상가이자 농민 반란 지도자다 — 옮긴이.

거를 모방하면서 자기들이 영국 역사상 위대한 흐름의 하나를 물려받은 '상속자'라는 주장을 한껏 꾸며댄다(그런데 '상속자'라는 단어는 확실히 실수가 아닐까?). 그렇지만 그 작성자들은 머리 좋은 숙녀들이 자기들을 저버리지 않도록 가내 하인에 관해서는 흔해 빠진 몇 마디 말 이상을 하려 하지 않는다. '아, 자매 여러분'으로 시작하는 장광설의 한 부분에서 아슬아슬하게 평등을 논하기는 하지만 상층 계급 지지자들이 겁을 집어먹지 않도록 지나치게 공공연하게 평등을 신봉하지는 않는다. 이런 허울 좋은 장식을 제외하면, 헌장에는 구체적인 요구가 거의 없다. 그나마 입양을 금지할 것, 초등학교와 성인교육센터를 유지할 것, 승진에서 연령과 경험을 더 많이 고려할 것, 생산성 증가분에서 기술자들의 몫을 분배할 것, 그리고 역사학자가 볼 때는 하찮은 향수일지 몰라도 가장 혁명적이고 어쩌면 가장 의미 있는 요구로, 학교 졸업 연령을 18세로 높이고 '전부를 위한 공통 중등학교'를 창설할 것 등이 두드러진다. 액면 그대로 볼 때 이 요구들은 조잡한 종류의 정치적 강령 수준을 넘어서지 못하지만, 작성자들은 다양한 추종자들의 충성을 하나로 집중시키는 데까지 나아갈 수 없었다. 그렇게 되면 자기들이 지지를 의지하는 일부 세력을 적으로 돌릴 수밖에 없기 때문이었다.

6. 여기서 어디로?

이 글의 목적은 5월 이후에 전개될 사태를 예측하는 일이 아니라 저항 운동이 우리 역사에 깊은 뿌리를 두고 있다는 사실을 보여주는 데 있었다. 내 견해가 받아들여진다면, 현대 사회의 가장 위대한 제도까지 반대에 부딪힐 게 분명하다. 오늘날 드러나는 적대는 오래전부터 잠복된 요소다. 하층 계급은 반세기가 넘도록 분노를 품었지만 오늘날에 이르기까지 분명하게 드러내지는 못했다.

만약 지금까지 내가 이 복잡한 이야기를 이해하는 데 조금이라도 보탬이 되고, 또한 내 동료들에게 현재 제기되는 불만을 **너무** 가볍게 여기지 말라고 설득하는 데 성공했다면, 목적은 충분히 달성한 셈이다. 그렇지만 나는 사람들이 앞으로 일어날 일에 관해 한 마디라도 해주기를 기대한다는 사실을 잘 안다. 물론 내 예상은 이 글을 읽는 독자라면 누구나 나만큼 잘 알고 있을 개인적인 견해에 지나지 않는다. 그렇지만 나는 2034년 5월은 기껏해야 1848년 같은 혁명의 시대가 될 테고, 다만 영국식 모델에 따르게 되리라는 믿음을 굳게 견지한다. 많은 소요가 벌어질 수 있다. 대학은 토대부터 흔들릴지 모른다. 포퓰리스트 그룹이 살아남는 한 나중에도 다른 동요가 일어나리라. 그렇지만 이 경우에는 며칠 동안의 파업과 일주일에 걸친 동요보다 심각한 사태가 벌어지리라고는 전혀 상상할 수 없다. 그리고 이런 정도는 (새로운 무기로 무장한) 경찰의 역량으로 충분히 감당할 수 있다.

그 이유는 이미 거론했다. 포퓰리스트 그룹의 헌장은 너무 모호하다. 요구안은 한 가지 예외가 있기는 하지만 어쨌든 정부에 맞선 근본적 도전이 아니다. 혁명 운동이 아니라 몇몇 카리스마형 인물과 위기가 고조되는 분위기 때문에 전혀 다른 그룹들이 한데 모인 비공식적 회합일 뿐이다. 의지할 만한 정치 조직의 전통이 전무하다. 실제로 현명한 양보 조치가 실행된 결과로 이미 진영 내부에서 알력의 조짐이 포착된다. 2주 전 내가 이 글을 쓰기 시작한 이래 사회과학연구협회 회장*은 정부에 묵직한 권고안을 제시했다. 총리는 곧바로 중도 쪽의 이런 조언에 입각해서 행동하면서 기상통제청에 가을을 한 달 일찍 앞당기라고 지시했다. 그러고는 9월 25일 커콜디 현장에서 한 연설에서 여당이 우파 당원 5~6명을 제명할 예정이고, 입양 계획은 현재로서는 의무화하지 않을 방침이며, 기회 균

---

* 마이클 영은 1950년부터 사회과학연구협회를 창설하자고 호소했고, 마침내 이 소설이 발표되고 7년 뒤인 1965년에 사회과학연구협회가 설립되자 초대 회장을 맡았다 — 옮긴이.

등은 공식 정책으로 유지할 계획이고, 지금 당장은 초등학교나 성인 교육에 간섭할 의도가 전혀 없다고 발표했다. 《더 타임스》가 말한 대로 총리가 한 연설은 '여성들의 허를 찔렀다.'

오늘날 정치의 이동과 전환의 이면에는 이 글을 시작하는 계기가 된 기본적인 사실이 존재한다. 지난 세기에 우리는 사회에서 계급들 사이에 능력이 폭넓게 재분배되는 과정을 목도했다. 그 결과 하층 계급은 이제 반란을 효과적으로 일으킬 수 있는 힘이 없다. 하층 계급은 상층 계급의 한 집단이 우연히 짧은 환멸을 느낄 때 잠깐 동안 동맹을 형성해 성공할 수 있다. 그렇지만 그런 낙오자들은 결코 괴상한 소수자 이상이 될 수 없다. 포퓰리스트 그룹은 그 이상으로 하나의 진지한 정치 세력이 된 적이 없다. 엘리트들은 사람이라면 누구나 바라는 그 모든 현명한 특별 대우를 받기 때문이다. 하층 계급은 때로는 뚱하고 때로는 잽싸서 아직 완전히 예측할 수는 없지만, 머릿속에 지능이 없으면 결코 오합지졸만큼도 위협이 되지 못한다. 만약 앞선 몇몇 소수 반대파의 기대가 실현돼 하층 계급 출신의 똑똑한 아이들이 그대로 하층 계급에 남아서 대중을 가르치고, 고무하고, 조직했다면, 아마 나는 지금하고는 전혀 다른 이야기를 해야 했으리라. 지금 그런 급진적인 방법을 제안하는 소수는 이미 100년이나 뒤진 셈이다. 내년 5월에 피털루*의 거대한 연단에 오르는 사람들이 하는 연설에 내가 귀를 기울일 때 이 예상을 입증하기를 기대해보자.**

* 1819년 맨체스터 세인트피터스필드에서 노동자 생활 조건 개선과 의회 개혁을 요구하는 대중 시위를 군대를 통원해 폭력 진압한 사건. 워털루에 빗댄 피털루 대학살이 벌어진 뒤 피털루는 영국 노동 계급의 저항을 상징하는 단어가 됐다 — 옮긴이.

** 이 글을 쓴 저자 자신이 피털루에서 살해된 탓에 출판사는 초고 교정쇄를 저자에게 전달할 수 없었다. 이 점을 유감스럽게 생각한다. 저자가 살아 있었으면 아마 출판 전에 바로잡고 싶은 부분이 있었을지 모르겠다. 이 문서는 이 마지막 절을 포함해서 모두 저자가 쓴 그대로 출판했다. 사회학의 결함은 그 성과만큼이나 많은 것을 분명히 밝혀준다.

이 책을 집어든 독자 여러분은 혹시 자기 아이큐를 정확히 알고 계시는지? 1958년에 처음 발표된 소설 《능력주의》에서 한 가정에 따르면, 2020년 현재 아이큐가 125 이상인 상위 5퍼센트의 '뛰어난 계급'에 속하지 못하면 대부분 하층 계급이 되고 몇몇은 부활한 가내 하인으로 일해야 한다. 5퍼센트의 능력주의 엘리트는 정치와 경제를 손아귀에 넣고 승승장구하는 반면 하층 계급의 지위는 점점 쇠퇴한다. 그렇게 유쾌한 상상은 아니지만, 왠지 오늘날의 현대 세계, 특히 한국 사회하고 비슷하지 않은가?

　'지능+노력=능력'을 모토로 삼는 능력주의가 지배하는 미래를 그린 이 소설을 제대로 이해하려면, 20세기 초중반 영국의 교육 제도와 이 제도를 둘러싸고 벌어진 논쟁에 관한 배경 지식이 좀 필요하다.

현대 영국의 교육

근대 이전 영국의 교육은 이튼과 윈체스터 같은 그래머스쿨 (나중에 그래머스쿨이 공립화하면서 이튼과 윈체스터를 비롯한 9개 학교만 명문 사립 학교로 남게 된다)과 옥스퍼드 대학교나 케임브리지 대학교로 대표되는 상류층만을 위한 교육이었다. 그러나 18세기 중엽 산업혁명이 시작된 이래 꾸준히 대중 교육의 필요성이 부각됐다. 그리하여 1870년에 교육법이 제정돼 초등학교부터 무상 공교육이 시작됐다. 한편 1870년에는 공무원 공개 시험 채용 제도가 도입되고, 승진도 시험을 거쳐 결정되게 됐다. 그전까지 특별한 기준 없이 정실에 따른 추천으로 선발하던 공무원 집단에 경쟁 선발이라는 능력주의가 본격 도입된 셈이다. 《능력주의》의 이야기가 1870년부터 시작하는 것은 이런 이유 때문이다.

1870년 교육법은 공립 초등학교가 발달하게 하는 데 그쳤고 중등 교육은 여전히 상류층의 전유물이었다. 20세기 초반부터는 노동당이 중심이 돼 '모든 국민에게 중등 교육을' 시행하자는 움직임이 확산했다. 두 차례 대전을 거치면서 인력을 효율적으로 선발하고 활용하는 문제가 중요해지고 국제적 경쟁이 치열해지면서 생산성 향상이 국가적 과제로 떠오른 때문이었다. 그리하여 교육 개혁과 산업 개혁이 동시에 추진됐다.

15세까지 의무 교육을 확대하는 계획은 2차 대전이 터지면서 잠시 미뤄지지만 1944년 교육법이 제정되면서 현대 교육의 기틀이 마련됐다. 이때 확립된 중등 공립 학교(국가 예산을 지원받는 사립 학교도 포함된다)의 삼원화 교육, 곧 그래머스쿨/현대식 중등학교/기술학교 체계는 지금도 이어진다. 기술대학 진학으로 이어지는 기술학교를 제쳐두면, 인문계를 선택하는 학생은 모두 11세에 중등학교 입학시험을 치른 뒤 우등생은 대학 진학을 목표로 하는 그래머스쿨로 진학하고 나머지 대부분은 대학 진학보다는 직업 교육을 받고 학업을 마치는 현대식 중등학교로 진학한다. 귀족 학교와 서민 학교의 이분법은 이제 능력에 따른 복선형으로 바뀐다. 한편 이런 공립 중등학교하고 다르게 상류층이 독점하는 명문 사립 학교는 소수로 남아 명맥을 유지했다.

마이클 영이 《능력주의》를 발표한 1958년은 그선까지 신분에 따른 진학에서 벗어나 교육의 평등화가 진행되고 기회 균등이 확대됐지만, 다른 한편으로 11세에 인생의 장래가 결정되는 이런 삼원화 교육을 둘러싸고 논쟁이 과열되는 때였다. 특히 상층 계급과 하층 계급, 우등생과 열등생을 분리하는 복선 제도가 비민주적이라는 비판이 한창 제기되고 있었다.

그리하여 우등생 중심인 그래머스쿨의 대안으로 인문 교육과 직업 교육을 한 학교에서 하는 미국식 종합학교(공통 학교)가 부각되고 있었다. 결국 마이클 영도 참여한 중등 교육 개혁 운동이 결실을 맺어 1965년에서 1976년 사이에 그래머스쿨이 대대적으로 축소되고 종합학교로 변신했으며, 너무 이른 나이인 11세에 인생 진로를 결정해버리는 중등학교 입학시험도 폐지됐다. 그 뒤 현재에 이르기까지 중등학생의 90퍼센트 이상이 종합학교에 다니며, 명문 사립 학교와 그래머스쿨은 작은 비중을 유지한다. 그렇지만 노동당 지역구에서 그래머스쿨이 대부분 폐지된 반면 보수당 지역구에서는 여전히 유지되고 있으며, 집권당이 바뀔 때마다 그래머스쿨 확충과 축소를 놓고 논쟁이 벌어진다. 평준화 유지냐 선발 입학제 확대냐 하는 문제는 여전히 뜨거운 논란거리다.

다시 1958년 시점으로 돌아가면, 기회 균등이 서서히 능력주의에 동일시되면서 바야흐로 부정적 효과가 나타나기 시작했다. 마이클 영은 평등하고 민주적인 교육의 흐름에 힘을 신기 위해, 그리고 이 흐름하고 양면적 관계가 있는 능력주의의 실체를 꿰뚫어 보고 악영향을 경고하려 이 책을 썼다고 할 수 있다. 그전까지 귀족주의에 맞서 능력주의의 깃발을 휘두르며 싸운 영국 노동당은 능력주의가 갈림길에 서자 갈팡질팡하는 모습을 보였다. 영으로서는 이 소설을 통해 노동당의 우경화를 막으려는 의도도 있었겠다.

대체로 1958년 이전 역사를 서술한 내용은 사실에 해당하지만, 그 뒤 시기의 내용은 지은이가 현실의 추세를 바탕으로 예상하고 상상을 덧붙여 꾸며냈다. 그 무렵 막 추진되던 각종 교육 개혁(소설에서 언급되는 '개혁'은 모두 능력주의를 강화하는 조치를 의미하기 때문에 유념해 읽어야 한다)이 실제로 현실화된 사례도 있지만, 당연히 모두 가공의 내용이다.

널리 알려진 사실이지만, '능력주의'라는 단어와 '지능+노력=능력'이라는 대표적 도식은 모두 마이클 영이 독창적으로 고안해 이 소설에서 소개했다. 지은이는 능력주의에서 능력, 실력, 재능, 업적을 가늠하는 기준이 '지능'으로 단일화되리라고 상상했다. 언뜻 보면 오로지 지능, 그것도 숫자로 측정되는 아이큐로 인간의 능력을 협소하게 환원하는 현실은 어불성설이라고 느껴질지 모르지만, 아마도 지은이는 이렇게 인간 능력을 가늠하는 기준이 협소해지는 현실이야말로 능력주의의 가장 큰 문제점이라고 본 듯싶다. 실제로 오늘날 우리가 피부로 느끼는 능력주의는 모두 획일적인 시험을 가장 중요한 도구로 활용하지 않는가? 대입 시험이나 입사 시험, 자격시험, 국가고시 등을 생각해보라. 게다가 소설 속에서 '지능' 측정은 점점 과학화하고 정밀화하며, 잠재적 아이큐, 곧 미래에 높아질 아이큐 최대치까지 정확하게 예측할 수 있게 된다.

소설의 줄거리와 개요

소설은 크게 두 부분으로 나뉜다. 1부에서는 전쟁 때문에 인력을 효율적으로 활용해야 할 필요가 커지고 낮은 생산성이 국제적 경쟁에서 약점이라는 사실이 밝혀지면서 귀족주의/세습주의가 허물어지는 한편 교육과 산업 분야에서 능력주의가 뿌리를 내리는 과정이 서술된다. 2부에서는 능력주의가 야기한 여러 부작용, 특히 상층 계급과 하층 계급의 변화된 상태가 묘사되면서 포퓰리스트 그룹을 대표로 한 저항 시도가 서서히 모습을 드러낸다. 워낙 이야기가 복잡하고 잠언 같은 예언과 신랄한 풍자가 자주 등장하기 때문에 흐름을 따라가기가 쉽지만은 않지만, 잠시 소설의 줄거리를 재구성해보자.

소설에서 사회주의자들이 추진한 종합학교는 실패로 돌아간다. 귀족적 전통이 끈질기게 살아남았고, 능력주의 이념이 종합학교가 내세운 평등 교육을 용납하지 않은 때문이었다. 1960~1970년대에 사회주의 세력은 역사적 기회를 놓쳤으며, 서서히, 그러나 확고하게 능력주의가 지배하는 세상이 도래한다. 그래머스쿨의 능력별 교육이 중등 교육의 지배적 관행이 되고, 유치원 우열반이 생겨나고, 지능 검사는 더욱 발달한다. 과거 귀족주의 교육의 유산인 명문 사립 학교는 노동당 정부가 자산세를 도입하자 상류층 자제를 모으지 못하고, 수준이 크게 향상된 그래머스쿨의 과학 교육에 경쟁 상대가 되지 못한다. 결국 많은 명문 사립 학교가 기숙형 그래머스쿨에 통합된다. 이렇게 1980년대에 이르면 '현대식 교육 체계', 곧 능력주의 교육의 토대가 마련된다. 이제 어느 누구도 능력별 진학과 우열 분리 교육을 의심하지 않는다.

이런 상황에서 상층 계급은 사교육 등 갖은 방법을 동원해서 자녀를 좋은 학교에 보내려 하고, 정부는 불필요한 낭비를 없애느라 어린 시절부터 능력자를 찾아내는 데 집중한다. 결국 부유층은 하층 계급의 머리 좋은 아이들을 입양하는 식으로 대응한다. 산업에서, 그리고 전문직에서도 오로지 능력만이 인정받게 된다. 지능 검사와 업무 능력 평가가 더욱 촘촘하고 정밀해지자 "둔한 아이가 영리한 아이 행세를 하는 일이 점점 어려워졌다"(159쪽).

1990년에 이르러 아이큐 125 이상인 사람들이 능력주의 체제를 구성하게 될 결과 이 사람들끼리만 결혼해서 지능이 높은 자식을 길러낸다. 이제 세습의 원리와 능력의 원리가 결합된다. 정확한 지능 검사가 가능한 시점이 2000년 9세, 2015년 4세, 2020년 3세에서 2034년에는 사실상 태아 시기까지 앞당겨진다. 상층 계급과 보수당은 유전자 조작 기술을 이용해서 상층 계급의 머리 나쁜 아이들을 대상으로 지능을 인위적으로 향상시키는 방식을 추진한다. '세습의 원리를 깨부수기 위해 2세기 동안 싸운 끝에' 이제 겨우 기회 균등을 얻었다고 생각했는데, 새로운 세습주의가 만들어지려 한다.

과거를 돌아보면, 20세기 초 '친족(출생)의 원리'와 '능력의 원리'가 다투는 동안이 평등의 황금기였다. 기회 균등이 달성되자 한동안 계급 갈등이 잠잠해진 때문이었다. 그러나 평등의 황금기는 덧없이 지나가버린다. 오로지 능력의 원리가 지배하는 와중에 교육이 '공정'해지고 기회가 '균등'해지자 '인간의 평등이라는 신화'는 막을 내리게 된다(172쪽).

'사람들이 능력에 따라 분류되기 때문에 계급들 사이의 간극은 어쩔 수 없이 더욱 넓어'진다. 상층 계급은 '자기가 지닌 역량과 자기가 기울인 노력, 부정할 수 없는 자기의 업적' 덕분에 성공한 만큼 자기 회의나 자기비판에 시달리지 않는다. 다만 이런 자신감 때문에 '자질이 부족한 사람들까지 불필요하게 기분을 상하게 만들' 뿐이다(172~173쪽). 반면 하층 계급은 몇 번이고 치른 시험에서 족족 떨어진 만큼 당연한 결과로 '열등생'이라는 낙인이 찍힌다. 이제 예전처럼 기회를 박탈당한 때문이 아니라 '실제로 열등하기 때문에 열등한 지위를 갖게 된 사실'을 인정할 수밖에 없다. '인류 역사상 최초로 이제 열등한 사람은 자존감을 지탱할 버팀목을 모조리 잃어버'린다(174쪽). 그리하여 현대 심리학은 많은 과제를 떠안게 된다. 소설 속 사회는 이런 능력주의 체제가 원활하게 작동하도록 도우면서 부작용을 완화하기 위해 사회우생학과 교육심리학, 산업 인간관계론 등의 새로운 학문이 지배하는 세상이다.

그리고 이렇게 인간은 원래 불평등한 존재라는 믿음이 새롭게 뿌리를 내리자 '가내 하인'이 다시 등장한다. 신분제 사회가 부활한 셈이다. 과거하고 다른 점이 있다면, 세습 신분제가 아니라 능력 신분제가 자리잡고 '가사도우미단'처럼 가내 하인의 권리를 보호하는 장치가 마련된 사실이다. 또한 '교육을 시작으로 산업도 대대적으로 재편돼 전국의 거의 모든 유능한 사람들이 상층 계급에 집중되자 사회주의는 비로소 사명을 완수했다'(213쪽). 그나마 남아 있던 연공 원리도 능력 원리에 굴복하고, 교육 능력주의가 산업 능력주의까지 확대되자 이제 진정한 능력주의 사회가 도래한다. 과거에 세습 원리를 겨냥해 공격하는 데 앞장선 사회주의자들은 능력 원리가 자리를 잡자 역사의 뒤안길로 사라질 운명에 빠진다.

과거의 귀족주의가 사라진 자리에 새로운 귀족주의가 등장한다. 능력주의는 정치의 영역까지 바꿔놓는다. 지능이 사회의 상층부로 집중되자 노동당이 몰락할 뿐 아니라 의회, 특히 하원도 쇠퇴한다. 머리 좋은 사람들은 모두 상원이 독차지하기 때문이다. 결국 상원이 하원보다 훨씬 큰 영향력을 갖게 되고, 선거 대신 선발이 민주주의의 원리가 된다.

그리고 완벽한 능력주의 사회를 이룩하기 위해 성인 교육이 핵심 정책으로 마련된다. 혹시라도 잠재된 능력을 충분히 발휘하지 못하는 사람들을 구제하려는 장치다. 하층 계급에게 그나마 희망의 끈이 남아 있다면, 성인 교육을 통해 언제든지 상향 이동을 할 기회가 보장된다는 사실이다. '지능+노력=능력'이라는 공식이 지배하는 거의 완벽한 능력주의 사회에서는 지능 검사 시기가 점점 앞당겨지고 정밀도가 높아지며, 노력을 측정하는 업무 능력 평가도 더욱 과학화된다. 지능 검사는 5년마다 치러지다가 매년 치러지고, 원할 때는 수시로 재검사를 받을 수 있다. 그렇지만 성인 교육이 사회적 상향 이동의 기회를 마련해주지 못한다는 사실이 분명해지자 서서히 불만의 조짐이 생겨난다. 능력주의로 해결되지 않는 문제가 있다면 상층 계급에서 전락한 1세대 하층 계급과 대를 이어 지속되는 2세대 하층 계급의 불만과 열패감, 이 불만을 등에 업고 급진적 평등주의가 새롭게 등장한다는 점이다.

능력에 따른 선발에서 탈락한 이들은 자존감을 갖지 못하고, 하층 계급 중에서 능력 있는 이들은 상층 계급으로 상승하기 때문에 하층 계급은 능력 있는 지도자를 갖지 못한다. 보수당은 말할 것도 없고 노동당에도 사업가와 변호사 등 능력 있는 사람들만 우글거린다. 사회 전반에 무절제하고 현실성 없는 야망이 기승을 부리면서 이름만 갈아치우는 현상이 만연한다. '노동자'들은 처지가 몰락하는데도 이름만 그럴듯한 '기술자'가 된 사실을 위안거리로 삼는다.

교육과 산업, 정치 등 모든 분야에서 능력주의가 확고한 원리로 자리를 잡자 사회의 유동성이 확대되는 듯 보이지만, 정반대로 빈부 격차와 불평등은 더욱 공고해진다. 어느새 새로운 귀족주의로 변모한 능력주의 엘리트 집단은 2005년 소득평등화법을 통과시켜 모든 피고용인에게 일종의 기본소득인 균등급을 지급한다. 하층 계급의 불만을 무마하기 위해 능력주의를 약간 제어한 셈이다. 그렇지만 '효율 향상의 결과를 분배하는 방법 또한 현대화'돼 실제 생산성 증대에 기여한 만큼 정확하게 분배된다. 결국 능력 때문에 성공한 상층 계급은 갖은 구실을 붙여서 연봉을 천정부지로 끌어올린다. 능력에 따라 연봉 기준이 수백 단계로 촘촘하게 나뉠 뿐 아니라 갖가지 수당을 거리낌없이 붙이기 때문이다.

한편 여전히 여성의 몫으로 남아 있는 출산과 육아 때문에 이런 생산성 증대와 분배 과정에서 배제된 여성들의 권리를 주장하며 여성 운동이 등장한다. 머리 좋은 여자아이들은 남자아이들하고 똑같이 우등반 교육을 받지만, 결혼과 출산 때문에 균등급도 못 받고 기업의 승진 사다리에서 체계적으로 배제된다. 자연스럽게 '빈곤 상태'에 빠진 여성들은 출산 파업과 가사 노동 거부 등으로 저항하다가 결국 포퓰리스트 그룹에 합류하게 된다. 여성 운동하고 더불어 점차 인간의 존엄과 평등한 권리를 깨닫는 포퓰리스트 그룹은 능력주의에 따른 생산성 분배가 결국은 극단적 계급 양극화를 낳았다면서 생산성 증가분의 평등한 분배를 주장한다.

반대편에서는 보수당 우익 세력이 세습의 원리를 다시 주창한다. 능력주의 사회가 지능별 우생학적 결혼 등으로 이미 사실상 세습주의 사회가 된 마당에 세습주의 사회를 공공연하게 표방하지 못할 이유가 무엇인가 하는 식이다. 후대의 사회학자들이 경고한 대로 능력주의가 부의 대물림을 정당화하는 셈이다. 이렇게 좌충우돌하는 사이에 능력주의 사회는 혼돈의 도가니로 빠져든다.

마지막 8장에서는 사회 전반을 엄습하는 위기가 서술된다. 21세기 초에는 여성들이 포퓰리스트 그룹의 지도자로 등장한다. 2009년 기술자당의 한 지역 그룹이 능력주의에 반기를 들고 〈첼시 선언〉을 발표한다. 선언 작성자들은 기회 균등에 새로운 의미를 부여하려 했다. '기회 균등이란 사회의 계층 사다리를 올라갈 기회가 아니라 모든 사람이 각자 타고난 덕과 재능, 인간 경험의 깊이와 아름다움을 감상할 수 있는 모든 능력, 삶의 잠재력을 '지능'에 상관없이 최대한 발전시킬 기회를 균등하게 만드는 일'이다(270쪽).

한동안 순조롭게 작동하던 능력주의 체제는 이렇게 계급 간 격차가 확대되고 굳어지며 사회적 이동이 점점 차단되면서 포퓰리스트 운동이라는 새로운 저항 세력의 도전에 직면한다. 최고의 지능과 업무 능력을 갖춘 인재만 상을 받고 나머지는 벌을 받는 유토피아 사회는 결국 악몽으로 치닫고, 하층 계급이 꿈틀거리며 혼란과 반란의 그림자가 짙게 드리우는 와중에 소설은 마지막 반전을 향해 달려간다.

실제의 마이클 영과 허구의 마이클 영

지은이 마이클 영은 1945년 노동당의 총선 승리와 집권으로 이어진 총선 선언문을 작성한 책임자였다. 2차 대전 이후 영국 사회 개혁의 청사진을 제시한 뒤, 집권 노동당에 실망해 당에서 멀어진 뒤로는 지역 사회 운동에 전념하면서 많은 조직을 창설하거나 창설 과정을 도왔다. 소비자연합, 사회과학연구협회, 평생교육대학, 개방대학(방송통신대학), 예술개방대학, 영어에 서툰 이민자를 위한 전화 통역 서비스인 랭귀지라인, 사회적 기업가 학교 등은 영국 사회에 뚜렷한 흔적을 남겼다. 노년이 돼서도 활발하게 활동했는데, 평생 평등주의 신념을 고수한 영이 1978년 귀족 작위를 받아들인 이유도 쪼들리는 형편에 상원 의원에게 주어지는 교통비 무료 혜택을 이용해 영국 곳곳을 돌아다니며 활동하려는 생각 때문이었다. 이런 활동에 더해 지역 사회 연구와 사회 조사에도 몰두했는데, 중등교육 개혁을 주창한 일도 같은 맥락이었다.

실제의 마이클 영과 소설에서 똑같이 사회학자로 등장하는 허구의 마이클 영은 정치적 견해로 보면 정반대에 선 인물이다. 현실의 지은이는 종합학교 설립을 지지했지만, 가공의 저자는 능력주의 교육의 발목을 잡는 주된 위협으로 종합학교를 거론한다. 실제의 마이클 영이 평등주의 지향을 교육 개혁이라고 지칭했다면, 가공의 저자는 완벽한 능력주의 교육을 교육 개혁이라고 부른다. 그렇지만 능력주의가 양면성을 지니고 있듯이, 소설의 지은이와 소설 속 저자는 이름이 같을 뿐 아니라 서로 중첩되기도 한다. 독자로서는 참으로 헷갈리는 일이지만, 현실과 허구를 넘나드는 서술 또한 마찬가지다.

이런 이유 때문이겠지만, 마이클 영이 원래 품은 의도하고 정반대로 《능력주의》는 풍자 소설이나 디스토피아 소설이 아니라 현대 세계의 으뜸가는 조직화 원리를 냉철하고 예리하게 예언한 책으로 널리 받아들여졌다. 오랫동안, 특히 미국에서 이 책이 능력주의를 설파한 책으로 널리 읽히고 추앙받은 이유도 능력주의의 양면성에 관한 지은이의 경고가 제대로 주목받지 못한 때문이었다. 지은이의 기대하고 다르게 어느새 능력주의는 근대화를 가늠하는 척도이자 현대인의 신앙이 됐다.

이 책이 출간되고 50여 년이 지난 2001년 영국 노동당의 토니 블레어 총리는 '영국을 완전히 능력주의 사회로 바꾸자'는 연설을 하면서 미국을 능력주의의 모델로 치켜세웠다. 그러자 어느덧 86세가 된 마이클 영은 능력주의를 맹신하는 블레어 정부에 발끈해 《가디언》에 '능력주의를 타도하자'는 칼럼을 기고했다. 한때 '평등의 황금기'를 이끈 능력주의가 이제 불평등을 정당화하는 이데올로기로 전락한 현실을 개탄하는 내용이었다. 영은 원래 경고의 의미를 담은 풍자 소설이 수십 년 동안 곡해되다 못해 능력주의를 정당화하는 책으로 받아들여지는 세태를 참을 수 없었다.

물론 마이클 영도 능력주의를 통째로 부정하지는 않았다. 칼럼에서 영은 이렇게 썼다.

능력 있는 개인에게 일자리를 주는 것은 아무 문제가 없다. 그렇지만 특정한 종류의 능력이 있다고 판단되는 사람들이 새로운 사회 계급으로 굳어지고 나머지 사람들은 거기에 끼지 못한다면 문제가 된다.

그렇지만 소설에서 경고한 능력주의의 부작용이 이제 낱낱이 드러난 상황이었다.

능력자들 중에서 점점 많은 이들이 자기가 한 출세는 자기 능력에 따른 당연한 결과라고 느낀다면, 어떤 보상을 받든 간에 지당한 일이라고 생각할 수 있다. …… 엘리트 집단은 너무도 확신에 차 있기 때문에 자기들이 받아 마땅하다고 생각하는 보상을 막을 장치는 아무것도 없다. 소설에서 예측한 대로, 경제계를 억누르던 과거의 제약은 하나둘 사라졌고, 갖은 수단을 동원해 돈을 벌어들이는 온갖 방법이 발명돼 활용되고 있다. 연봉과 보수는 하늘 높은 줄 모르고 치솟는다. 엄청난 규모의 스톡옵션이 급격히 늘어난다. 중역들만 누리는 최고 수준의 보너스와 고액 퇴직금도 갑절로 늘어난다.

영은 능력주의가 긍정적 의미를 상실하면서 부작용이 나타나기 시작한 시점에 쓴 책에서 독자들이 교육과 능력, 평등의 관계를 심사숙고해보기를 바랐다. 그리고 앙상한 능력주의만으로 공정한 사회를 만들기 어렵다면, 어떤 이념을 밑바탕에 두고 사회 전체를 세워야 하느냐는 문제에 관해 다시 한 번 독자의 관심을 환기시켰다. 소설에서는 〈첼시 선언〉을 통해 얼핏 모습을 비칠 뿐이라 아쉽지만, 마지막 장을 덮는 독자는 능력주의를 넘어서는 대안을 상상해보고 싶은 충동을 느낀다.

능력주의와 한국 사회

어쩌면 소설에 등장하는 능력주의 사회와 가장 흡사한 곳이 오늘날의 한국일지 모른다. 한국은 아마 전세계에서 거의 유일하게 시험으로 모든 것을 평가하는 나라일 듯하다. 소설 속에서는 당사자가 원할 때마다 수시로 지능 검사를 받을 수 있고 검사 결과에 따라 직업을 바꾸거나 상향 이동할 수 있지만, 한국에서는 한 번 치르는 대입 시험만으로 미래의 인생이 결정된다. 얼마 전 드라마 〈SKY 캐슬〉(JTBC)에 나온 대로, 조너선 거슈니 옥스퍼드 대학교 사회학과 교수가 말하듯이, 젊은 시절 결정되는 학력과 학벌에 따라 인생 전체가 좌우되는 한국에서는 '영원한 군비 경쟁' 같은 입시 전쟁이 벌어진다.

상대가 전함을 만들 것이라는 두려움에 우리도 전함을 만드는 거다. 상대는 우리 전함을 보고 실제로 전함을 만들고, 그러면 우리는 추가로 전함을 만들어야 하고 …… 결국 경쟁이 가속화된다.

능력주의 사회는 능력에 따라 보상을 주기 때문에 언뜻 공정해 보이지만, 무한 경쟁 사회를 만들기 때문에 사회적 부작용을 낳는다. 양극화 사회에서 소득이 높고 안정된 일자리는 언제나 한정되기 때문에 늘 병목 현상이 나타난다. 게다가 경쟁에서 탈락한 사람들은 낮은 자존감에 시달린다.

탄탄한 스토리라인이나 호기심을 자극하는 반전의 연속,

매력적인 주인공의 로맨스 등 독자를 몰입하게 만드는 미래 소설을 기대하는 사람이라면 몇 쪽 읽다가 실망할지도 모른다. 한 번 읽고는 줄거리를 요약하기는커녕 갈피를 잡기조차 어려울 정도로 지은이는 독자를 배려하지 않는다. 소설/논문의 화자이자 저자인 가공의 '마이클 영'을 빼고는 변변한 등장인물도 없고, 능력주의가 사회의 지배 원리로 부상하면서 교육과 산업 부문에서 일어나는 변화를 무미건조한 논문 형태로 서술한 탓에 읽기가 쉽지 않다. 게다가 1958년을 앞뒤로 실제 역사와 가공의 이야기가 뒤섞이는데, 두 시기 모두 2034년에 저자가 회고하는 방식으로 서술되기 때문에 실제와 가공을 구분하기가 쉽지 않다. 당대 영국의 독자라면 이런 서술 방식이 흥미롭고 숨은그림찾기처럼 가공의 인물이나 단체를 찾아내는 재미도 있었겠지만, 영국의 교육과 정치, 사회에 익숙하지 않은 한국 독자가 60년이 지난 시점에서 읽으려면 조금 각오를 해야 한다. 게다가 곳곳에 숨어 있는 위트와 신랄한 문체는 번번이 독자의 발목을 잡는다. 그렇지만 올더스 헉슬리의 《멋진 신세계》와 조지 오웰의 《1984》를 흥미롭게 읽은 독자라면, 이 책에서 그리는 근미래 사회가 오히려 오늘 우리가 사는 세상에 더욱 가까워 보인다고 느끼면서 지은이의 선견지명에 놀라고 소름 끼칠 게 분명하다.

이 책은 사회과학이나 언론에서 '능력주의'를 논할 때마다 빠짐없이 인용되지만, 오래전에 《교육과 평등론 — 교육과 능력주의 사회의 발흥》(한준상·백은순 옮김, 전예원, 1986)이라는 제목으로 소개된 뒤 좀처럼 찾아볼 수 없었다. '능력주의'라는 용어와 '지능+노력=능력'이라는 도식만 앙상하게 언급될 뿐 소설 전체의 풍부한 내용을 접하기 어려웠다. 아무쪼록 새롭게 출간되는 마당에 능력주의를 둘러싼 논의를 풍성하게 만들 수 있는 요긴한 자료가 되면 좋겠다.

참고 자료

· 전지원, 〈한국 입시경쟁, 냉전시대 끝없는 '군비 경쟁' 같아〉, 《주간동아》 1175호, 2019.

· 스티븐 J. 맥나미·로버트 K. 밀러 주니어 지음, 김현정 옮김, 《능력주의는 허구다》, 사이, 2015.

· Anthony Appiah, "The Myth of Meritocracy: Who Really Gets What They Deserve?", *The Guardian*, 19 October 2018.

· James Brooke-Smith, "Meritocracy and Its Discontents," *Literary Review of Canada*, September 2019.

· Michael Young, "Down with Meritocracy", *The Guardian*, 29 June 2001.